河北省教育科学“十三五”规划课题(编号:1604099)研究成果

『测—学—考』三段七步教学模式的研究与实践

陈英春——主编

中国纺织出版社有限公司

内 容 提 要

学校怎样实现课堂教学效率的提升，是一直以来需要研究和践行的重要课题。课堂教学模式是承载教育思想和实践操作的载体，构建注重实效的模式是学校能否提质增效的重要任务。本书由学校教师整理教学研究成果，提炼总结而出，并成为教师教学与科研业绩的成果输出。本书首先对“三段七步”模式进行解读，对模式的推进历程进行回顾；然后各个学科老师进行教学设计、教学案例和说题的成果总结。其中的“说题”为学校特色的教研活动。本书整体从学生出发，旨在研究学生的现状和思路，促进学生创新思维的形成。本书适合参与实践教学的教师及从事中小学教育的相关人员参考。

图书在版编目（CIP）数据

“测-学-考”三段七步教学模式的研究与实践 / 陈英春主编. --北京：中国纺织出版社有限公司，2022.7

ISBN 978-7-5180-9538-4

Ⅰ. ①测… Ⅱ. ①陈… Ⅲ. ①课堂教学—教学研究—中小学 Ⅳ. ①G632.421

中国版本图书馆 CIP 数据核字（2022）第 084301 号

责任编辑：毕仕林　国　帅　　　　责任校对：高　涵

责任印制：王艳丽

中国纺织出版社有限公司出版发行

地址：北京市朝阳区百子湾东里 A407 号楼　邮政编码：100124

销售电话：010—67004422　传真：010—87155801

http://www.c-textilep.com

中国纺织出版社天猫旗舰店

官方微博 http://weibo.com/2119887771

唐山玺诚印务有限公司印刷　各地新华书店经销

2022 年 7 月第 1 版第 1 次印刷

开本：710×1000　1/16　印张：22.25

字数：378 千字　定价：88.00 元

编委会成员

前　言

“减负”作为一个热搜词汇出现在教育人的视野之中始终没有消失过，特别是近年来，国家就减负工作下发了强制性文件。2019 年 12 月，中共中央办公厅、国务院办公厅印发了《关于减轻中小学教师负担进一步营造教育教学良好环境的若干意见》，要求切实减轻中小学教师负担，确保督查、检查、评比、考核减少逾半，确保教师潜心教书、静心育人。把宁静还给学校，把时间还给教师，令不少一线教育工作者倍感温暖，也提振了教师们的信心。2021 年 4 月，教育部办公厅发布了《关于加强义务教育学校作业管理的通知》。暑假开学后，在义务教育阶段内以“减轻学生的作业负担和压减学科类校外培训”的“双减”的政策落实力度前所未有，打破了原有的教育格局和生态，政策的实施对于促进学生的健康成长，缓解家长的焦虑压力，落实教师的减负增效，促进教育公平，都具有积极而重大的意义。在减负政策的要求下，学校怎样实现课堂教学效率的提升，是一直以来需要研究和践行的重要课题。课堂教学模式是承载教育思想和实践操作的载体，构建注重实效的模式是学校能否提质增效的重要任务。

《中华人民共和国国民经济和社会发展第十四个五年（2021—2025 年）规划和 2035 年远景目标纲要》的第四十三章“建设高质量教育体系”中提出“发展素质教育，更加注重学生爱国情怀、创新精神和健康人格培养”。创新之道，唯在得人。中学是发现、培养创新人才的重要阶段，是创新精神的培养和启蒙的关键时期。如何为创新人才甚至拔尖创新人才奠定基础，在课堂教学中如何培养学生的创新精神，是一个现实而又紧迫的课题。质疑是创新的起点，培养创新精神的切入点就是提升学生的质疑能力。让课堂成为学生质疑问难的场所，是课堂教学模式创建中一个重要遵循。鼓励学生“能提问题、敢提问题、会提问题”是课堂教学精彩的重要标志，“突出质疑、放大展示、做实训练”是创建模式的标准和特色。

基于对课堂教学的“提质增效”和学生创新精神的启迪和培养，经过长期的摸索与实践，河北省承德县第二中学创建了“测－学－考”三段七步教学模式，在 2017 年 3 月成功申报了河北省十三五规划的省级课题。用课题研究的方式推进课改的思路扎实有效，经过三年多研究和实践，课题于 2020 年 9 月顺利结题，并被评为优秀课题，2021 年 5 月在承德市第九届教育科研优秀成果评选中荣获一等奖。承德县二中有一大批优秀教师，他们在教学一线上不计名利，为学校的发展贡献出了自己的智慧和力量。他们也应该梳理自己的教学研究成果，提炼总结，成为他们教学和科研业绩的佐证。因此我们结集出版这本教学专著，是应时代所需，也是学校发展和教学改革积淀下必然的成果。

本书包括对“测-学-考”三段七步模式的解读和推进历程的回顾；对模式的理解和思考；各个学科教师的教学设计、教学案例和说题的成果。其中的说题作为学校推行教学研究的抓手，参照“说课”的形式，形成的具有承德县二中特色的教研活动。说考点立意，教师研究交流试题考查的知识能力，提升备课选题的针对性；说解法指导，教师从学生角度出发，说清解题的指导方法和步骤，侧重点是研究学生的现状和思路；说拓展变化，探究所说试题的拓展迁移，变化条件形成新题，实现一题多变，达成巩固练习，或把解题的规律推广，达到推陈出新的目的，促进创新思维的形成。

教学模式的成效不是一日之功，教师的认同和践行还面临着诸多现实问题，更由于研究理论水平和能力有限，本书会存在很多不足，诚请各位教育同仁批评指正，我们将不断探索和改进。

陈英春

2022 年 7 月

合雅文化立校

科技教育育人

目　　录

第一篇　解读与成果

第二篇　理解与应用

第三篇　教学课例与课堂实录

第四篇　特色教研——说题

第一篇　解读与成果

"测-学-考"三段七步课堂教学模式解读

陈英春

一、对课堂教学实效性的认识

课堂教学离不开对效率的追求，因此也就有了对课堂高效、有效、实效的诸多评价和说法。所谓的课堂效率，主要是在确定时间内学生收获的多与少，也可以延伸到学生所获得的具体进步或发展大和小。对课堂教学效果的要求，说法和标准很多，但最终要落实到学生是否"学会"和"会学"上，这也就是所追求的课堂教学的实效。

"学会"主要是针对知识和技能来说的，学生通过教师的讲授示范，进行模仿和练习，达到弄明白、记住了、会操作的目的。教学中检查是否学会最直接的方法就是测试，对学生进行独立、限时的检测，根据学习效果来评价课堂教学的实效性。

"会学"则是更高的习惯和要求。学生在学会的基础上，熟练应用有序感知、加工、转化等认知手段，构建对新信息的理解、认知、处理的方法，形成良好的学习品质和思维习惯，达到自主学会的目的。"会学"是追求的高层次标准，不是一节课就能达到的，需要长时间的培养。

二、模式确定的背景

立足于学生的"学会"和"会学"，追求课堂教学的实效是教学改革的本质，也是课程改革的重要目标。然而，在当前学校教学实践中，仍然存在教师教得辛苦、学生学得不轻松，教学质量又不高的问题。因此，提高课堂教学的实效性，打造实效课堂已经成为课程与教学改革的重要课题之一。

河北省承德县第二中学是一所半寄宿初中，拥有全县近四分之一的学生。全寄宿制学校凭借管理和时间的优势，对优质生源的争夺和对公办学校的冲击越来越大。在不拼时间的前提下，提高效率是学校的核心竞争力，打造实效课堂更是迫切的要求。但学校教师年龄整体偏大，思想转变困难，多年来教学一直以传统的灌输方式为主，"讲过就等于学会"的观念始终在教师中占主导。实际中教师抱怨学生差，课堂教学中教师只管教，不管导，满堂灌，独霸课堂，只为完成教学进度，忽略学生学习效果现象严重，学生也缺乏愉快、轻松、主动的学习氛围。这就迫切需要构建一种切实能提高课堂教学效率，教师善教能教好，学生乐学能学会，适合本校实际的课堂教学模式。为了切实提高课堂效率，以追求课堂实效为目标，以学生学会为中心，立足实际，学校在 2017 年创立并践行“测–学–考”三段七步课堂教学模式。

三、模式的流程解说

“测–学–考”三段七步课堂教学模式的“三段”指每节课由 5 分钟的课前检测、30 分钟的新知学习、10 分钟的检测考试三个时间段组成。“七步”是指三个时间段内可以分为七步：①检测回顾引入，②明确学习目标，③引导自主学习，④组织交流展示，⑤师生质疑点拨，⑥小结回顾目标，⑦当堂检测考试（图 1）。

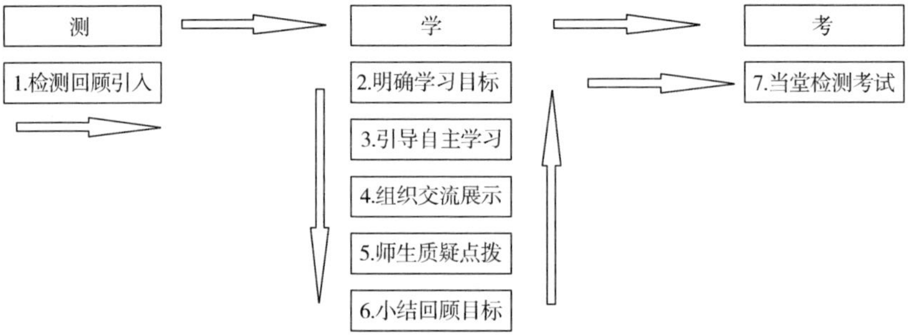

图 1　模式流程图

具体操作过程如下。

（一）测

检测回顾引入

每节课的前 5 分钟，为了让学生尽快进入学习状态，同时为了复习巩固旧知识、引入新课的学习而进行的检测。5 分钟之内检测反馈评价完成。前测的作用：复习旧知，引入新课。

（二）学

新知识的学习是整个模式的核心部分，要经过以下步骤。

明确学习目标

教师利用各种呈现方式对学习目标和自学要求进行明确的解读和指导。

引导自主学习

学生按照自学提示进行学习，阅读文本，圈点勾画，分析归纳，完成自学任务。此时，教师巡视全班学生，对不在状态的学生进行督促、提醒。巡视时注意发现学生困惑的地方，但注意不给学生讲题，避免打扰其他学生。

组织交流展示

教师以学习小组为单位，组织小组交流互学，实际操作中确保人人参与，发现各小组有争议的共性问题。教师根据学生组内交流情况，出示展示问题，提出展示要求，确定展讲小组。

学生浏览内容，交换意见，组织语言按展讲要求展讲（口述、展示、板书）。教师用激励性语言、表情鼓励展示的学生，并鼓励其他学生发表质疑、挑错、提出不同意见和做法。

师生质疑点拨

教师根据学生自主学习、小组合作探究中发现的问题，对重点、难点、易错点进行重点讲解，帮助学生解难答疑，总结答题规律，点拨归纳知识点记忆法、答题方法与思路，提出变式训练等。

小结回顾目标

回顾目标，总结收获，完善学案。

（三）考

当堂检测考试

学生独立、限时完成当堂检测题，时间为 8~10 分钟。做到限时、独立、赋分，教师对检测结果尽量做到当堂评阅，反馈，跟进辅导。

四、模式的推进历程

（一）首创试行阶段

基于对学校教学现状的研判，在广泛听课、研课的基础上，在 2017 年初，由校长陈英春牵头创立的“测-学-考”三段七步教学模式，开始提出并在部分学科教师中试验推广（图 2）。2017 年 4 月，由学校申报并得到县市教研部门的推荐和审定，成功立项为河北省教育科学研究“十三五”规划课题（课题批准号：1604099），课题组组织了校内开题会议，学校的课题研究从此展开（图 3）。

图 2　学校召开三段七步教学模式开题会议

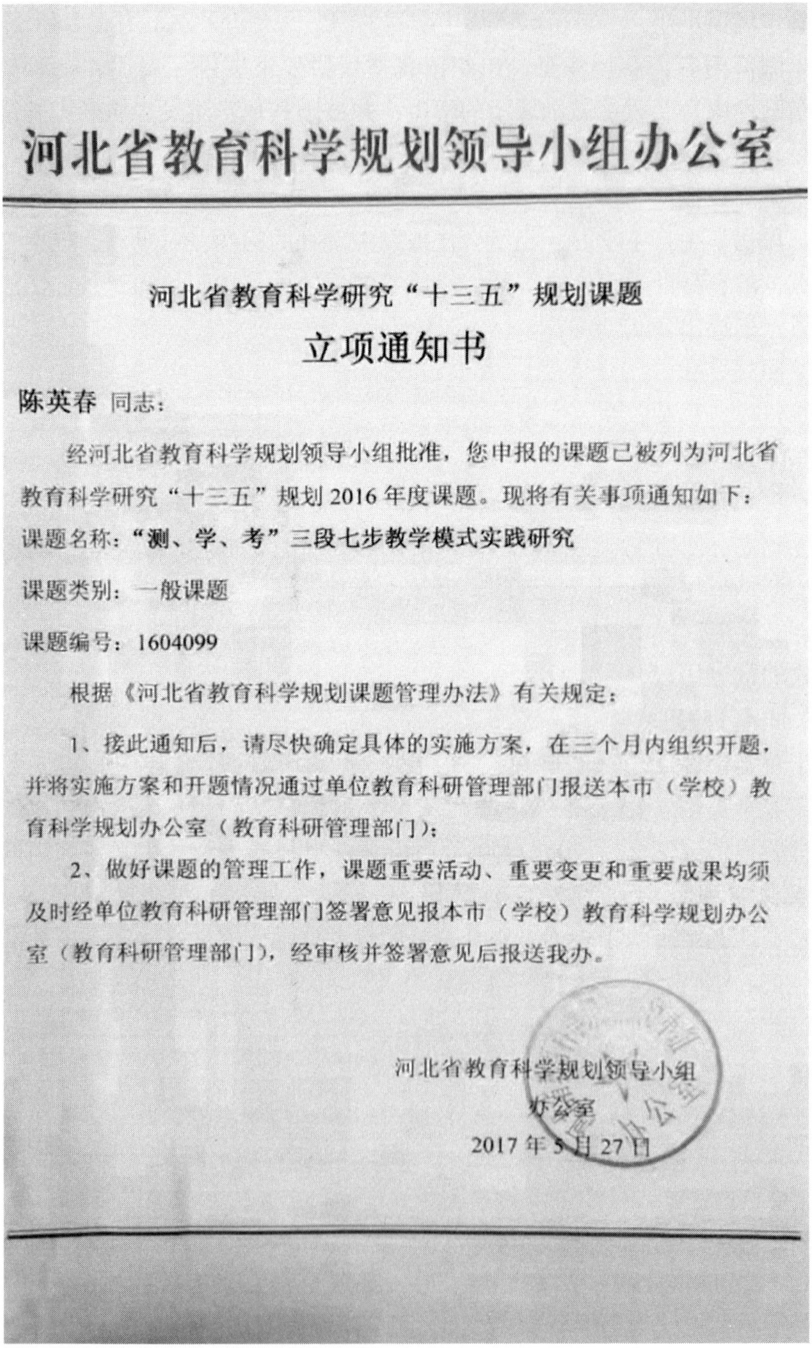

河北省教育科学规划领导小组办公室

河北省教育科学研究“十三五”规划课题

立项通知书

陈英春 同志：

经河北省教育科学规划领导小组批准，您申报的课题已被列为河北省教育科学研究“十三五”规划 2016 年度课题。现将有关事项通知如下：

课题名称：“测、学、考”三段七步教学模式实践研究

课题类别：一般课题

课题编号：1604099

根据《河北省教育科学规划课题管理办法》有关规定：

1、接此通知后，请尽快确定具体的实施方案，在三个月内组织开题，并将实施方案和开题情况通过单位教育科研管理部门报送本市（学校）教育科学规划办公室（教育科研管理部门）；

2、做好课题的管理工作，课题重要活动、重要变更和重要成果均须及时经单位教育科研管理部门签署意见报本市（学校）教育科学规划办公室（教育科研管理部门），经审核并签署意见后报送我办。

河北省教育科学规划领导小组

办公室

2017 年 5 月 27 日

图 3　立项通知书

（二）课题开题会议

2017 年 9 月 8 日，承德市教育局中学教研室、规划办和县教育局教研室的相关领导参加了此次在学校召开的“测-学-考”三段七步教学模式省级课题开题论证会议，课堂立足于追求课堂实效，把学生学会作为课堂教学模式的落脚点，通过课题研究改进课堂教学，提升教学效果，以课题研究推动课改的正式启动（图 4）。

图 4　承德市县教研室领导参加课题开题论证会议

（三）模式推进手段

一是行政推动。学校坚持校长“每日一课”的听课制度，副校长和中层干部也坚持每天至少听课一节，每个学期校长听课都能达到 100 节。学校领导坚持听课后及时和教师交流，重视与作课老师交流课例，评出优点和不足，指出改进方向（图 5，图 6）。学校制定了与课堂教学模式配套的“三维七度二十一点观课表”，让评课领导依此评价，让交流、评课逐渐成为常态，有效地促进课堂教学模式的实施。

图 5　省级师德标兵宋广丹教师上“三段七步”教学模式研讨课

图 6　陈英春校长带领学校领导及教师深入课堂进行课例研讨

二是典型带动。从 2017 年初模式推行开始，学校每个学期都要评选学校课改标杆教师，评定过程严格按照模式操作标准来进行。标准作为县级骨干教师评选的必要条件，已经确定了 30 余名标杆教师，分布在各个学科，起到引领作用。学校每个学期安排标杆讲师讲授示范课，采取标杆教师带徒弟的策略，从“一带一”发展到“一带多”，增加典型的示范和引领，实现模式的普及（图 7）。

图 7　“三段七步”教学模式标杆教师合影

三是评价拉动。为全面推进模式，学校实施随机抽课评价，课堂评价纳入教师年度考核。每名参与抽课听课的领导随对所听课堂教学进行打分评价，分数作为考核备课组全体教师课堂教学成绩，备课组如对成绩不满意，可以申请重新被抽课。抽课评价解决学校教师多听课难以兼顾的问题，更从结果上促进了集体备课的质量提升和教师水平的整体提高，更能整体推进课堂教学模式。学校还实施教学模式和教学成绩双向评价监测机制，每节课的学生测试成绩纳入教师课堂教学评价结果。这种拉动手段，很大程度地促进了模式的全面推进（图 8）。

图 8 “三段七步”教学模式总结会

（四）及时破解现实问题

2017 年 12 月，“测-学-考”三段七步教学模式提出践行近一年时间，学校教科研处组织召开模式推进的课题研究会，解答教师们在操作过程中遇到的问题（图 9，图 10）。

问题一：预设检测和后测反馈不一致怎么办？

“测-学-考”三段七步教学模式的前测，是让学生上课之初，用考试的方式复习旧知识，也有收心静气的作用。在实施中，部分老师提出，按照当前的模式，前测的内容均为预设，并多以学案形式印发到学生手中，但对于上节课中学生反馈出来的问题，不能纳入新课之初去解决，造成达不到复习引入的效果。这个问题属于操作层面的事，复习引入的方式很多，测试是抓落实的一种手段，要求前测和反馈在 5 分钟内完成，主要是针对新授课的重要性来说的，如果复习检测时间过长，势必会影响新课教学。在实际操作中要根据预设和生成的重要性进行比对，灵活确定前测内容。一般来说，前测的预设是对学情的提前预判，而上节课后测的反馈更能准确地说明学生存在的问题，两者的取舍和结合，对老师来说不是难题。

问题二：预习前置能够节省时间，可否采用预习前置的方式？

课改有两大主流：一是预习前置的做法，如“杜郎口”的教学模式，将本节课内容提前预习准备，在当天的课堂上，主要是进行展示。预习前置能够提高学生的自主学习和表达能力，也受到诸多专家追捧。二是“测-学-考”模式，立足传统课堂，注重当堂学会的课堂实效，因此对预习前置没有提出要求。所有争论的症结在留出前测的5分钟上，教师感觉时间紧，所以接下来就是赶时间讲完，或者多是挤掉最后测试的时间，这是模式推进中存在的普遍问题。

问题三：不同学科和课型的模式统一吗？

对于不同学科和课型的具体操作实施，一定会有差别。前测不仅仅是做题考试，政史课紧贴时政是关键，所以可以引入新闻播报等一些内容，让学生锻炼表达能力，也能了解时政大事。语文的演讲表演也能纳入前测中来，相比之下，理科的做题检测倒是最好的途径。英语学科的听写填空也都不拘一格。至于课型的问题，主要适用于新授课。对于作文课、试卷讲评课、复习课等可以参照此模式实施，不受模式的严格约束。值得注意的是，模式的核心目的是让学生学会，手段是通过考试，用这种“限时、独立、赋分”的方式来督促检查学生的学习效果，追求课堂教学的实效。

问题四：处理生成问题挤占后测时间怎么办？

这是现实的问题，回到课堂教学的具体操作中，关注和处理生成，是教师驾驭课堂的真本领。对于课堂生成这一个标志着质量的关键内容，生成资源的宝贵性不容置疑，取舍自然分明，但关键是教师怎样才能妥善处理。人们追求有质疑的课堂，那是鲜活的教学资源，若在稳妥处置后能够不挤占测试时间是最佳选择。若不能处理好，在课堂生成上多些时间也是可以理解的，关键是这些问题的处置要有意义。一切的落脚点，还是学生“学会”以及对“学会”的检查反馈上。

图9　陈英春校长深入课堂解答现实中遇到的问题

图 10 县教研员对“测–学–考”三段七步教学模式进行指导

（五）课题结题获奖

经过三年的研究和实践，“测–学–考”三段七步课堂教学模式于 2020 年 9 月顺利通过省级专家组的验收，顺利结题并被评为优秀。2021 年 5 月该教学模式在 2021 年承德市第九届教育科研优秀成果评选中荣获一等奖（图 11）。

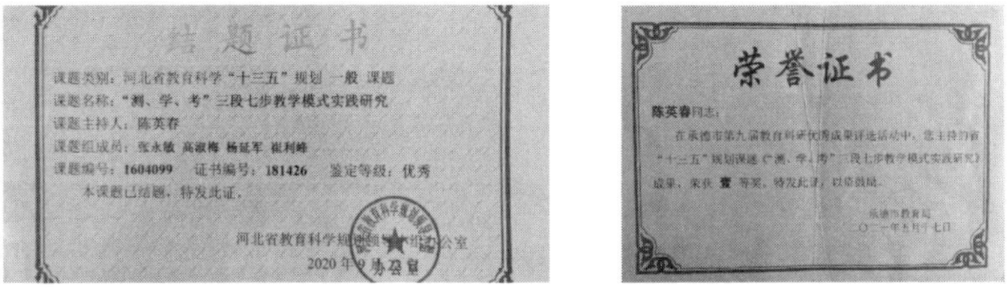

图 11 结题与荣誉证书

（六）课题成果的推广

2019 年，借助全县“党建共同体”的开展时机，学校组织团队分别到县内安匠初中和头沟初中两所学校进行送教下乡。队伍向两所学校的教师展示模式课例，做课堂教学模式操作层面的交流和培训，达到了推广交流的目的。2021 年 3 月，在课题结题评奖后，校长陈英春带领当年的初三备课组长和学校领导，赴唐山市滦州三中进行学术交流。同行的教师为滦州三中的学生们展示了学校课堂教学模式，并和滦州三中的同仁们进行学术交流，实现了模式的推广（图 12~图 18）。

图 12　滦州第三中学与承德县第二中学结对签约仪式

图 13　滦州三中与承德县第二中学交流团进行课堂模式交流

图 14　县级骨干教师、数学备课组长管平老师在滦州三中做研讨课

图 15　市级优秀物理教师张淑清在滦州三中做研讨课

图 16　县级骨干教师李凤焕在头沟初中做示范课

图 17　市级优秀教师王铁军在头沟中学做示范课

图 18　县级骨干教师陈天侠在安匠初中做示范课

（七）践行模式的成效

一是课堂教学有了大幅改善。全校教师自觉践行模式的局面已经形成，注重课堂实效已经成为教师的追求，满堂灌的局面减少，而学生交流展示、质疑答疑的局面回归课堂，学生静思真写的场面已经成为课堂的常态。教师以此模式在市县级公开课、评优课均获得一等奖。据不完全统计，模式推行以来，全校共有 100 余人次在国家、省、市、县各级优质课评选中获得一等奖。

二是新教师迅速成长。近几年，学校有 50 余名新教师进入校园，对他们的培养从课堂教学开始，有经验的教师对模式的实际操作进行言传身教，给新入职的新教师提供了成长的扶手和捷径，学校每一学期都安排新教师的汇报课，课后组织所有听课教师进行评课诊断，跟进、改正、提升。通过指路子、搭台子、压担子等行之有效的手段，新入校的教师成长迅速。2017 年底进入承德县第二中学的 18 名教师，经过不到一年的锻炼，已有 6 名教师担任班主任工作，有的班级管理业绩考评和教学成绩已经在年级领先。

三是教学成绩有了大幅提升。模式推行后的连续几年，学校教学质量迅速提高，中考成绩实现逐年的提升和跨越，教学质量辐射的学校管理日趋严细，学校文化和科技教育特色彰显，已经成为承德市内的领军学校（图 19）。

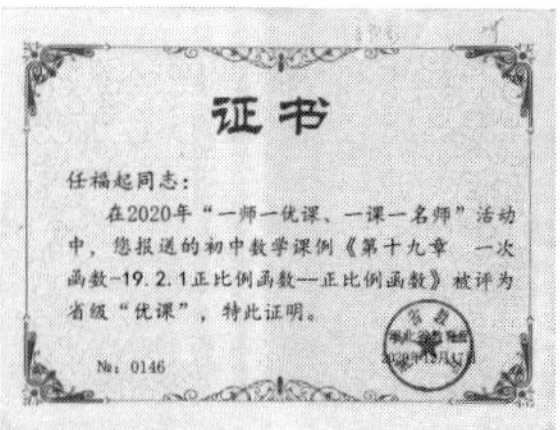

证书

任福起同志：

在2020年"一师一优课、一课一名师"活动中，您报送的初中数学课例《第十九章　一次函数-19.2.1正比例函数—正比例函数》被评为省级"优课"，特此证明。

№：0146

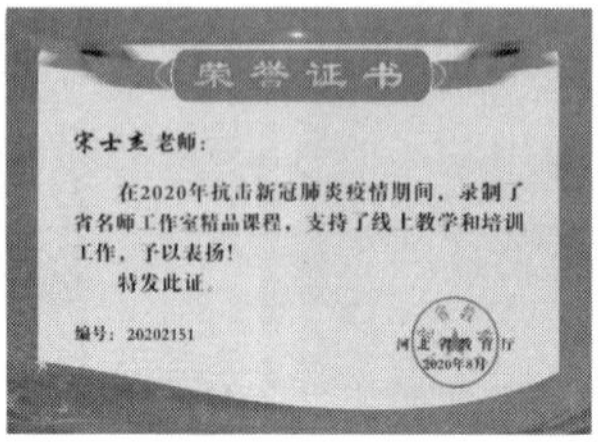

荣誉证书

宋士杰老师：

在2020年抗击新冠肺炎疫情期间，录制了省名师工作室精品课程，支持了线上教学和培训工作，予以表扬！

特发此证。

编号：20202151

河北省教育厅

2020年8月

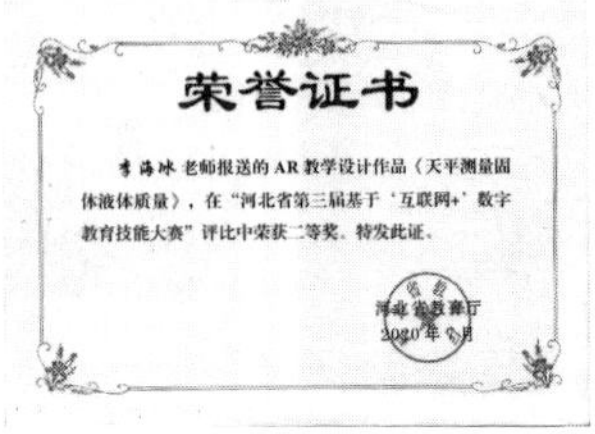

荣誉证书

李海冰老师报送的AR教学设计作品《天平测量固体液体质量》，在"河北省第三届基于'互联网+'数字教育技能大赛"评比中荣获二等奖。特发此证。

河北省教育厅

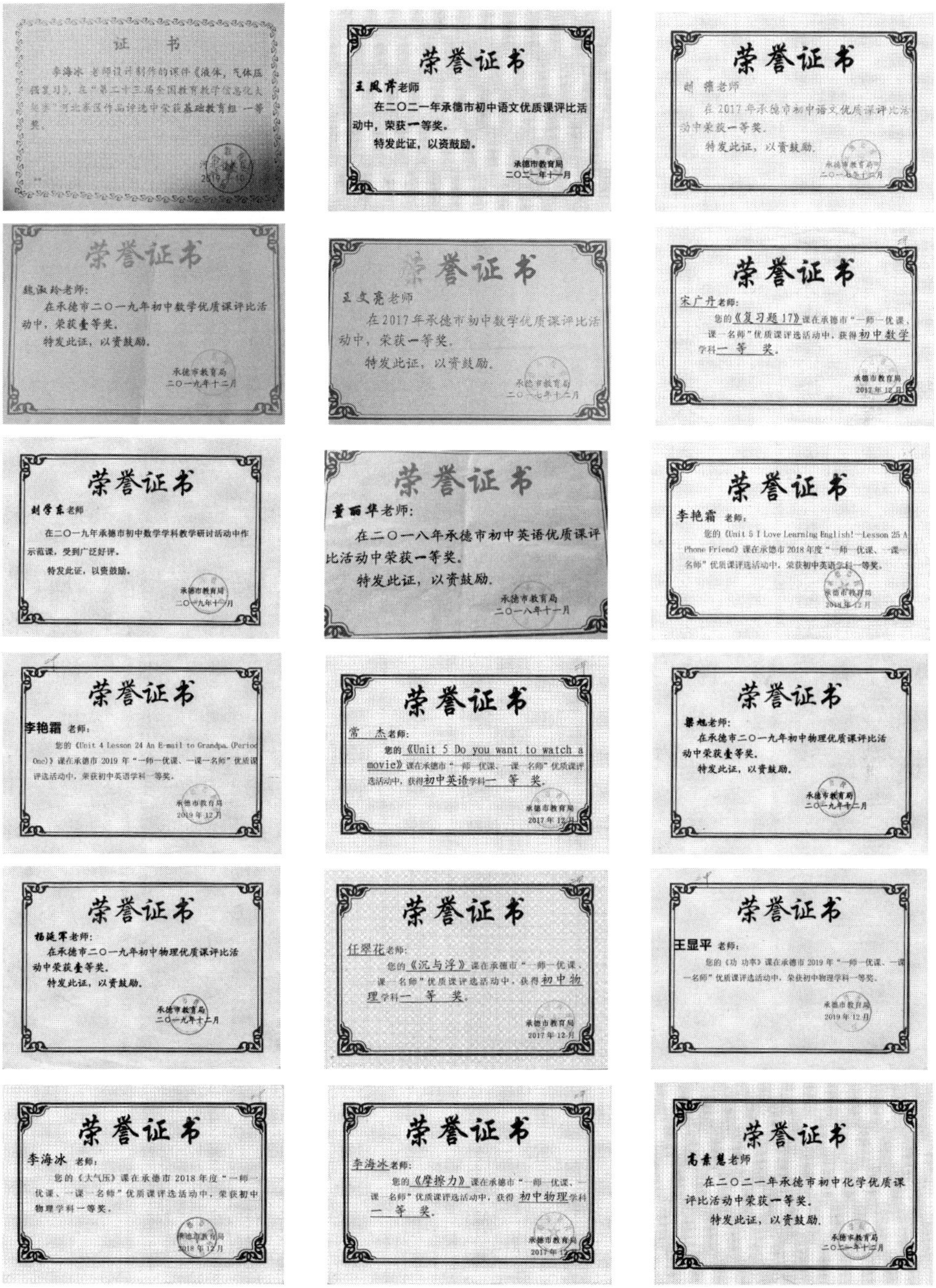
证 书
李海冰 老师设计制作的课件《液体，气体压强复习》，在"第二十三届全国教育教学信息化大奖赛"河北赛区作品评选中荣获基础教育组 一等奖。
荣誉证书
王凤青老师
在二〇二一年承德市初中语文优质课评比活动中，荣获一等奖。
特发此证，以资鼓励。
承德市教育局
二〇二一年十一月
荣誉证书
老师
在2017年承德市初中语文优质课评比活动中荣获一等奖。
特发此证，以资鼓励。
荣誉证书
魏淑玲老师：
在承德市二〇一九年初中数学优质课评比活动中，荣获壹等奖。
特发此证，以资鼓励。
承德市教育局
二〇一九年十二月
荣誉证书
王文亮老师
在2017年承德市初中数学优质课评比活动中，荣获一等奖。
特发此证，以资鼓励。
承德市教育局
二〇一七年十二月
荣誉证书
宋广丹老师：
您的《复习题17》课在承德市"一师一优课、一课一名师"优质课评选活动中，获得初中数学学科一等奖。
承德市教育局
2017年12月
荣誉证书
刘学东老师
在二〇一九年承德市初中数学学科教学研讨活动中作示范课，受到广泛好评。
特发此证，以资鼓励。
承德市教育局
二〇一九年十一月
荣誉证书
董丽华老师：
在二〇一八年承德市初中英语优质课评比活动中荣获一等奖。
特发此证，以资鼓励。
承德市教育局
二〇一八年十一月
荣誉证书
李艳霜 老师：
您的《Unit 5 I Love Learning English!—Lesson 25 A Phone Friend》课在承德市2018年度"一师一优课、一课一名师"优质课评选活动中，荣获初中英语学科一等奖。
承德市教育局
2018年12月
荣誉证书
李艳霜 老师：
您的《Unit 4 Lesson 24 An E-mail to Grandpa. (Period One)》课在承德市2019年"一师一优课、一课一名师"优质课评选活动中，荣获初中英语学科一等奖。
承德市教育局
2019年12月
荣誉证书
常 杰老师：
您的《Unit 5 Do you want to watch a movie》课在承德市"一师一优课、一课一名师"优质课评选活动中，获得初中英语学科一等奖。
承德市教育局
2017年12月
荣誉证书
老师：
在承德市二〇一九年初中物理优质课评比活动中荣获壹等奖。
特发此证，以资鼓励。
承德市教育局
二〇一九年十二月
荣誉证书
杨廷军老师：
在承德市二〇一九年初中物理优质课评比活动中荣获壹等奖。
特发此证，以资鼓励。
承德市教育局
二〇一九年十二月
荣誉证书
任翠花老师：
您的《沉与浮》课在承德市"一师一优课、一课一名师"优质课评选活动中，获得初中物理学科一等奖。
承德市教育局
2017年12月
荣誉证书
王显平 老师：
您的《功 功率》课在承德市2019年"一师一优课、一课一名师"优质课评选活动中，荣获初中物理学科一等奖。
承德市教育局
2019年12月
荣誉证书
李海冰 老师：
您的《大气压》课在承德市2018年度"一师一优课、一课一名师"优质课评选活动中，荣获初中物理学科一等奖。
承德市教育局
2018年12月
荣誉证书
李海冰老师：
您的《摩擦力》课在承德市"一师一优课、一课一名师"优质课评选活动中，获得初中物理学科一等奖。
承德市教育局
2017年12月
荣誉证书
高素慧老师
在二〇二一年承德市初中化学优质课评比活动中荣获一等奖。
特发此证，以资鼓励。
承德市教育局
二〇二一年十二月

图 19

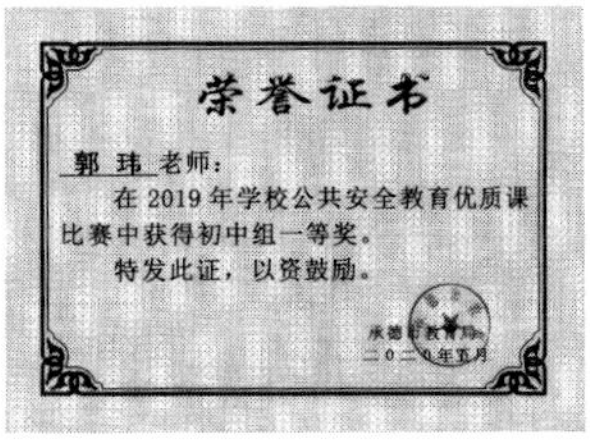

图 19　荣誉证书

（八）模式的深化和发展

随着学校教育质量的提升和知名度的提高，学校凝练出了“合雅”文化主题，用“尚合明雅”统领教师言行，以“合”作手段，追求“雅”目标。2021 年 5 月，《中国教育报》以“合雅文化立校，科技教育育人”为题对学校进行了专题报道。学校确定了科技教育中把“创新”作为学校特色，模式中的“质疑”环节正是学生的创新起点。因此，在模式的深化中，突出了以培养学生创新精神为主要任务的质疑环节，并以“一题多变”的具体形式呈现在课堂上，在发展了模式的同时，也强化了模式的育人功能，给模式注入了鲜活的生命力。

第二篇　理解与应用

“测-学-考”三段七步教学模式理解与思考

崔利峰

“测-学-考”三段七步教学模式（以下简称“模式”）是承德县第二中学2017年立项的河北省教育科学研究“十三五”规划课题［编号：1604099］。该模式是2017年陈英春校长在面对当时学校教学管理无序、教学质量步入低谷、课堂教学效率偏低、学生学习兴趣不浓的真实状况下，为了快速提升教学质量，以改变课堂为突破口，创造性总结提炼出来的。近年来，学校教学质量年年攀升，位居全市前列，创造了学校发展史的奇迹。以“测-学-考”三段七步教学模式为载体的课堂教学改革也不断走向深水区。作为实践和教学管理者，笔者现就对模式的理解与思考，做出阐述。

一、“模式”的基本结构和意义

何为“三段”？从内容上，指的是课前检测（测）、课堂核心（学）、当堂检测（考）。从时间上，指“每节课大体分三个时间段，前5分钟，中间30分钟，后10分钟”，与内容有相互对应的关系；从管理上，指的是教和学的闭环管理系统。“测-学-考”重点突出学生主体地位，具有显现性和操作性，便于教师的理解和操作。“测”为学情诊断，是“学”之基础；“学”为课堂核心，是“测”之深入；“考”是“学”之结果检验。三者相互依存，相互递进，是闭环的管理。

何为“七步”？一步为检测回顾引入；二步为明确学习目标；三步为引导自主学习；四步为组织交流展示；五步为师生质疑点拨；六步为小结回顾目标；七步为当堂检测。“七步”是“三段”的细化，环环相扣，步步深入。从课前测试到课尾的达标检测，“模式”将高效率教学理念贯穿于整个课堂教学之中。

该模式具有广泛性、实用性、创新性，与当前教育界的热词“减负”契合。“模式”充分体现出以教师为主导、以学生为主体，彻底改变师讲生听的传统课堂状态，解决了学生学习的单一性和孤立性，由学生消极被动地学习向积极主动转变。“自主学习、交流展示、质疑答疑”环节凸显师生、生生、生本的互动，调动了学生主动性，激发学生的潜能。有效的交往和沟通，可增加学生情感的体验，让课堂变得有温度。自主学习打破教师课堂的垄断性和权威化，学生成为学习的启动者和主宰者，彰显学生个性差异，张扬学生的个性和创造力。学生的个性展示，让学生增加学习的获得感。质疑答疑让教学从空洞化回归学生的生活世界，让学生真正

“学”了“问”，“问”了“学”，真的有了学问。前测和后考使教师从对学生模糊印象，到真实的学情了解，增加教学的针对性，提升课堂的有效性。

二、“模式”的理论依据

一是建构主义学习理论基本观点。建构主义认为，学习不是知识从教师到学生的简单转移或传递，而是主动地建构自己知识经验的过程。这种建构是任何人所不能代替的，提倡的是自主学习，自我体验。本模式设立在教师主导下的自主学习环节，践行学生是自己知识的学习者和建构者的理论。学习不是简单的信息输入、贮存和提取的过程，也不是简单的积累，而是在已有的知识经验、心理结构和信念的基础上去形成知识的意义，实现新旧知识的综合和概括。学生需要通过“测”来自我诊断，自我衔接新旧知识。建构主义强调学习者的主动性，认为学习是学习者基于原有的知识经验，自己主动探寻的过程。本模式严格遵循“先说后教，先学后教，先练后教”的理念，也就是先摸清学生的“底细”再教，达到以教促学的目标。

二是维果斯基的“最近发展区理论”。理论指出，教学应着眼于学生的最近发展区，为学生提供带有难度的内容，调动学生的积极性，发挥其潜能，超越其最近发展区而达到下一发展阶段的水平，然后在此基础上进行下一个发展区的发展。因此，本模式遵循“以学定教，当堂达标”和“学时而定”的理念，教师遵循“因材施教”的原则。学习的组织形式以小组合作的方式为主。教学目标和教学内容的确定，要从学生的心理发展和学习特点出发。在实际教学中，教师要了解孩子、认识孩子、尊重孩子，关注孩子的兴趣、需要，尊重孩子的实际水平。

三是闭环管理思想。“模式”通过“以考代练，以考促学”，实现真学，促进效率的提升，激发学生深度学习。

三、“模式”实践中应该注意的几个问题

一是时间分配不合理的问题。“模式”的实践操作中，存在问题较多的是当堂检测没有时间或时间不足，丢掉当堂检测环节或草草收场达不到应有的效果。课堂表现出：一方面“前测”用时过长，题目繁多或题目设计不符合学情。学生自测，问题较多，反馈需要占用更多时间。建议在备课时前测题目要精选，有针对性，典型性。前测总的要求是独立、限时、赋分，自主解题，集中反馈应在5分钟之内完成，否则会影响后两段的完成。另一方面，课堂内容选择不精准，目标繁多，课堂层次不清晰。建议备课要处理好“减”与“增”关系，在充分理解教材，了解学生的前提下，整合教材，对课程内容要大胆取舍，选择要精准，要符合学生的学习实际，追求一课一得的课堂实效。只有落实“后考”才能达到了解学情的目的，达

到以考促学。“后考”操作方式是教师全收全批，通过全批，教师才能真正了解学生的掌握情况，个别问题课下找学生改正，共性问题作为下一节课的前测内容，这样才能真正形成闭合回路。“前测”和“后考”应形成闭合的回路，通过检测反馈，让学生掌握应知必会的内容。通过检测让教师了解学生学习的效果，修正自己的教学内容，求得教学的实效。

二是讲得多，学得少的问题。“学”作为“模式”的核心段就已说明它的内涵和本质，这也是课堂教学改革的核心。满堂讲是老师懒惰和理念落后的表现，在最初课堂实际操作过程中，教师是最纠结的，需要破旧革新。建议教师“少讲”：做到不讲就会的内容免讲，一讲就会的内容少讲，怎么讲都不会的内容不讲。让学生“多讲”：学生不会说的内容，教师鼓励他说；学生说不准的内容，教师引导他说；学生说不好的内容，教师帮助他说；学生说不了的内容，教师找其他人说。总之，教师最好不要代替学生说，要加大自主学习培养和指导，更重要的是自主学习要产生问题，课堂的问题最好都由学生提出。教师要善于设问、追问、多问，把学生的学引向深入。教师更不能忽视学生的“过错”，“过错”正是教学的机遇。

三是小组合作学习形式化问题。小组合作学习是“模式”的重要环节，但在课堂教学实际中，小组合作学习形式化存在已久。建议教师加强小组的建设和培训。在小组合作探究初期，教师除了培训外，还要进行规划设计，确定步骤。第一，自主学习（独学）以导学案为抓手，以发现问题、解决问题为主，自己不能解决的问题用双色笔标注，带入“对学”“组学”中解决。这一环节是培养学生学习习惯和学习能力的关键，是学生最重要的学习方式。第二，“对学”“组学”环节仍然是以解决问题为主，先通过同质学生“对学”，力求解决“独学”中存在的问题。这部分学生要做到自主自动自觉。第三，“组学”以小组为组织单位，由小组长对照导学案组织开展有效的合作、探究对子帮扶实现兵教兵、兵练兵、兵强兵。确定展示内容，展示选取重点问题、难点问题、有争议的问题、一题多解的问题、能够拓展延伸，提高学生能力。“组学”重在讨论，不在结论。

创新课堂评价方式，助力模式落地生根
——解读“三维七度二十一点观课表”

刘雪松

“测-学-考”三段七步课堂教学模式是“十三五”省级课题，是陈英春校长于2017年根据学校时弊，创造性提炼出来的。为了更好地落实“模式”，深化课堂教学改革、增强教师课改的内动力、改变课堂状况，学校课题组多次探索实践，广泛征求意见，凝练出与教学模式配套的“三维七度二十一点观课表”（以下简称“观课表”，见表1），作为评价课堂的依据，有力地助推了模式广泛实践。

一、“观课表”的内涵和本质，引领课堂评价的改革

“观课表”结构的对应性有利于课堂评价的规范和严谨。“三维”是指课堂教学模式中“测-学-考”三段相对应的三个维度。“七度”是指课堂教学模式“七步”衍生出来的观课的七个角度。“二十一点”指从微观的角度审视课堂，使评价更具体。

“观课表”的革新带动了课堂评价的变革。“三维”本身含有三维空间之意，摒弃了听课评价的片面性、主观性。观课不但观察教师做什么，还观察学生做什么，确立了学生课堂主体地位，实现多元化的评价标准。

“观课表”既是标准，也是追求。作为标准，发挥评价的功能；作为追求，指导课例的研究。“观课表”既有定性的要求，又有定量的统计。例如，“前测”“后考”提出明确要求：独立、限时、赋分完成并能及时反馈；“独学”交流展示时间计算，参与人数的统计等为课后评价研究提供数量依据。

二、多种观课方式，助推课堂教学行为的转变

多种观课方式，有力地促进了课堂改革的深入。方式一：骨干教师、标杆教师示范课。每学期首先由省、市、县各级层骨干教师做好示范课。示范课上，创新方式不断涌现。例如：“前测”“后考”的互评，双色笔的使用，政史前测的学生讲红色故事引入，学科中思维导图的应用等，使我们的课题模式逐步提升，不断完善，也带动了所有老师的进步。方式二：随机抽课。各学科备课组随机抽课，依据观课表打分，作为本备课组所有教师课堂教学考核的分数。对成绩不满意备课组研讨可重新申报复讲。评价和考核挂钩，极大地促进了教学模式的深入。方式三：跟进课。对于课堂脉络不清、学生参与度不高、课堂气氛不活跃、对课堂模式不能很好把控的课，将要求备课组集体研讨，有经验的教师帮忙把关，学校持续跟进听课，直至课堂教学符合学校要求。方式四：课例研讨课。针对典型课例，旨在由优秀教师引路探究，集体研讨。典型课例有名著导读的启动课、跟进课、展示课；初中三年级各学科的复习课；理化生的实验课。依据观课表教研组、备课组，深入研究把课堂教学改革引向深入。

三、课堂评价的创新，促使学生积极主动学习

近年来，随着“测-学-考”三段七步教学模式的不断推进，我校教学质量逐年提升，中考成绩稳居全市前列。更可喜的是，很多老师的课得到翻转性的变化，课堂气氛更加和谐，迎来了可喜的课堂效果。例如，初中一年级孙秋实老师的数学课《二元一次方程组的解法》上，老师充分调动学生的思维，激发了孩子们的学习兴趣，更培养了孩子们的创新能力。学生竟然想出乘分数的方法，让系数通过乘以分数变成相同，从而实现加减消元。学生思维火花的绽放，激发了学习兴趣，学生不仅学到了知识，还提升了能力，形成了稳定的学习品质，学会了学习。在马滢老师的物理课上，学声音的振动，教师引导学生怎样证明声音是靠振动产生的时，只举出可以听到击鼓发出的声音，蝉夏天的鸣声。可一名女生竟然观察到桌子上放着一个盛有半瓶水的杯子，敲打桌子能看到水的振动，也能证明声音是由振动发出的。针对学生的观察力的提高，观察之细致，教师及时对孩子进行了表扬和鼓励。看着孩子那满满的收获感和笑颜，这或许就是教师所苦苦追求的教育真谛。

课堂评价直接影响新课程改革的进程，是需要不断探索研究的课题。只有持之以恒的实践，才能激发和保护教师的课改积极性，正确引导课改走向深水区。

表1 “测-学-考”课堂三维七度二十一点观课表

教师：　　课题：　　班级：　　第　节　　年　月　日

观课维度	观课角度	观课点	评价结果			
			A	B	C	得分
学生学习引入	1. 前测引入的合理度	1. 师生课前准备是否充分	3	2	1	
		2. 前测内容是否恰当合理	5	4	3	
		3. 反馈是否及时有效 方法科学	3	2	1	
	2. 学习目标的准确度	4. 目标是否明确、具体、全面	5	4	3	
		5. 目标是否有层次性，符合学生实际	5	4	3	
		6. 学习目标是否可评价	3	2	1	

续表

观课维度	观课角度	观课点	评价结果			
			A	B	C	得分
师生交流展示	3. 学习参与的广度	7. 学生独学时间（　　）分钟，交流展示（　　）分钟	8	6	4	
		8. 是否合理利用小组，小组学习是否真实	6	4	3	
		9. 有（　　）人实质性参与，独立展示的有（　　）人	6	4	3	
	4. 学习参与的深度	10. 学生是否能主动提出有价值的质疑，是否有新的生成，教师能否利用生成资源把教学引向深入	5	4	3	
		11. 学生是否掌握了学习方法，总结了学习的一般规律，促进学习力的提升	4	3	2	
		12. 学生的个性得以张扬、特长得以发挥，生命活力得以迸发	4	3	2	
	5. 教师指导的有效度	13. 教师指导是否准确，能否巧妙引导课堂各环节	5	4	3	
		14. 教师精讲指导点拨是否及时准确，有必要的跟进变式训练	5	4	3	
		15. 师生评价准确得体，有过程性计分或标记，有终结性评价和激励机制	5	4	3	
学习效果评价	6. 目标的达成度	16. 学生的学习过程是否能准确完成目标	5	4	3	
		17. 学生能力是否得到提升	5	4	3	
		18. 学生学习的态度是否积极主动，课堂氛围是否民主热烈	5	4	3	
	7. 当堂检测的效度	19. 是否独立、限时、赋分	5	4	3	
		20. 是否围绕目标设置检测题，题量适中有梯度	5	4	3	
		21. 是否及时评阅、反馈、辅导	3	2	1	

观课人：　　　　　　　　　　　　　　　　合计得分：

推重三段七步　提升课堂效率

刘景旺

“测-学-考”三段七步教学模式，历经六年的践行完善，现已成为指导课堂教学工作的重要推手。“模式”简洁、高效，利于操作，已助力我校教学成绩节节攀升，连续几年中考成绩居承德市综合评比前列。该课题已获得市级优秀教学科研成果一等奖。下面以教科版初中二年级《物理》下册第七章第 4 节《重力》为例，讲解三段七步教学模式的应用。

首先进行课前检测，复习弹力的相关知识引入新课，这是第一步“测”。

接着展示本节课的学习目标，让学生对本节课的学习有一个明确的认识，这是第二步“明确学习目标”。

第三步“引导学生自主学习”，从熟悉的例子引导学生认识重力的存在，再通过学生的探究实验，研究影响物体所受重力的大小的因素。用在坐标上作图的方法得出重力跟质量的关系。这种做法思路简捷，学生容易掌握，同时学会了利用数学知识解决物理问题的一种方法——图象法。

第四步是“组织交流展示”。关于重力的方向，先说明用线将物体悬挂起来后物体静止时线的方向就是重力的方向，这个方向叫竖直方向，所以重力的方向是竖直向下的。并通过思考和讨论交流展示让学生明白竖直向下的“下”指的是什么，它与“垂直向下”的区别。通过展示实际的例子说明竖直向下的重力方向在实际中的应用，培养学生运用知识解决实际问题的习惯和能力。

第五步是教师适时、适当进行质疑点拨，告诉学生地球吸引物体的每一部分，但物体受到的重力可以认为是集中在一个点上，这个点叫物体的重心。

及时进行第六步“小结回顾目标”，这是“学”的阶段。

第七步是“达标检测”，检查学生对本节课知识的掌握情况，这是“考”的阶段。

本节课完整运用“测-学-考”三段七步教学模式，用一课时的时间将此知识传授给学生。教学反思如下：

一、成功经验

1. 高度自主，打通生活

《重力》这节课的教学内容与日常生活联系紧密，学生结合自己的生活体验，学习开始充分自学，高度自主学习，为课堂高效打下坚实基础。学生关于本节课内容生活经验非常丰富，所以老师在教学过程中将生活和自然界中的一些与重力有关的物理现象联系起来，让学生进一步感受到物理就在我们的身边。物理不仅有趣，还非常有用，从而激发学生的求知欲望，培养学生的学习兴趣。

2. 质疑争论，方式多样

科学探究既是学生的学习目标，又是新课程改革后重要的教学方式之一，质疑争论是最好的探究方式之一。本节课重点是通过探究“重力大小和质量的关系”的过程，引导学生敢于提出问题，培养动手能力及学生善于发问、质疑的良好习惯，鼓励学生制订简单的科学探究计划，培养学生处理信息的能力，体验科学探究的乐趣，领悟科学探究的思想和精神。师生共同质疑，争论，探究真相，为学生的终身学习建立基础。

3. 注重实践，培养兴趣

兴趣是开启智慧大门的钥匙，只有当学生对物理有了兴趣，才能有学习的乐趣，进而发展研究物理的志向。在本节课，通过探究“重力的大小和质量的关系”的分组实验，培养学生的动手能力，养成通过实验研究问题、思考问题的习惯，发展学生终生对科学探索的兴趣。

4. 交流展示，激活生命

中学生他们一方面有强烈的求知欲望，对各种新鲜事物好奇、好问、富于幻想，同时好动、好胜、好玩。但学习不能仅靠用心性与短暂的“直接兴趣”挂钩，因为遇到较抽象理性的物理知识时，这些小困难会很快使他们失去学习兴趣和用心性，最后导致初中物理教学的失败。因此教师要有意识进行引发和激励，充分利用课堂交流展示，让学生体会成功的快乐。

好展示，是中学生心理的特点。利用相应实验和小故事，培养好奇心，能使人善于发现问题，提出问题，激发求知欲和学习兴趣。

好问，是中学生心理的又一特点。中学生已有基本的基础知识，这些知识和生活经验具有过渡性的特点。我在教学中精心设计想想议议活动，善于设问，培养学生提问的习惯和分析问题，回答问题的潜力。这样使他们的认识由经验型向思维型发展，学生得到及时鼓励和尊重。

好动，是中学生用心思维的和一种表现。精心准备探索性实验器材，精心设计探索性实验过程，能够激发学生的好动心理，提高学习兴趣，提高观察力和实验素养。

好胜，是中学生极为宝贵的一个心理特点。这有利于他们构成平等竞争的品格。可把一些有争议的问题有意识让学生争论，在争论中培养勇于创新的思维习惯。如在本节教学中就进行了探究重力的大小与质量的关系。

二、需要改进之处

检测时间还需要延长，不能低于 10 分钟。这是三段七步最重要一环，是检查学习效果的关键。

评价不足，学生的积极性需要进一步调动。小组评价是调动学生积极性的有效手段。教师应重视学生之间的相互交流，及时进行量化评价，将个人竞争转化为小组间竞争，培养合作精神、团队意识、集体观念，激发学生的积极性。

把课程生活化，注重身边物理现象，培养观察和实践能力。“测-学-考”三段七步教学模式在我校强力推进，形成具有鲜明特色的教育理念方式，使我校的教学成绩稳步提升。该模式得到上级教育主管部门的高度认可，并积极推动，已成为承德县教育的一张名片，必将引领我县的教育跨越新的高度。

《汽化和液化（一）》评析课

李海冰

<table>
<tr><th>教学过程</th><th>教学评析</th></tr>
<tr><td>教学目标
知识与技能
①知道什么是汽化。
②了解沸腾现象，知道水沸腾特点，知道液体沸腾的条件。
过程与方法
通过亲自动手实验知道水的沸腾特点。
情感、态度与价值观：通过实验，激发学生的学习兴趣和对科学的求知欲，使学生乐于探索自然现象，乐于利用所学的知识解决日常生活中的物理问题。

教学重点
探究水沸腾的实验，理解液体沸腾的特点。

教学难点
引导学生通过对实验的观察、分析、概括和表述，总结出沸腾的现象和特点。</td><td>内容选择只讲了“汽化的沸腾”符合“三段七步模式”的追求——课堂实效一课一得，让学生学得扎实、深入，也保证当堂检测的时间。</td></tr>
<tr><td>学情分析
初中二年级学生的思维正处于从形象思维向抽象思维的过渡阶段，这就要求我们教师课前要设计好实验，预测出在实验过程中可能出现的问题，引导学生观察实验的关键部分，从实验现象中总结出物理规律。教师本节要引导学生完成实验、分析数据，让学生能了解液体沸腾的现象和条件，可以解决生活中有关沸腾的问题。</td><td>学情分析笼统，不详实。初中二年级处于思维转变的关键时期，充分利用实验，很符合学生的身心特点，但更重要的是，教师要分析当前学生的情况，如学生的学习状态、知识构成、能力方面等，让学情更真实。</td></tr>
</table>

<table>
<tr><td>

教学过程

一、检测回顾引入

（一）课前测评

如图 1 所示为冰的熔化曲线。（每空 1 分，共 10 分，5 分钟完成）

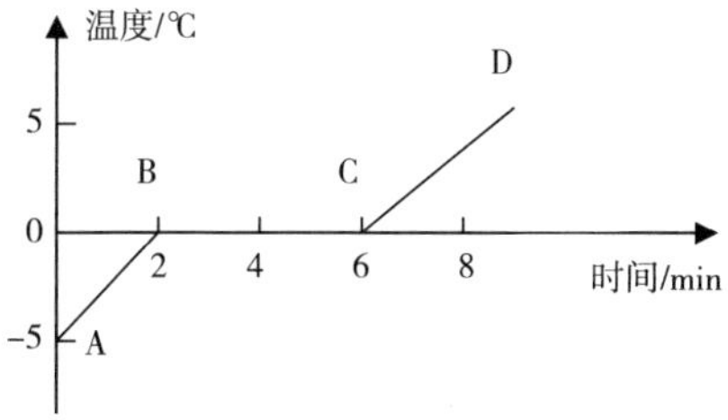

图 1　冰的熔化曲线

</td><td>

“测”能独立、限时、赋分更真实、准确地了解学生知识学情。特别是给出分值能更好地激发学生，增加学生自我检测意识。

</td></tr>
<tr><td>

①冰属于 ______（填“晶体”“非晶体”）。
②冰的熔点为______。
③AB 段温度升高，是______态。
④BC 段表示____热量，温度____，是____态。
⑤CD 段表示温度______，是______态。

</td><td>

“测”的内容为上节知识检测，为本节课的类比学习做好学法铺垫。

</td></tr>
<tr><td>

⑥熔化过程从第____分钟开始，持续了____分钟。

（设计意图：检测一下上节课熔化的掌握情况，也为下一步理解沸腾图像做铺垫。）

（二）创设问题情景，激发探究欲望，引入课题

演示：我用棉纱蘸些酒精在黑板上写了两个字“鸡腿”。过一会儿，咦！我的“鸡腿”不见了，“鸡腿”跑哪儿去呢？这就是我们这节学习的内容，板书课题。

（设计意图：通过一个活动，将学生的注意力吸引到课堂上来。学生的好奇心能产生对学科的浓厚兴趣，促使学生去探索、去研究。）

二、展示目标，形成概念

</td><td>

引入课题，设计很精彩。教师因地制宜，生活事例容易引起学生兴趣，也符合物理学科的特点。

</td></tr>
<tr><td>

（一）展示学习目标（学生齐读）

①知道什么是汽化。

</td><td>

学习目标具体明确，层次清楚，具有可测性。

</td></tr>
</table>

②了解沸腾现象，知道水的沸腾特点，知道液体的沸腾条件。

（二）演示实验

①让学生认真观察，会看到什么现象？

②用自己的语言说出来为什么会有这种现象？

把一个塑料袋排尽空气，滴入两滴酒精，然后把袋子放入容器中，往容器中倒入热水，学生会发现袋子鼓起来了。

（三）形成概念

根据熔化和凝固概念的得出和刚才的演示实验，与同伴交流，由学习小组归纳概括出汽化的概念：物质从（液）态变为（气）态的过程叫作汽化。

（设计意图：通过齐读目标让学生加深印象，知道这节该学什么，让学生通过“鸡腿”和酒精的演示实验和类比的方法归纳总结汽化。）

三、自学指导

2 分钟看书第 102 页，学习什么是沸腾，做水的沸腾实验都需要哪些实验器材，做实验的步骤是什么。

（设计意图：自学是锻炼学生自主学习能力的一个好方法。）

四、交流展示

（一）小组讨论交流后，反馈自学内容，找学生展示实验步骤

①按装置图 5-3-3，组装好实验器材。

②用酒精灯给水加热，并观察温度计示数和水中气泡的变化。

③当水温达到 90℃时，每隔 0.5 分钟记录一次温度，并继续观察水中气泡的变化情况。

④小组合理分工，一个看温度，一人看时间，一个看气泡，一人记录数据如表 1。

表 1 数据记录

时间/min	0	0.5	1	1.5	2	2.5	3	3.5	4	4.5
温度/℃	90									

注重学生能力的培养，通过学生观察两个实验，培养学生观察能力和分析概括能力。

引导学生运用类比的学习方法，借助已学“熔化”的概念总结“汽化”的概念。遵循“三段七步”教学理念，先学后教。

“自主学习”为三段七步教学模式的核心环节，是学初始阶段也是重要阶段：要给出明确的任务、时间、反馈方式，最重要的是指导具体的学习方法。

建议：自学指导中可以把自学与小组汇报融合一体，为下一步小组合作实验打好基础。

注重小组建设，任务有分工。小组合作实验有明确任务，人人有分工，实现了真合作。

（设计意图：根据晶体熔化的数据处理方法，学生亲自体验一下，锻炼其动手能力。） （二）学生动手实验，实验过程中注意观察 ①实验过程中气泡是如何变化的？ ② 水沸腾过程中继续加热，水的温度变化吗？ （设计意图：动手做实验，是提高学生学习物理兴趣的主要办法；小组人员互相配合，培养其合作精神。） （三）小组再次讨论交流展示 ①气泡变化，记录的数据，绘制的图像，并讲解图像。 ②水沸腾过程继续吸热温度不变，不变的温度叫沸点。 师生共同总结：水沸腾的特点；液体沸腾的条件。 （设计意图：让学生汇报气泡的变化，培养学生观察能力和语言表述能力，通过让学生根据数据生成图像，学生认识到生成图像是处理数据的一种重要方法。） **五、质疑答疑** （1）三组提出他们实验中给水加热至沸腾需要的时间太长了，用什么办法解决？ （2）教师提问沸腾后的水停止加热后还会继续沸腾吗？怎么样让水重新沸腾起来？气压和沸点什么关系？各种物质的沸点不同，为什么可以用纸锅烧水？ （3）学生第三次讨论交流展示。 ①可以用减少水的质量和提高水的初温的方法缩短加热时间。 ②学生展示自己想出来各种停止加热后让水重新沸腾的方法。 ③观看低压沸腾的视频（水沸腾后撤去酒精灯用抽气筒向外抽气）。总结出沸点和气压的关系（气压低、沸点低）。	“自主学习，展示交流，质疑答疑”是“三段七步”最核心环节。三个环节不是孤立存在，是你中有我，我中有你，互相依存，递进提升。教师能熟练应用于课堂教学实际，取得较好的效果。 经过三次讨论交流，让学生的学习递进增长，水到渠成，这就是学习的本质。学生都在原有知识的基础上，经历自身的体验，主动探寻新知的过程。教师只是发挥组织、点拨作用。 “质疑答疑”环节在实际教学中很难把握，教师通过解放学生，先由学生主动提出疑问，再由学生解决疑问，教师在学生质疑基础上，提出问题。整个环节形成了“学了问，问了学”的景象。引领学生把学习引向深入。让学生充满了获得感。

④分析各种液体的沸点表。为什么能用纸锅烧水？(视频播放纸锅烧水。)	
⑤烧杯里放着两个试管，当烧杯中的水沸腾的时候，装酒精的甲试管是否沸腾？装水的乙试管是否沸腾？(视频播放视频。) ⑥学生看完视频讨论交流，展示答案。	质疑是提升的基础，是培养学生创新能力的途径。
(设计意图：有的组在实验中发现水沸腾的时间太长了，提出疑问，让学生想办法，提高他们解决问题的能力。怎么样让水重新沸腾起来？通过观看视频看到了向外抽气，气压变低，水又重新沸腾起来。观看纸锅烧水和装酒精和装水的试管哪个先沸腾的视频，加深了物质对沸点的理解。从生活走向物理，从物理走向社会。)	运用视频更加直观，清晰。理解不同物质的沸点，及物质达到沸点需要再加热的特点。
六、小结回顾目标	
通过本节课的学习，请大家来谈谈有什么样的收获：汽化的定义，沸腾的定义，沸腾的条件，沸点，气压低沸点低。 (设计意图：让学生通过回顾、反思，将这节课的收获、感受和表现进行简单的描述，锻炼了学生语言表达能力，概括思考的能力。)	“小结环节”与“目标”紧密呼应，让学生自我盘点，既起到强调作用，又达到促学之效。
七、当堂检测（每空1分，共10分） 在“水的沸腾”的实验中： ①除了烧杯、铁架台、石棉网、酒精灯、火柴、中心有孔的纸板、钟表外，主要器材还缺少__________。 ②水开时，看到大量的气泡在水中生成，上升，变大，到________破裂开来，水沸腾起来。 ③如图2，展示水沸腾时的情况的是图________。 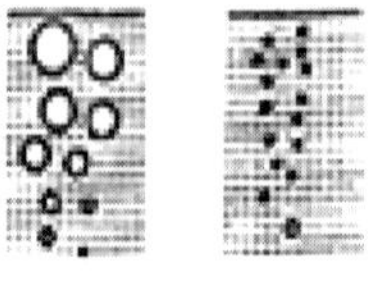 (a)　　(b) 图2	“当堂检测”是“三段七步”收官环节，教师能遵循“独立、限时、赋分”的要求，并能给学生足够的时间完成，难能可贵。

④表 2 是本实验过程中，不同时刻的温度记录，该水的沸点______℃，当地的大气压________1 标准大气压。

检测题围绕目标进行设置，考查全面，而且有梯度。

表 2　温度记录

T/min	—	8	9	10	11	12	13	—
T/℃	—	96	97	98	98	98	98	—

⑤发现从开始加热到沸腾的这段时间过长，造成这种现象的原因可能是________，解决的办法是________________。

⑥实验表明，水在沸腾过程中________热量，温度________。

⑦液体沸腾时候的温度叫作________。不同物质的沸点是________。

（提升）作业：回家完成纸锅烧水的实验。

（设计意图：锻炼学生利用所学的知识解决实际的问题的能力。）

教师依据“减负”要求，设置多元形式的作业，让知识走进生活。

教学反思

为了进一步突破重点，我按着科学探究的步骤把水沸腾的实验做成学生的分组实验，让学生亲自动手，激发了学生的学习兴趣，效果很好。

为了进一步突破难点——沸点和气压的关系，让学生观看纸杯烧水实验和烧杯里放试管实验的视频，一个烧杯里装水，另一个试管里装酒精，看谁先沸腾。学生虽然没有亲自动手做实验，但是也有了身临其境的感觉，效果也非常好。

本课属于“测－学－考”三段七步教学模式课例研讨课。课堂上，老师能熟练运用模式，时间把控合理适当，各环节衔接紧密，内容确定符合学生学习实际，实现了当堂检测，效果很好。

评课人：崔利峰

“测-学-考”三段七步教学模式在计算机教学中的应用

白恩明

鉴于我校信息水平的落后，设备的缺乏，教学的模式更需要进一步改进。我们希望树立做中学、做中教的教学理念，弥补设备和信息化不足带来的弊端，争取寻找到更好的教学模式来提升学生的创新力。尽管当前的计算机教学涌现出了很多种教学形式，但是都没有取得较好的效果。而“测-学-考”三段七步教学模式采用诱导、鼓励和自主的方式展开教学，能够更好地激励学生进行自主学习。

一、初中计算机教学的现状

初中阶段的学生自身学习能力偏弱。因此，我们在教学中需要加强对学生兴趣的培养，不仅要提高学生文化知识，还要注重技能的培养。对于计算机教学而言，社会不断地发展，科技也不断地进步，计算机相关的内容更新换代较快。因此，就出现了一种情况——初中学校因为设备和资金的短缺，导致学生计算机教学的需求无法得到满足。另外，学校教材也和当前计算机发展不匹配，这就给初中阶段计算机教学带来了困扰。在新的课程标准的引导下，初中计算机教学重在培养学生的兴趣、创新力和探究能力。

二、“测-学-考”三段七步教学模式在初中计算机教学中应用的意义

通过“测-学-考”三段七步教学模式，我们能够让学生作为课堂的主角，实现学生自主地探究问题。计算机学习需要的是学生的创新能力。因此，该教法能够更好地激发学生进行创新的意识，让学生在学好基础知识的前提下，发挥自己的创新思维，掌握新的技能；让老师能够以更加饱满的热情投入到工作中，建立良好的师生关系，形成良性循环。“测-学-考”三段七步教学模式能够实现学生在老师的引导下完成独立的思考，结合实际去解决生活中的问题，帮助学生更好地自主学习。

三、“测-学-考”三段七步教学模式法在计算机专业的应用

“测-学-考”三段七步教学模式就是让学生完成一个设定好的项目，这在Photoshop、Flash动画等方面比较实用。首先，教师需要将项目的要求进行明确，让学

生能够了解到项目进行的意义和目的。教师通过一定的情境创设，确定好项目的主题，这一部分就是“三段”中的探究。只有这一部分确定好，我们才能够更好地开展下面的工作。其次，教师需要对项目进行分析，找出进行该项目的具体方法和步骤，然后分小组，将不同的任务进行合理分配，并充分考虑成员的不同特点。在这里，学生可以独立地完成任务的设定，也可以通过这种合作的方式展开探索。在这个过程中，老师需要充分做到三段里提到的诱思，也就是老师需要善于指导和诱导学生把握重点，按照正确的方向展开问题的探索。无论是自主的探究，还是合作的探究，都需要充分体现老师诱思的过程。通过这一环节，我们一方面提高学生的自主能力，让学生能够主动地探究。另一方面，培养学生合作的能力，提高和别人沟通的技巧。接下来就是三段中的最后一个环节——实践。小组在合作和探究中需要对出现的问题进行一定地质疑，对于存在问题的现象要及时地纠正。对于这些问题，各小组在老师的帮助下找到解决问题的办法，进行切实处理。老师也需要根据自己设定好的计划进行监督指导和定期检查，对小组的完成情况及时地给予评价。完成任务后，小组进行成果的展示可锻炼学生自我评价的能力。最后，老师需要根据学生最后的情况，和学生之间展开讨论，总结出问题，对学生进行合理的评价和总结。通过成果展示，我们可以有效地看出学生是否具备了一定的实践能力，能够将所学习的知识真正应用到实践中，为今后的学习和生活服务。

四、结束语

总之，通过这种模式能够很好地提高计算机教学的质量。在这个过程中，老师的教学更有激情，学生也更愿意投入这门课程的学习。希望通过本次课题研究，能够帮助我校的计算机教学步入正轨，不断地提升学生的探究能力、自主能力和创新能力。

参考文献

[1] 曾祥明．探究性学习在中职计算机教学中的应用研究［J］. 数学大世界（上旬版），2016（4）.

[2] 赵建萍．探究性学习模式在中职计算机教学中的应用门［J］. 职业，2016（2）：91-92.

[3] 李申．中等职业学校计算机专业教学改革与实践［J］. 河南教育（高教），2016（12）.

第三篇　教学课例与课堂实录

《岳阳楼记》教学案例

周艳辉

教学目标

知识与技能

熟读课文，积累重点实词和虚词。

过程与方法

通过准确、流利地朗读课文，体会文章句式整齐，语言优美的特点；结合文意，体会作者的博大胸襟和远大的政治抱负。

情感、态度与价值观

深刻理解和正确评价范仲淹“先天下之忧而忧，后天下之乐而乐”的生活理想和政治抱负，树立正确的人生观。

教学重点

积累重点实词和虚词。

教学难点

体会作者的博大胸襟和远大的政治抱负。

学情分析

从知识层面上看，学生对常见的文言词语的含义积累不够，学生对常见的文言句式把握不好；从过程与方法层面上看，学生缺少联系上下文推断词语含义的能力，没有落实文言文句子翻译“字字对照”的原则，特别是对关键实词含义的落实不够；从情感态度价值观上看，学生没有明确的人生奋斗目标，对正确的人生观认识很浅显。

教学过程

一、检测回顾导入

1. 前提测评

（1）解释下列加线字的意思。

①四时俱备。　　　　　②四时之景不同，而乐亦无穷也。

③国破山河在。　　　　④从小丘西行百二十步。

（设计意图：利用本环节，回顾之前学过的重点实词含义，培养学生调动知识储备解决问题的能力。）

（2）文学文化常识。

①范仲淹，字希文，谥号“文正”，北宋政治家、军事家、文学家；世称“范文正公”；有《范文正公文集》传世。

②“记”是古代的一种文体，可叙事、写景、状物，抒发情怀抱负，阐述某些观点，主要是记载事物，并通过写人记事、描景状物来抒发作者的感情或见解，借景抒情，托物言志。

（设计意图：让学生了解文学文化常识，增强学生的语文素养。）

2. 创设情境，导入新课

同学们，我国古代很多名胜古迹，大多都留下了文人骚客的诗词歌赋。例如：王勃《滕王阁序》“落霞与孤鹭齐飞，秋水共长天一色”令人神往之至；崔灏《黄鹤楼》“晴川历历汉阳树，芳草萋萋鹦鹉洲”让人回味无穷；而岳阳楼上，范仲淹的“先天下之忧而忧，后天下之乐而乐”传唱不衰。《岳阳楼记》成为写景状物抒情的名篇。那么这篇文章为什么有这么大的魅力呢？让我们走进课文。（板书课题及作者。）

（设计意图：激发学生的学习兴趣，增强本节课的语文味。）

二、明确学习目标（学生齐读）

（1）准确、流利朗读课文，体会文章句式整齐，语言优美的特点。

（2）感知课文内容，体会作者的博大胸襟和远大的政治抱负。

（3）积累重点实词和虚词。

（设计意图：让学生对本节课的学习有明确的目的性，提高学习效率。）

三、引导自主学习1

（1）请大家朗读课文，读准字音、停顿，有解决不了的地方标记出来。

（2）大家自由读课文，疏通文意（利用工具书或注释，圈画出不理解的文言实词、虚词和句子）。

四、组织交流展示1

（个人在小组内提出疑难，小组内讨论，形成共识。不能解决的，提交课堂共同解决。）

1. 节奏

①刻/唐贤今人诗赋/于其上。

②予/尝求/古仁人/之心，或/异/二者之为。

③先/天下之忧/而忧，后/天下之乐/而乐。

2. 字音

①谪（zhé）守。②淫（yín）雨霏（fēi）霏。③岸芷（zhǐ）。④浩浩汤汤（shāng）。

（设计意图：加强诵读训练，可以培养语感，快速成诵，快速感知文本内容。）

3. 重点实词、虚词的含义

①在洞庭一湖（全，整个）。②一碧万顷（数词，一）。③长烟一空（全）。④不以物喜（因为）。⑤属予作文以记之（连词，来）。

（设计意图：引导学生积累重点实词和虚词的含义，增强学生的积累意识。）

五、师生质疑点拨 1

段意第 1 段：滕子京谪守巴陵郡的政绩，交代作记缘由。段意第 2 段：概括描写洞庭湖全方位的胜景，是登楼所见。段意第 3、第 4 段：细致描写洞庭湖阴晴之景带来的悲喜之情，是登楼所感。段意第 5 段：抒写“不以物喜，不以己悲”的博大胸怀和先忧后乐的人生抱负。

（设计意图：通过梳理课文内容、思路，将长文章读短，让学生分析写作手法，为下一步理解作者的情怀做铺垫。）

六、引导自主学习 2

（1）请同学们结合文意，想想课文写了哪些内容，并在相应的句子旁边做批注。

（2）依据下面的学习提示，结合写作背景，体会作者情感。如有疑难，请标注出来，准备小组交流。

①读首段，读出你眼中的滕子京，并说说你眼中的滕子京。

②读第 2 段，找出描绘洞庭全景的句子，并感悟段落作用。

③对比读第 3 段和第 4 段，读出景情之异。

④读第 5 段，了解作者情怀。

七、组织交流展示 2（①分小组交流疑难。②班级交流展示。）

（1）读首段，说说你眼中的滕子京。（滕子京的身份：谪贬作为：政通人和，百废具兴）

（设计意图：了解滕子京的为官处境和情怀，让学生明白此段的内容只是作者写景抒怀的一个引子。）

（2）读第 2 段，找出描绘洞庭全景的句子，并感悟段落作用。

①为什么略写岳阳楼之大观？（前人之述备矣。这不是作者的写作意图。）

②运用“然则”，从写岳阳楼的地理形势转入写什么？（写“迁客骚人”的“览物之情”，提出一个“异”字，引出全文的主体。）

（设计意图：让学生明白写景只为过渡，写壮阔湖景，但只粗画线条，因为引出"迁客骚人"的览物之情才是目的所在，以激发学生对"览物之情"阅读的好奇心。)

(3) 读第3段和第4段，说说两段描绘的画面有什么不同？产生了什么心情？(第3段画面是洞庭风雨图。因为自己"去国怀乡"，所以"感极而悲"。第4段描绘了洞庭春晴图。因为"把酒临风"，所以"其喜洋洋"。)

(设计意图：借景抒情，景物不同情感也就不同。为下面探究"古仁人"之心打基础。)

八、师生质疑点拨2

(1) "览物之情，得无异乎"和"或异二者之为"中的"异"各指什么？

预设"览物之情，得无异乎"中的"异"是指迁客骚人因阴晴的自然天气产生的或悲或喜的不同感情；"或异二者之为"中的"异"是指"古仁人"不同于迁客骚人，他们的思想感情能不受自然风物好坏的影响。

(2) 作者为什么要写"古仁人之心"？这段的议论，你能看出作者有怎样的胸襟和抱负？(借此来表达自己对这种博大胸襟的追求，并借此规劝滕子京放平心态。胸襟：不以物喜，不以己悲。抱负：先天下之忧而忧，后天下之乐而乐。)

(3) 如何理解"噫！微斯人，吾谁与归？"一句的内涵？(滕子京与范仲淹同年举进士，因才华出众且豪迈自负，被权贵所嫉，贬谪到岳州做太守。第二年，滕子京重新修建岳阳楼想请范仲淹为重修岳阳楼作记，并附上《洞庭晚秋图》。范仲淹就写下了这篇抒发自己胸襟、规劝朋友的千古名篇。)

预设一份敬慕：表达了对"古仁人"的向往与敬慕。一份孤寂：表达了作者曲高和寡的孤独之感。一份期待：表达了作者对社会多涌现忧国忧民之人的期待。一份感情：表达了对滕子京的慰勉和规箴之意。

(设计意图：设计相关问题，帮助学生深入体会作者的情怀，树立正确的人生观。)

九、小结回顾目标

作者借描写岳阳楼周围的景物，通过对"迁客骚人""览物之情"的分析、议论，表现了自己"不以物喜，不以己悲"的旷达胸襟和"先天下之忧而忧，后天下之乐而乐"的远大政治抱负，并借以劝勉滕子京。

(设计意图：通过引导学生回忆知识、方法、能力等方面的收获，帮助学生巩固本节所学内容并树立正确的情感态度价值观念。)

十、当堂检测考试

(1) 如果把岳阳楼这个景点推荐给你的亲朋好友，你该怎么说？

(2) 文章有许多句子可以成为我们学习或生活中的座右铭，你会选择哪一句？说说理由。

（设计意图：巩固学生对课文内容的理解，让学生把课堂所学内容和实际生活联系在一起，运用到生活中去，提高学生的实践能力。）

教学反思

成功之处：在教学过程中，我在每一个环节尽力让学生自己先经历学习过程，教会学生积累的方法，从而提高学生阅读文言文的能力。

不足之处：在翻译句子时，没给学生作具体的指导，我过于注重引导学生领会作者的阔大胸襟和政治抱负，对于语言品味有所忽略，减弱了这一名篇的欣赏价值。有些问题的设计针对性不强，对学生的思维束缚得太死，教学方法运用欠妥等。教学设计还是要“以生为本”，着眼于学生未来的发展。

《与朱元思书》教学案例

王翠英

教学目标

知识与技能

①准确翻译课文，积累重点字词。

②了解作者和时代背景，学习本文景物描写特点，体会作者的思想感情。

过程与方法

通过“测-学-考”三段七步教学法开展活动，培养学生阅读文言文的能力。

情感、态度与价值观

培养学生热爱祖国传统文化、热爱祖国大好河山的感情，培养健康的审美情趣。

教学重点

①理解本文景物描写的特点，感受文章精炼生动的语言。

②培养热爱祖国传统文化，热爱祖国大好河山的感情，培养健康的审美情趣。

教学难点

理解景物特点，感受精练生动的语言特色。

学情分析

在初中一年级语文学习的基础上，学生初步具备了阅读浅易文言文的能力。本节课在以前学习文言文的基础上，进一步培养学生阅读文言文的能力。积累重点字词，了解作家作品。进一步学习景物描写的特点和方法，激发学生热爱祖国传统文化，热爱祖国大好河山的思想感情。

教学过程

一、检测回顾引入

1. 前提测评

翻译文言文的基本方法是什么？

（1）基本方法：直译和意译。

（2）具体方法：留、删、补、换、调、变。

（3）基本要求：信、达、雅。

（设计意图：回顾旧知，引入新课，组织教学，收心凝神。）

2. 创设问题情景，激发探究欲望，引入课题

导入：古人说“智者乐水，仁者乐山”，与自然融为一体是古代文人学士的共同追求。他们用心灵观察体会自然万物之美，赋予山水灵性、情感以至生命。吴均的《与朱元思书》为我们展现了独具特色的富春江景，让我们悉心体味，尽情观赏。

（设计意图：激发学生学习兴趣，更快地进入学习状态。）

二、明确学习目标

（1）了解作者和时代背景，初步感知富春江之美和作者的思想感情。

（2）品读赏析，理解本文景物描写的特点，感受文章精练生动的语言特色。

（3）培养热爱祖国传统文化、热爱祖国大好河山的感情，培养健康的审美情趣。

（设计意图：明确学习目的，激发学习兴趣，便与学习和交流，使学生对自己的学习产生正确的评价。）

三、引导自主学习 1

请同学们借助注释和工具书翻译课文，疏通文章大意，并标注疑难。准备在小组内交流。小组内解决不了的，准备在全班交流。（8 分钟）

（设计意图：明确学习目、学习方法及时间，更好地提高课堂学习效率。）

四、组织交流展示 1

提示：请同学们先读一遍要展示的句子，先译重点词，再译整句话的意思。

示例：风烟俱净，天山共色，从流飘荡，任意东西。

展讲一组：同学们好！我展讲的句子是____。这句话的重点词是：俱，________________从流，________________东西，____________________ 这句话的意思是____。

（设计意图：此环节是在学生充分自学的基础上进行的，是课堂教学的核心。旨在给学生提供一个展示自学成果，解疑答疑，交流所思所想，心灵交锋的平台。）

五、引导自主学习 2

请同学们默读课文，并结合下列问题作圈点批注，8 分钟后在小组交流，并准备全班交流。

（1）本文篇幅虽短，但很讲究章法。请简述作者的写作思路。

（2）本文分别突出了富春江水和山的什么特征？请结合相关描写，以“我读出了富春江的山（水）是________的，从________一句可以体现”的句式谈谈。

（3）本文综合运用了夸张、比喻、拟人、对偶等修辞手法，请举例并赏析其作用。

（4）作者写水时，采用了正面、侧面描写和动静结合的手法，请举例并赏析作用。

（5）整体感悟，体会情感。探究：本文重在写景，直接抒情言志的语言很少。但历来优秀的文章都讲究情景相生，本文表达了作者怎样的思想感情？请简要分析。

六、组织交流展示2

（1）文章首段以“奇山异水，天下独绝”八字总领全篇，第2、3段分承“异水”和“奇山”两方面，围绕“独绝”二字展开生发和描摹，脉络分明。

（2）示例：①我读出了富春江的山是高峻、连绵、充满生机的，从“夹岸高山，皆生寒树，负势竞上，互相轩邈，争高直指，千百成峰”一句可以体现。②我读出了富春江的水是清澈、湍急的，从“水皆缥碧，千丈见底。游鱼细石，直视无碍。急湍甚箭，猛浪若奔”一句可以体现。

（3）夸张：“千丈见底”“直视无碍”用夸张手法描写水的澄澈透明。

比喻：“急湍甚箭，猛浪若奔”连用两个比喻，生动形象地描写水的湍急。

拟人：“负势竞上，互相轩邈”把山拟人化，形象地写出了山的高峻和绵延不断。

对偶：“泉水激石，泠泠作响；好鸟相鸣，嘤嘤成韵”运用对偶，句式整齐，极具音韵美。

（4）分别用“水皆缥碧，千丈见底”和“游鱼细石，直视无碍”从正面和侧面来描绘水的清澈。“水皆缥碧，千丈见底”是静景；“急湍甚箭，猛浪若奔”是动景。动静结合，写出了水静态的清澈和动态的湍急。

（5）我们可从作者对景物的描写及寥寥几句写观感的语句中，领略到作者高雅的志趣，高洁的情怀。我们可以从首段“从流飘荡，任意东西”中，感受到一种享受自由、无拘无束、无牵无挂的轻松惬意；从对山水的描写中，体会到作者对自然、自由的热爱，对生命力的赞颂。更令人赞赏的是，在描绘山景时，作者插入两句观感：“鸢飞戾天者，望峰息心；经纶世务者，窥谷忘反”。这几句感受，不仅从侧面衬托出险峰幽谷夺人心魄的魅力，更是传达出作者对功名利禄的鄙弃，对官场政务的厌倦。

七、师生质疑点拨

文章结尾句“横柯上蔽，在昼犹昏；疏条交映，有时见日。”是否显得突兀？

班内解疑：从语脉上看，作者抒发理性思考后，似乎文章应该戛然而止。后面又加一句，一方面使结束感和持续构成一种张力；另一方面，也可能我们看到的并非文章的全貌，后边或许还有文字，只是《艺文类聚》摘录至此而已。

（设计意图：解难答疑，激发思维。）

八、拓展延伸

关于吴均

吴均善吟，有诗名，诗文清拔之气。当时著名文史学家沈约，读他的作品，十分赞赏。如《赠王桂阳》诗：松生数寸时，遂为草所没，未见笼云心，谁知负霜骨。弱干可摧残，纤茎易陵忽，何当数千尺，为君复明月。这首诗表现了贫寒之士的雄心和骨气，在构思上与左思的“郁郁漳底松”和陶渊明的“清松在东园”相近。

又如《胡无文行》写道：剑头利如芒，恒持照银光，铁骑追骁虏，金羁讨点羌。高秋八九月，胡地早风霜，男儿不惜死，破胆与君尝。诗中表现出凌厉直前的高昂气概，具有当时诗人少有的一种风云之气。在《吴朝请集》中，这类作品还不少。

吴均的用世之志，在其他方面也有所表露，如其撰写的《宝剑》篇，在描写了宝剑材质的精良之后说：“寄语张公子，何当来见携”。很显然，这一精良的宝剑，就是作者对于自己才能的寄托，寄寓着一个怀抱美质，因出身寒微而难于显达的深沉之感。这种失志不遇之概，也常随处触发。如说：“明哲遂无赏，文华空见沉古来非一日，无事更劳心”《发湘州赠亲故别三首》，在这种不平情绪的抒发中，也反映了当时现实的黑暗。

吴均还工于写景，如一首常为人们传诵的写景小诗：山际见来烟，竹中窥落日，鸟向檐上飞，云从窗里出。这首小诗以单纯白描的手法，展出了一片山居的晚暮景象，俨然是绝妙的写生画。吴均长于写景，尤以小品书札见长。如《与施从事书》和《与顾章书》，分别把安吉青山和石门山（皆属昆铜乡）景物描绘得如诗似画，惟妙惟肖，艺术成就很高，为六朝骈文的著名篇章。

（设计意图：拓展学生知识面，开拓眼界，培养阅读兴趣，发展思维。）

九、小结回顾目标

我的收获是：（知识、思想方法、情感体验）＿＿＿＿＿＿＿＿＿＿＿＿＿＿＿＿＿＿＿＿＿＿＿＿＿＿＿＿＿＿＿＿＿＿＿＿＿＿。

我的困惑是：＿＿＿＿＿＿＿＿＿＿＿＿＿＿＿＿＿＿＿＿＿＿＿＿＿＿＿＿＿＿＿＿＿＿＿＿＿＿。

（设计意图：让学生对当堂所学重点知识有清晰的再现，并对自己的学习任务完成情况进行检查。）

十、当堂检测考试

请同学们阅读甲乙两文，并回答问题。

（甲）风烟俱净，天山共色。从流飘荡，任意东西。自富阳至桐庐，一百许里，奇山异水，天下独绝。水皆缥碧，千丈见底。游鱼细石，直视无碍。急湍甚箭，猛浪若奔。夹岸高山，皆生寒树。负势竞上，互相轩邈；争高直指，千百成峰。泉水激石，泠泠作响；好鸟相鸣，嘤嘤成韵。蝉则千转不穷，猿则百叫无绝。鸢飞戾天者，望峰息心；经纶世务者，窥谷忘反。横柯上蔽，在昼犹昏；疏条交映，有时见日。（吴均《与朱元思书》）

（乙）西湖最盛，为春为月。一日之盛，为朝烟，为夕岚。今岁春雪甚盛，梅花为寒所勒，与杏桃相次开发，尤为奇观。石篑数为余言：傅金吾园中梅，张功甫玉照堂故物也，急往观之。余时为桃花所恋，竟不忍去。湖上由断桥至苏堤一带，绿烟红雾，弥漫二十余里。歌吹为风，粉汗为雨，罗纨之盛，多于堤畔之草，艳冶极矣。然杭人游湖，止午未申三时；其实湖光染翠之工，山岚设色之妙，皆在朝日始出，夕舂未下，始极其浓媚。月景尤为清绝：花态柳情，山容水意，别是一种趣味。此乐留与山僧游客受用，安可为俗士道哉？（袁宏道《晚游六桥待月记》，有删节）

（1）解释下列语句中加点字的意思。（2分）

①急湍甚箭，猛浪若奔　　②泉水激石，泠泠作响

③梅花为寒所勒　　④山岚设色之妙

（2）下列各组句中加点词的意思相同的一组是（　　）。（2分）

A. ①负势竞上，互相轩邈　　②横柯上蔽，在昼犹昏

B. ①猿则百叫无绝　　②月景尤为清绝

C. ①夹岸高山，皆生寒树　　②皆在朝日始出

D. ①梅花为寒所勒　　②歌吹为风

（3）翻译下面的句子。（4分）

①经纶世务者，窥谷忘反。

译文：____

②此乐留与山僧游客受用，安可为俗士道哉？

译文：____

（4）甲、乙描写的对象各不相同，但是两位作者却都流露出相似的思想感情。请从对待风景和对待世俗社会两个角度写出作者的思想感情。（4分）

（设计意图：通过类文阅读，既增大了阅读量，开阔了学生的视野，又巩固了当堂知识，了解了学生当堂学习的情况，并及时进行反馈矫正。）

教学反思

可取之处：本教案采用三段七步教学模式，通过两轮引导自主学习，较好地达成了本课的教学目标。既培养了学生阅读文言文的能力，又让学生学习了本文的写作方法，受到了美学的熏陶。通过拓展阅读，开拓眼界，激发思维，最后通过类文阅读训练，既巩固了当堂所学，又利于提高学习能力。

不足之处：在疏通文义方面，强调了学生的自主性，这对于培养学生的自主学习能力有一定的帮助。然而，对于基础不牢固的同学而言，难以跟上教学进度。

《陈涉世家》教学案例

王小华

教学目标

知识与技能

①学习运用对话表现人物性格的写作手法，把握人物形象。

②学习司马迁从历史意义的角度客观评价历史人物的方法。

过程与方法

朗读法、点拨法、小组合作法、拓展延伸法。

情感、态度与价值观

学习司马迁从历史意义的角度客观评价历史人物的精神。

教学重点

学习运用对话表现人物性格的写作手法，把握人物形象。

教学难点

聚焦陈涉，学习司马迁从历史意义的角度客观评价历史人物的精神。

学情分析

文言文的文字形式远离现代生活，学生在学习过程中，对一些艰涩难懂的实词和句子，费时费力且难懂其意，阅读障碍较大。学生们往往靠死记硬背，因此大多数学生对学习文言文缺乏兴趣。基于此，教师在讲授文言文的过程中，应多鼓动学生，多启发学生。总体来说，在文言文学习中学生要取得好成绩，作为教师首先要有丰富的文言知识，给学生一杯水，自己要有一桶水。老师一定要把每篇教材中的文言文都吃透，特别是名篇，更要讲究教学方法，懂得教学艺术，要设法引导学生自己努力探究积极积累，教师与学生才能达到双赢。

教学过程

一、检测回顾引入

（1）解释加线的词语的意思。

①尝与人佣耕　曾经　　　　②辍耕之垄上　　去，到

③若为佣耕　　你　　　　④今亡亦死　　逃跑，逃亡
⑤车六七百乘　四马一车　⑥今诚以吾众　如果，果真
⑦陈胜王　　　称王　　　⑧又间令吴广之　偷着，暗地里

（2）翻译句子。

①苟富贵，无相忘。　译文：如果谁富贵了，可不要互相忘记。

②嗟乎，燕雀安知鸿鹄之志哉！　译文：哎！燕雀怎么知道鸿鹄的志向呢？

③借第令毋斩，而戍死者固十六七。　译文：即使仅能免于斩刑，而戍守边疆的十个中也要死去六七个。

④且壮士不死即已，死即举大名耳，王侯将相宁有种乎！　译文：况且大丈夫不死便罢，死就要干一番大事业！王侯将相难道有天生的贵种吗？

二、明确学习目标

1. 导入新课

同学们，今天我们要学习的课文是什么？（《陈涉世家》）作者司马迁，出自《史记》。

在读课文之初就有同学问我：老师，陈涉不就是一个被雇佣耕地的人吗？怎么会被司马迁写入“世家”呢？同学们，你们有没有这样的疑惑？

那让我们一起走进这节课的学习主题——知古鉴今，读史明智。我们共同聚焦陈涉，找一找这个问题的答案，好吗？

2. 明确学习目标

（生齐读目标。）

（1）学习运用对话表现人物性格的写作手法，把握人物形象。

（2）学习司马迁从历史意义的角度客观评价历史人物的精神。

三、引导自主学习

（出示自学指导。）

（1）年轻时的陈涉，是一个怎样的陈涉，从哪些句子可以看出来？

（2）起义前，通过陈涉个性化的语言，你又读出了怎样的陈涉？

（学生阅读文本，圈点勾画，按照自学提示进行学习，完成自学任务。教师巡视全班学生，对不在状态的学生督促提醒，巡视时注意发现学生困惑的地方，但注意不要给学生讲题，避免打扰其他学生。）

四、组织交流展示

1. 小组交流

师：给大家 5 分钟时间，将自己刚刚自学的结果在小组内交流，做好小组展示准备。

生：小组交流，分工，准备展示。

师：我看大家都充满了信心，看看哪一组表现最好（发言最积极，声音最洪亮，表述最清楚，分析最到位）。

2. 小组展示：课内品读，析陈涉

（1）师生共学。

首先，我们共同聚焦年轻时的陈涉，你从中读出了一个怎样的陈涉？

齐读。生回答——有远大志向。

追问1：从哪句话读出来的？（燕雀安知鸿鹄之志哉？）

追问2：怎么看出来的？（学生分析。）（燕雀与鸿鹄对比。）

追问3：年轻时的陈涉的志向是什么？

（苟富贵，无相忘。——渴望改变命运，追求富贵。）

追问4：大家有没有注意他说这话时的神态？

（怅恨久之。——怅，惆怅，极端不满。）

追问5：对什么不满？（现状、命运、秦朝暴政。）

师：所以当同伙说："若为佣耕，何富贵也"时他才发出了"燕雀安知鸿鹄之志"的感叹，所以我们在读这句话的时候应该读出什么语气？（感叹自己心志未为人知，也感叹没有机会去改变此时的境遇。）

（2）组内研学。

过渡：终于，反抗的机会来了。问：什么机会？（学生答）

抓住这一时机，陈胜吴广组织、领导了一场轰轰烈烈的农民大起义。接下来让我们聚焦起义前的陈涉，通过陈涉个性化的语言，你又读出了怎样的陈涉？

①天下苦秦久矣。

②公等遇雨，皆已失期，失期法皆斩。藉第令毋斩，而戍死者固十六七。

师：由此可见，我们要想成就一番大事业，也要善于抓住时机顺势而为。

过渡：陈涉既不是社会评论家，也不是卓越的军事家，却能对时局有一个清晰的认识，并加以利用，是不是很了不起？还有很了不起的地方吗？

③今亡亦死，举大计亦死，等死，死国可乎？

师："等"的含义（同样）。

④且壮士不死即已，死即举大名耳。

师：什么是"壮士"？（豪壮而勇敢的人）

战国荆轲刺秦有两句"风萧萧兮易水寒，壮士一去兮不复还"，和这些人是不是有点类似？（都是慷慨赴死），所以对于这些起义的人来说，这里的"壮"应该是——悲壮。

司马迁对待生死的论述是"人固有一死，或重于泰山，或轻于鸿毛"，所以当我们也面临选择的时候，我们要选择大义，为国家，为民族，这样的选择才能被历史所铭记。

⑤今诚以吾诈自称公子扶苏、项燕，为天下唱，宜多应者。

师：陈胜用他的行动告诉大家：起义是既顺应民心，又顺应天意的，自然会一呼百应，聪明至极。

⑥王侯将相宁有种乎！

师：人人平等，消灭阶级压迫，这也是中化民族千百年来的追求。

追问1：这是一个什么句式？（反问）

追问2：意思是什么？（王侯将相不是天生的贵种）

追问3：怎么来的呢？（努力）

追问4："宁"什么意思？什么句式？读出什么语气？

所以陈涉的言外之意是告诉大家，王侯将相不是天生的，我们通过努力也能换来荣华富贵。（启示学生：要想达到目标就要努力。）

过渡：在陈胜、吴广的组织和领导下，起义军取得了暂时的胜利，还一度建立了"张楚"政权。但随后的事情急转直下，陈涉仅仅做了六个月的王，就被杀害，灭国了。为什么呢？请同学们阅读《陈胜王凡六月》，完成拓展探究题。

五、质疑点拨，议陈涉

（1）用一两个词概括称王后的陈涉。

（学生自读拓展阅读《陈胜王凡六月》后，概括称王之后的陈涉的特点。）

过渡：前面我们看到了一个正能量满满的陈涉，后面我们却看到了一个负能量多多的陈涉。既然这样，司马迁为什么还要将他列入世家呢？

（2）请同学们速读《名人评陈胜》《陈胜虽已死》，结合课文加以分析。

（学生写作并展示。）

过渡：可见，司马迁不以成败论英雄，是站在史学家的视角，从人物的历史意义、历史功绩的角度去客观评价人物的。那到底该如何客观公正的评价一个人呢？请同学们结合今天所学，写一写你的认识。

①学生写作。②小组内交流展示。③一组展示一篇。

师：同学们的想法都很独到、很全面，每一段都可以扩展成为一篇小短文。

六、小结回顾目标

同学们，今天，我们研读了被鲁迅誉为"史家之绝唱，无韵之离骚"的《史记》，从中领悟到了司马迁作为史学家将陈涉列为"世家"的深意，在分析与对比中明白了志当存高远等道理。读史可以明智，知古方能鉴今。在以后的生活中，老师希望同学们能够：

（全体起立，齐读结束语。）

以史为鉴，以人为镜。

志存高远，奋发图强。

用青春的画笔，抒写壮丽人生！

七、当堂检测考试

（1）用简洁的语言客观公正的概括陈胜形象。

（2）板书设计（图 1）。

图 1　板书设计

教学反思

本节课重点把握人物形象，学习司马迁从历史意义的角度客观评价历史人物的精神。课上学生回答问题积极，课堂气氛活跃。

教学第一阶段，学生通过对陈涉的语言、神态、动作等描写，看到一位有远见、有智谋、有组织领导才干的农民起义领导人物，很励志又充满正能量。课堂上积极引导让学生认识到要想达到目标就要不断努力。“王侯将相宁有种乎”，让学生树立远大目标并为之奋斗，学生也深受感染。

教学第二阶段，通过拓展阅读，学生又看到一个负能量满满的陈涉，其安于享乐、止步不前，用人不当，最终在称王短短六个月后就被杀死了。通过这部分的阅读教学使学生更全面地了解了陈涉，同时认识到司马迁破例将其列入“世家”这种忠实记录历史的态度更值得我们赞赏。

《天上的街市》教学案例

许春雨

教学目标

知识与技能

①正确、流利、有感情地朗读并背诵诗歌。

②理解诗歌中联想与想象的写作手法。

过程与方法

朗读法，赏析法，拓展延伸法。

情感、态度与价值观

体会诗歌表达的对自由、美好、幸福生活向往和追求的思想感情。

教学重点

朗读背诵诗歌，体会诗歌表达的思想感情。

教学难点

理解诗歌中联想与想象的写作手法。

学情分析

《天上的街市》是初中语文课本第一首现代诗歌。其辑录在第六单元，本单元有童话、诗歌、神话、寓言等，都富于想象力，引人遐思，目的在于引导学生换一种眼光来看世界。教学本诗要引导学生抓住精彩的语句，结合学生自己的生活体验，发挥联想和想象，把握作品的思想感情，品析诗歌凝练的语言，初步学习诗歌的鉴赏方法。

教学过程

一、检测回顾引入

古代有许多神话故事流传至今，有人知道牛郎织女的故事吗？谁能为大家讲一讲？

（传说古代天帝的孙女织女，擅长织布，每天给天空织彩霞。她讨厌这种枯燥的生活，就偷偷下到凡间，私自嫁给河西的牛郎，过上男耕女织的生活。这件事惹怒了天帝，天帝把织女捉回天宫，责令他们分离，只允许他们在每年的农历七月七日在鹊桥上相会一次。）

著名诗人郭沫若，把牛郎织女写入诗歌，那么他笔下的牛郎织女生活得怎么样，又借用神话故事表达怎样的情感呢？让我们走进《天上的街市》来一探究竟吧！

（设计意图：了解牛郎织女的神话故事，快速引领学生进入文章的情境，激发孩子阅读的兴趣。同时为后边的理解内容、体会情感、积累拓展等活动做好铺垫。）

作者简介：郭沫若，原名郭开贞，诗人、剧作家、历史学家、考古学家、古文学家、社会活动家。代表作有诗集《女神》《星空》，历史剧《屈原》《虎符》《棠棣之花》。

二、明确学习目标

（1）正确、流利、有感情地朗读并背诵诗歌。

（2）理解诗歌中联想与想象的写作手法。

（3）体会诗歌表达的思想感情。

三、引导自主学习 1

（1）请同学们自由朗读诗歌，读出节奏，读出重音，读出韵律。

（设计意图：诗歌一定得通过朗读体会文字的意蕴美、情感美。学生在读中体会，在读中感悟，尤其是学生富有情感的个性化的朗读，展现学生的独特体验，能加深对课文的理解和认识。）

（2）朗读诗歌，对比牛郎织女的神话故事，用下面的句式表达自己的发现。

我从________这个词中发现作者笔下的世界________这与神话传说故事中________完全不同。

3 分钟比谁完成得又快又好。完成后先在小组交流，然后再在班级展示。

（设计意图：详细具有可操作性的自学指导，让更多的学生在课堂上动起来，有活干！学生自学后在小组交流展示，给更多的孩子体验的机会，给孩子更多的自我表现的机会。运用小组合作探究的学习方式，把课堂还给学生。学生自学中，教师要倾听、督促、指导。）

四、组织交流展示 1

（1）同桌对读，指名读，齐读。

（教师指导读出节奏，读出重音，读出韵律。）

（2）班级展示小组交流成果。

①我从“美丽”这个词发现作者笔下世界环境是美好的，这与神话故事中黑暗的社会完全不同。

②我从“珍奇”这个词发现作者笔下世界生活富足，这与神话故事中牛郎织女

的贫穷完全不同。

③我从“闲游”这个词发现作者笔下世界牛郎织女生活自由幸福，无拘无束，这与神话故事中牛郎织女的不幸完全不同。

④我从“浅浅”这个词发现作者笔下世界天河不再是障碍，牛郎织女可以自由地往来，这与神话故事中牛郎织女一年只有七夕相见完全不同。

（设计意图：此环节是在学生充分自学的基础上进行，是课堂教学的核心。小组交流展示旨在给学生提供一个展示自学成果的平台，增强自信心，提升探索欲，体验小组合作学习的乐趣，培养团队意识。班级交流展示旨在解疑答疑，纠正错知，提升阅读能力，加深学生对文本的理解和感受。）

五、师生质疑点拨 1

同样是牛郎织女的神话故事，作者却演绎出不同的结局，为什么呢？结合写作背景思考。

此诗写于 1921 年间，当时中国依旧被帝国主义列强和军阀统治。面对这种现实，诗人感到失望和痛苦，他痛恨黑暗，向往光明，于是写下了这首充满浪漫主义色彩的诗，表达了作者对美好生活的向往和追求。

（设计意图：了解背景，有助于学生对诗歌的理解，突破重点。加深孩子对作者笔下牛郎织女自由、幸福、美好生活的理解，明确诗歌主题，为有感情的朗读背诵课文助力。）

六、引导自主学习 2

朗读诗歌，请找一个唯美的量词和一个反复使用的字或词赏析其妙处。3 分钟比谁完成得又快又好。完成后先在小组交流，然后再在班级展示。

七、组织交流展示 2

班级展示小组交流成果。

（1）“那朵流星”中的“朵”是一个量词，“朵”字常用于修饰花，花是美好的象征，把流星比作花，比喻天上的生活像花朵一样美好，表现了诗人对美好生活的向往。

（2）“天上的明星现了”的“明”是形容词用法，修饰天上的星，突出光明。“远远的街灯明了”的“明”是动词用法，由黑变亮，暗示社会由黑暗变光明。

（3）“浅浅的天河”的“浅”把不可逾越的天河变得可以逾越，可以跨过，把造成悲剧的障碍化成美好生活的陪衬，传达出诗人对美好生活的期待。

（4）“定”和“定然”表现的是现实不存在的内容，却用肯定的语气加以强调，表达了作者坚定地相信未来会有光明、自由、美好的生活。作者含蓄地表达出对现实世界的失望和不满。

（设计意图：引导学生抓住精彩的语句，结合学生自己的生活体验，品析诗歌凝练的语言，把握作品的思想感情，初步学习诗歌的鉴赏方法。）

八、师生质疑点拨2

作者改编牛郎织女的故事，表达自己对美好生活的向往和追求，运用了什么创作手法？这有什么作用？

知识链接：

（1）联想，由一事物想到另一事物的心理过程。

（2）想象，在原有感性想象的基础上创造出新形象的心理过程。

作者运用联想和想象的创作手法，诗中由街灯联想到天上的明星，又由明星联想到天上的街灯，再由天上的街灯，想象到天上必定有美丽繁华的街市，于是又想象到传说中的牛郎织女骑着牛儿在天街上自由地行走。这是浪漫主义诗歌的创作特色，表现了诗人对美好生活的向往和追求。

（设计意图：掌握联想和想象的相关知识，并且联系以前所学融会贯通，加深对联想和想象写作手法的理解，突破难点。）

九、小结回顾目标

诗人运用联想和想象的手法，凝练精美的语言，为我们勾勒出了美丽的天街画面，描绘了牛郎织女美好幸福生活的图景，传递出诗人美好愉悦的感情。

让我们用平和美好，满怀憧憬的感情来背诵诗歌吧！

（设计意图：有感情地朗读背诵，体会文字的意蕴美，情感美。学生在读中体会，在读中感悟，尤其要让学生理解课文后进行富有情感的个性化的朗诵，展现学生的独特体验，加深对课文的理解和认识。）

十、当堂检测考试

文章合为时而著，诗歌合为事而作，课后积累拓展的三首诗歌，《鹊桥仙》《秋夕》《七夕》都与牛郎织女的故事有关，它们又表达了怎样的感情呢？

（设计意图：积累拓展，增大阅读量，开阔视野。提高综合分析能力，提升阅读水平。）

教学反思

成功之处：教学中始终把朗读放在主要的地位，通过读出节奏、读出重音、读出韵律，初步感受诗歌的节奏美和韵律美，感受诗歌的魅力。在朗读过程中，齐读、自由读、指名读等多种朗读方式并用，让学生在充分的朗读中，感知诗歌的内容，体会诗歌情感。另外让学生抓住词句理解内容，体会情感，能够深入文本，加深对诗歌的把握。

不足之处：教学中对学生的朗读评价不到位，评价方式比较单一，教师直接点评较多，学生处于被动接受的状态，日后还要教会学生点评朗读的方法，这样才能使学生的朗读收到良好的效果。另外，学生在抓词语理解赏析方面，受年龄的限制，还不够深入。

《语言要连贯》教学案例

王凤芹

教学目标

知识与技能

①知道怎样做到语言连贯。

②写文章能做到语言连贯。

过程与方法

①探究法，检测法。

②学会运用语言，提升锤炼语言的能力。

教学重点

引导学生掌握语言连贯的方法。

教学难点

培养学生准确运用语言的习惯。

学情分析

《语言要连贯》是初中二年级上册的写作课。初中二年级的学生，作文水平还不是很高，作文情节构思不够吸引人，特别是语言衔接，语言锤炼都缺乏针对性训练。本节课的主要目的，就是让学生明白什么是语言连贯，怎样在作文中做到语言连贯，写出文笔流畅的优秀文章。

教学过程

一、检测回顾导入

同学们，这是我前几天在微信朋友圈发的一张吃火锅的图片，并写了一句话：“辣哭了，真够劲儿。”过了一会儿，有一个学生回复了这样一段话：“老师，我更喜欢清汤火锅的鲜美。乳白色的汤沸腾着，一股鲜味直往上涌。喝口清茶，凉凉的感觉遍及全身。青菜、蘑菇在汤里翻滚，透着美味，实在诱人。”我没看明白写的是什么。大家帮我看看，他想表达什么意思。

是呀！学生想表达的是“清汤火锅的鲜美”，但是“喝茶”和“火锅”没有关系——东拉西扯，使我们理解起来很费劲。所以要想流畅地表情达意，就要做到语言连贯。今天我们就来学习做到语言连贯的方法。

（设计意图：从生活实践入手，激发学生情趣，导入自然，为接下来语言要连贯的教学内容做好铺垫。）

二、明确学习目标

（1）知道怎样做到语言连贯。

（2）写文章能做到语言连贯。

三、引导自主学习 1

（1）下面这个学生写的语段，乍一读觉得很连贯，但仔细一品又觉得不对劲，到底是哪里有问题呢？

我的妈妈是家中的“小诸葛”。在我们这个家里，一旦发生“险情”，我们的目光都是一致指向妈妈。我苦恼于长长的单词记不住，于是家里的书桌、床头，甚至冰箱的拉门上都是单词小纸条；爸爸一谈到班里的“邋遢大王”就头疼，妈妈就出了个让他担任卫生委员的主意；听说早饭对身体很重要，妈妈就每天早起，为我们辛苦做早餐；邻居总爱把垃圾放门口，妈妈不直接反对，总是默默地把垃圾拿走，她说这是以情感人。妈妈就是家中的“小诸葛”。

（2）请迅速阅读这个语段，勾画出这段话是围绕哪个话题展开的。

昆明菌子极多。雨季逛菜市场，随时可以看到各种菌子。最多，也最便宜的是牛肝菌。牛肝菌下来的时候，家家饭馆卖炒牛肝菌，连西南联大食堂的桌子上都可以有一碗。牛肝菌色如牛肝，滑，嫩，香，很好吃。青头菌比牛肝菌略贵。这种菌子炒熟了也还是浅绿色的，格调比牛肝菌高。菌子之王是鸡枞，味道鲜浓，无可方比。鸡枞是名贵的山珍，但并不真的贵得惊人。一盘红烧鸡枞的价钱和一碗黄焖鸡不相上下，因为这东西在云南并不难得。有一个笑话：有人从昆明火车到呈贡，在车上看到地上有一颗鸡枞，他跳下去把鸡枞捡了，紧赶两步，还能爬上火车。这笑话用意在说明昆明到呈贡的火车之慢，但也说明鸡枞随处可见。

（设计意图：语段来源于学生的习作和文本，容易发现问题，从而引发学生激烈的讨论，得出要想做到语言连贯，就必须话题统一的结论。）

四、组织交流展示 1

（1）学生分析：本段话是围绕“妈妈是小诸葛”展开的，而“听说早饭对身体很重要，妈妈就每天早起，为我们辛苦做早餐”是写妈妈爱我们，很能干，偏离了本段的主题。

（2）学生分析：文段提到了牛肝菌、青头菌、鸡枞等，还穿插了一个坐火车捡鸡枞的笑话。虽然内容不少，但都围绕“昆明的菌子极多”这个话题，句子之间的意思是连贯的，所以读起来并不让人觉得杂乱。所以语言连贯，首先要做到话题统一。

（设计意图：此环节是在学生分析材料的基础上展开的，是课堂教学的核心，充分发挥学生的分析表达能力，加深对本节课内容的认识。）

五、引导自主学习2

（1）下面这个语段话题统一，但读起来却很别扭，大家看看句子之间的连接有问题吗？

①四周的景色非常秀丽。②盈盈的湖水一直荡漾到脚边，却又缓缓地退回去了。③水里小小的鱼儿，还有调皮的小虾，在眼前游来游去。④像慈母拍着将睡未睡的婴儿似的，它轻轻地拍着石岸。

（2）“杯中的热水如春波荡漾，在热水的浸泡下，茶芽慢慢地伸展开来。”这个句子放在哪里合适呢？

①绿茶茶艺表演的第九道程序是“春波展旗枪”。②这道程序是绿茶茶艺的特色程序。③尖尖的叶芽如枪，展开的叶片如旗。④直直的茶芽称之为“针”，弯曲的茶芽称之为“眉”，蜷曲的茶芽称之为“螺”。⑤千姿百态的茶芽在玻璃杯中随波晃动。

（3）“准备迎接风雪载途的寒冬”放在哪里合适呢？

①到了秋天，果实成熟了。②植物的叶子渐渐变黄，在秋风中簌簌地落下来。③北雁南飞，活跃在田间草际上的昆虫也都销声匿迹。④到处呈现出一片衰草连天的景象。

（4）下面语段中有一个句子的位置放的不对，你能找出来吗？

①到了扎兰屯，原始森林的气氛消失了。②出现在我们面前的是一座美丽的小城。③城中有一条小河流过，河水清澈见底。④走出小城，郊外风景幽美，绿色的丘陵上长满了柞树。⑤白砖绿瓦的屋舍悠然地倒映在水中。⑥丛生的柳树散布在山丘脚上。

（设计意图：选择的材料均是语序错乱的问题，语段中句序的衔接分别在逻辑顺序，时间顺序及空间顺序上存在问题。通过探究以上几个材料，让学生在写作中注意——要做到语言连贯，就要注意顺序合理。）

六、组织交流展示2

（1）本段围绕着“四周景色”的话题展开，但因为句子间的顺序不合理，读起来同样让人觉得不连贯。应该将第③句和第④句的顺序对调一下，这样第④句的“它”才能指代“湖水”，整个语段读起来才连贯。

（2）放在②后面，先用“热水浸泡”，这是泡茶的第一步，然后承接的才是茶叶在水中的形态，是按泡茶的程序来写的。

(3) 放在第④句后面，是按从秋天到冬天的时间顺序写得。

(4) ⑤和④调换顺序，⑤句水中的倒影承接③句的河水清澈见底，也属于城内的景色，然后走出小城，开始介绍城外的景色，属于从内到外的空间顺序。

结论：为了做到语言通顺，还要根据表达的需要，合理安排文章的顺序。

（设计意图：交流展示是课堂教学的核心。同学之间各抒己见，互相补充，更能全面地认识到写作顺序（时间顺序、空间顺序、逻辑顺序等）对于一个通畅语段的重要性。）

七、引导自主学习 3

同学们阅读下面两个语段，感受一下有什么不同。

语段一：菌子之王是鸡枞，味道鲜浓，无可方比。鸡枞是名贵的山珍，但并不真的贵得惊人。一盘红烧鸡枞的价钱和一碗黄焖鸡不相上下，因为这东西在云南并不难得。有一个笑话：有人从昆明火车到呈贡，在车上看到地上有一颗鸡枞，他跳下去把鸡枞捡了，紧赶两步，还能爬上火车。这笑话用意在说明昆明到呈贡的火车之慢，但也说明鸡枞随处可见。

语段二：菌子之王是鸡枞，味道鲜浓，无可方比。一盘红烧鸡枞的价钱和一碗黄焖鸡不相上下，这东西在云南并不难得。有人从昆明火车到呈贡，在车上看到地上有一颗鸡枞，他跳下去把鸡枞捡了，紧赶两步，爬上火车。这笑话用意在说明昆明到呈贡的火车之慢，说明鸡枞随处可见。

（设计意图：再次选用文章中的精彩语段，节省学生读文理解的时间。采用语段对比的方法，让学生在对比分析中认识到语言衔接在语言连贯上的重要性。）

八、组织交流展示 3

学生分析：第二个语段，删除了“鸡枞是名贵的山珍，但并不真的贵得惊人”的过渡句，删除了“但”“因为”“还能”“但也”等关联词，“有一个笑话”这样的提示语，使句子衔接不紧密，不能很好地表情达意，所以为了做到语言连贯，要注意句子之间的衔接。

九、小结回顾目标

同学们，我们一边探究一边修改，学到了写作中做到语言连贯的方法，修改完成一段话题统一，表达流畅的文章。相信大家运用所学，不断练习，会有更多的佳作呈现！

十、当堂检测考试

阅读下面同学的小练笔，通过加写一个中心句，调整部分语句的顺序，加入适当“关联词、提示语、过渡句”等方法，使语段句子衔接通顺自然。

原文：爸爸是一个热爱工作的人。爸爸工作出色，经常在单位被评为先进工作者，我们家墙上贴的那些奖状有很多都是爸爸的。爸爸单位里有台机器坏了，大家修了一天都找不出问题。爸爸下班回到家里，吃饭时突然想起了国外有过这方面的材料，就马上查阅了资料，并且连夜赶回单位抢修了，终于把机器修好了。爸爸不仅上班忙工作，下了班都在惦记工作。爸爸花很多时间陪家人。周末，他常会领着全家人去郊游。我们每次郊游，都看到了很美的风景，玩得非常开心。为此，他还专门买了本地郊区旅游攻略的书，研究了好多条路线。

教学反思

成功之处：目标明确，授课内容针对性强，导入自然，材料准备充分全面。整节课以学生为主体，自主探究，自由交流，极大地发挥了学生的主动性。

不足之处：时间分配不均衡，在自学指导二中因为学生讨论激烈，占用时间较长，导致检测部分给学生思考的时间不够充分，有一部分学生没有达到预期效果。

《木兰诗》课堂实录

马隽平

师：上课，同学们好！

生：老师好！

师：孩子们，我们先齐读《木兰诗》，然后做课前检测。

一、课前检测（每空 1 分，共 10 分）

(1)《木兰诗》选自________朝________（人名）编的《__________》，这是________朝时期北方的一首民歌。全诗叙述了花木兰__________的故事。

(2) 原文填空。

①不闻机杼声，________________。

②________________，北市买长鞭。

③________________，关山度若飞。

④________________，寒光照铁衣。

⑤________________，赏赐百千强。

（学生做检测题，老师在教室巡视，找一学生的题放在展台上讲解，其他学生互换并判题，判完更正。）

二、进入新课明确学习目标

师：请同学们齐声朗读我们这节课的学习目标（PPT 出示学习目标）。

学习目标：

(1) 理清故事情节。

(2) 学习详略得当的叙事方法。

(3) 认识木兰这位古代巾帼英雄的形象。

三、引导自主学习

师：上节课我们已经了解了这首诗的大意，下面根据自学指导，完成今天的学习目标。

（PPT 出示第一个自学指导，学生自学。）

自学指导 1：默读全诗，根据提示填空，请用四个字概括每一部分内容，然后小组交流，小组派代表在班上展示。

停机叹息→（　　　　　）→（　　　　　）→（　　　　　）→还朝辞官 →（　　　　　）→比喻赞美。

过程：自学——组内交流——选出展示代表。

四、组织交流展示

师：请同学们来展示你们的学习成果。看看哪个小组答案更好。

生 1：（五组代表）应该填：决定从军→出征准备→奔赴战场→亲人团聚。

（学生们踊跃举手，要求回答。）

师：一组代表举手最高，你评价一下五组同学的答案。

生 2：（一组代表）五组同学概括得挺好的，但“奔赴战场”不全面，只能概括“万里赴戎机，关山度若飞”两句。应该是“征战生活”更好，因为行军也是打仗的一部分。

师：五组同学觉得一组同学说得好不好？大家同意吗？

生齐答：同意。

师：大家还有来评价的吗？同学们举手的少了，看来答案准确了。好，三组组长想说什么？

生 3：老师，我觉得“亲人团聚”不太好，可我不知道怎么改。

师：我提示一下，看看提示的词：谁——停机叹息，还朝辞官。

生 4：木兰。

师：孩子们咱们齐读第 6 段，看看木兰干了什么？

生 5：齐读。回家与亲人团聚。

师：那“亲人团聚”不行吗？

生 6：木兰亲人团聚，不通顺呀！换成“回家团聚”更好吧。

师：挺好的。请孩子们更正学案上的答案。那我们总结一下做这种题的方法吧。咱们可以叫它——概括内容的填空题。

生 7：老师教过概括内容三要素：人物、事件、结果。做这些事的人都是木兰，示例省略了人物，而且是四个字，我们也得用四个字概括。细读每一段，看看木兰做了什么事，概括一下就可以了。

师：还有补充吗？

生 8：还得通顺吧。

师：不用填所有的空呀，怎么根据已知去推未知的内容呢？

生 9：数一下题目给了 7 个空，课文正好 7 段，说明一段一空。第一、五、七给了示例，那么我们需要填的是第二、三、四、六段的内容，再根据以上概括内容的方法做就可以了。

师：说得很好。概括内容的填空题的做法就是这样，孩子们把它整理到积累本上。

（学生整理，老师巡视，把整理的规范的用展台展示，其他同学订正。）

（概括内容的填空题的方法：先确定已知内容概括了哪些段落，推出未知的应该概括哪些段落。再读文根据人物事件结果，来概括内容。还要看看应该几个字，是否恰当。）

五、质疑点拨

师：孩子们，咱们知道了每一段都写了什么内容，再看看作者哪些内容详写，哪些略写？

生10：对木兰的从军缘由、离别、辞官和还乡都写得比较详，对出征前的准备和军旅生活则写得比较略。

师：那大家思考一下：为什么这样安排呢？（孩子们一片安静，看来这是知识盲区。）老师提示一下，本诗题目叫《木兰诗》，可以看出这首诗主要写人——木兰。作者对木兰的态度是赞扬还是批判？

生11：赞扬。

师：赞扬了木兰的什么品质？

（PPT出示第二个自学指导，学生自学。）

自学指导2：请大家跳读全诗，看看作者赞扬了木兰的什么品质？你从课文中的哪些语句可以看出？请用准确的词语概括木兰的形象。5分钟后，看谁说得好。

交流展示：

生12：从"愿为市鞍马，从此替爷征"中看出木兰是一个勇敢、孝顺的人，也很爱国。

生13：从"不用尚书郎，送儿还故乡"看出木兰不慕名利，热爱和平。

生14：从"万里赴戎机，关山度若飞。朔气传金柝，寒光照铁衣。将军百战死，壮士十年归"看出木兰英勇善战。

生15：从"出门看火伴，火伴皆惊忙，同行十二年，不知木兰是女郎"看出木兰机智、谨慎。

师：哪位同学总结一下，作者赞美了木兰的哪些优秀品质？

生16：作者赞美了木兰孝顺、爱国、英勇善战、不慕名利、热爱和平、机智、谨慎的品质。（老师板书。）（每次回答后，都要齐读句子。）

师：孩子们，刚才同学总结的是本诗的什么？

生齐答：中心。

师：现在知道文章详略的安排和什么有关系了吧。

生齐答：中心。

师：能突出中心的内容就详写，不突出中心的内容就略写。孩子们，在以后作文中，你们也要根据中心安排详略呀。让我们再次齐读《木兰诗》，想想这节课你有什么收获。

六、小结回顾目标

师：孩子们，今天你们很积极活跃，请说说这节课的收获吧。

生 17：我学会了概括内容的填空题的方法：先确定已知内容概括了哪些段落，推出未知的应该概括哪些段落，再读文根据人物事件结果，来概括内容，还要看看应该几个字，是否恰当。

生 18：我更深入了解了花木兰是怎样一个女子。

生 19：我知道了能突出中心的内容就详写，不突出中心的内容就略写。

师：孩子们，你们学得真不错！下面咱们做课堂检测，再次展示一下你们的学习成果。

七、当堂检测（每空 1 分，10 分）

（1）理解性默写。(5 分)

①赞颂木兰谨慎、聪明、勇敢、能力不逊于男子的议论句是____________，____________，____________，____________。

②表现木兰不贪图富贵利禄的句子____________，____________。

③从侧面描写木兰战功显赫的句子是____________，____________。

④“____________，____________。”用夸张的修辞方法描写了木兰矫健雄姿。

（2）你学到了花木兰身上哪些优秀品质？以后如何运用到你的学习和生活中。(5 分)

____

____

（学生完成后把试卷收上教师统一评判。）

记叙文训练——课堂实录

刘红艳

师：上课，同学们好！

生：老师好！

师：孩子们，我们先做课前检测。

一、检测回顾引入（每空1分，共8分）

（1）____________，人不寐，______________。（范仲淹《渔家傲·秋思》）

（2）______________________________，身世浮沉雨打萍。（文天祥《过零丁洋》）

（3）潭西南而望，______________________，明灭可见。（柳宗元《小石潭记》）

（4）当战争开始时，曹刿主动请求要见鲁庄公的原因是：_____________，______________。

（5）刘禹锡《酬乐天扬州初逢席上见赠》中，既是对友人关怀的感谢，也是和友人共勉，表现了诗人坚定的意志和乐观的精神的句子是：__________________，__________________。

学生做检测题，老师在教室巡视，找一学生的题放在展台上讲解，其他学生互换判题，判完更正。

二、明确学习目标

师：请同学们齐声朗读我们这节课的学习目标。（PPT 出示学习目标。）

学习目标：复习巩固记叙文中赏析题的答题思路。

三、引导自主学习

师：上节课我们已经完成了《善良是心灵的灯盏》这篇记叙文的阅读，老师也已经批改下发，下面根据自学指导，完成今天的学习目标。（PPT 出示自学指导，学生自学。）

自学指导：请大家认真对照得分情况，修改自己的习题，然后小组交流，小组派代表班上展示。

过程：自学——组内交流——选出展示代表。

四、组织交流展示

师：请同学们来展示你们的学习成果。看看哪个小组整理的答案更好。

生 1：(五组代表) 讲解选文第一段画线句景物描写，请分析它的作用。

学生们踊跃举手，要求回答。

答：写出天气的寒冷，交代古诗发生的背景；渲染恬静的气氛，烘托他愉快的心情；用雪景的美丽，衬托了主人公善良的高尚品质。

师：什么样的心情才会写出美的语言？

生 2：愉快的心情才会写出美的语言。

师：通过那句话可以看出天气寒冷？

生 3：风中夹杂着雪花。

师：通过本题的练习谁能总结一下景物描写的作用？

生 4：一共有四条分别是：交代时令/时间；渲染气氛；烘托心情；推动故事情节发展，为下文……情节发展做铺垫。

师：说的很好。景物描写作用类的习题答题方法就是这样，孩子们把它整理到积累本上。

(学生整理，老师巡视，把整理的规范的用展台展示，其他同学订正。)

生 5：一组代表讲解第二，第三段是选文的插叙部分，有什么作用？

答：交代了挣钱不易；解释打工的原因；为下文救小女孩做铺垫。

师：为什么要外出打工？从文中哪里看出来的？

生 6：从第二段可以看出，他想让妻子和女儿过上殷实的日子。

师：为什么摸了摸衣兜？

生 7：通过第三段可以看出，他挣钱的不容易。

师：挣钱这么不容易，还愿意帮助陌生的小女孩，可以看出男人什么品质？

生 8：可以看出男人的善良。

师：通过本题的练习谁能总结一下插叙的作用？

生 9：我总结的插叙作用分别是以下几条：交代什么 (段意)；解释某个原因；为……情节做铺垫，推动故事情节发展；丰富人物形象。

师：总结的很完整。插叙的作用类的习题答题方法就是这样，大家把它整理到积累本上。

(学生整理，老师巡视，把整理的规范的用展台展示，其他同学订正。)

生 10：三组代表讲解：赏析选文第十一段“他咧嘴一笑，笑容突然凝固在脸上。”一句中加点词语“凝固”的表达效果。

答：“凝固”是固定不变，停滞的意思，生动形象的表现出他在看到自己救助的小女孩竟然是自己的女儿时的震惊。

师：谁能表演一下当时他的表情。

生 11：勇敢的尝试。

师：同桌之间互相表演。

学生互动，感受。

师：笑是因为什么？

生 12：看到了自己的女儿。

师：为什么凝固？

生 13：因为发现自己帮助的小女孩竟然是自己的女儿。

师：此时，男人的心情是什么样的？

生 14：意外，出乎意料。

师：谁能总结一下赏析题的答题思路？

生 15：角度+内容+情感。

师：整理的简洁易懂。赏析题的答题思路就是这样，大家把它整理到积累本上。

（学生整理，老师巡视，把整理的规范的用展台展示，其他同学订正。）

五、师生质疑点拨

师：孩子们，咱们把这三道阅读题的答案整理好了，那么谁能说说赏析题都有哪些不同的问法？

生 16：直接说赏析某句话，赏析某个词语。

生 17：这句话有什么好处/作用？

生 18：给某句话做标注。

生 19：请从某个角度赏析

……

师：大家总结的很好，大家遇到具体的习题一定要善于具体分析。记叙文的赏析题答题思路是角度+内容+情感，谁知道角度都哪几个角度？

生 20：修辞，描写，炼字。

师：常用的修辞都什么？

生 21：比喻，拟人，排队，对偶，夸张……

师：描写方法都包括什么？

生 22：描写分为人物描写和环境描写。

师：人物描写方法都有哪些？

生 23：外貌，语言，动作，心理，神态

师：环境描写包括什么？

生 24：包括自然环境和社会环境，常用的是自然环境。

六、小结回顾目标

师：孩子们，今天你们很积极活跃，请说说这节课的收获吧。

生 25：我学会了景物描写的作用一共有四条分别是：交代时令/时间；渲染气氛；烘托心情；推动故事情节发展，为下文……情节发展做铺垫。

生 26：我知道啦插叙作用分别是以下几条：交代什么（段意）；解释某个原因；为……情节做铺垫，推动故事情节发展；丰富人物形象。

生 27：我知道了记叙文的赏析题答题思路是：角度+内容+情感。

生 28：我知道了赏析的角度有：修辞，描写和炼字。

师：孩子们，你们学得真不错，下面咱们做课堂检测，再次展示一下你们的学习成果。

七、当堂检测考试（每空 1 分，10 分）

（1）自选角度赏析下列句子：“他侧过身，从棉衣内兜里摸出钱夹，抽出一张 50 元，对女人说：‘拿着，给孩子看病要紧。’”

____

____

（2）请从修辞的角度赏析下面这个句子：“之后的很多天，我都在为这个选择付出代价。那双鞋子暗处的酷刑，磨脚，不透气，<u>让我走起路来深一脚浅一脚的，像小人鱼一步步走在刀刃上</u>。小人鱼是为了爱情，我是为了什么？虚荣吗？我被自己的想法吓了一跳。”

____

____

（学生完成后把试卷收上教师统一评判。）

《二次函数第一课时》教学案例

程淑兰

教学目标

知识与技能

结合具体情景体会二次函数的意义，认识二次函数，会根据实际问题列出二次函数表达式。

过程与方法

通过实际问题的引入，经历二次函数概念的探索过程；通过类比，迁移等学习方法，提高学生识别概念特点的能力。

情感、态度与价值观

通过观察、操作、交流、归纳等数学活动和类比一次函数的教学方法，加深对二次函数概念的理解，发展学生的数学思维，增强学生学好数学的愿望与信心。

教学重点

认识二次函数。

教学难点

根据实际问题列出二次函数表达式，确定自变量的取值范围。

学情分析

能力分析：初三年级的学生逻辑思维从经验型逐渐向理论型发展，观察能力、记忆能力和想象能力也随之迅速的发展，这一阶段的学生对类比、对比、迁移等学习方法也有了一定的运用能力，同时也已经具备了一定合作学习的经验和合作交流的能力。

知识基础分析：从学生的知识基础来看，在之前学习过变量、函数等概念，对一次函数，反比例函数的相关知识已经掌握；同时感受到了函数反映的是变化的过程，对函数的表达方式特点也有一定的掌握。在有关方程的知识学习的过程中，学生已经具有解决一些实际问题的能力，这些知识基础，对于学习二次函数都是很好的铺垫。

教学过程

一、检测回顾引入（每题2分，共6分。时间4分钟）

（1）如果 $y=kx^{2k^2+k-1}$ 是反比例函数，k 的值为（　　）。

A. $k=0$　　B. $k=-\dfrac{1}{2}$　　C. $k=0$ 或 $k=-\dfrac{1}{2}$　　D. $k=0$ 且 $k=\dfrac{1}{2}$

（2）已知 y 与 x 成正比例，并且当 $x=-1$ 时，$y=2$，那么该函数的解析式为________。

（3）一次函数 $y=kx+b$ 过点（2，3）（3，5），其解析式为______________。

（老师活动：计时，对答案，根据学生得分情况处理前测题，引课。）

（设计意图：目的是让学生回忆已学过的函数表达式的特点，以便引出二次函数表达式，为了让学生更好地类比学习二次函数，进而对比发现二次函数表达式的特点。）

二、明确学习目标

认识二次函数，会根据实际问题列出二次函数表达式。

三、引导自主学习（独立完成下列问题，5分钟后在小内交流你的想法）

（1）如图1所示，用规格相同的正方形瓷砖铺成矩形地面，其中，横向瓷砖比纵向瓷砖多5块，矩形地面最外面一圈为灰色瓷砖，其余部分全为白色瓷砖，设纵向每排有 n 块瓷砖。

①设灰色瓷砖的总数为 y 块，用含 n 的代数式表示 y，则 $y=$________ y 与 n 具有怎样的函数关系？

②白色瓷砖的总数为 z 块。用含 n 的代数式表示 z，则 $z=$________z 是 n 的函数吗？说说理由。

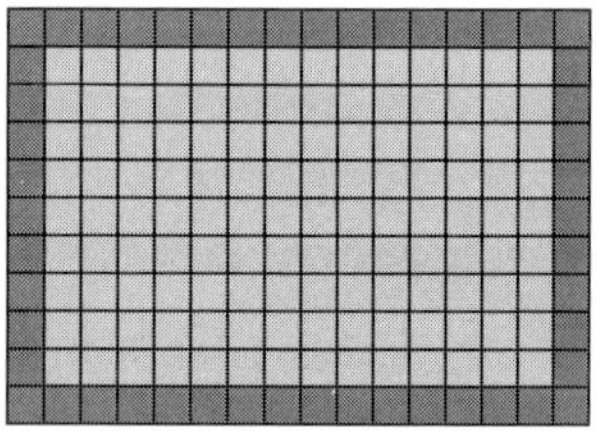

图 1

（2）某企业今年第一季度产值为80万元，预计产值的季平均增长率为 x。

①设第二季度的产值为 y 万元，则 $y=$________，y 是 x 的________函数。

②设第三季度的产值为 z 万元，则 $z=$ ________，z 是 x 的函数吗？是一次函数吗？他们的表达方式有什么不同？

（设计意图：通过具体事例，让学生列出关系式，启发观察、思考、对比一次函数，让学生发现二次函数的特点。）

小组交流汇报完上述问题，教师再随机用多媒展示下面两个问题（师：请同学们快速口答下面两个问题。）

（1）设正方体的棱长为 x，正方体表面积为 y，$y=$________，y 是 x 的函数吗？

（2）一块长方形草地，它的长比宽多2 m。设它的长为 x m，面积为 y m^2，请

用含 x 代数式表示 y，则 $y=$________，y 是 x 的函数吗？

（设计意图：内容分别来自教材中的习题和练习，这样学生能比较轻松地列出函数表达式，进而减少学生对学习二次函数的恐惧心理。因为 $y=6x^z$ 这个表达式像正比例函数，但实际上不是，让学生通过类比进一步注意其特点是含二次项，引导学生发现二次项系数不为0，而一次项系数和常数项可以为0。让学生进一步观察 $y=x^2-2x$，强调二次项系数不为0这一特征。在辨析问题中，引导学生说出变量之间存在函数关系，但不是一次函数的原因，让学生发现二次函数表达式的特点）。

四、组织交流展示

（1）观察我们在上述问题中得到的不是一次函数的四个表达式，并回答问题。

$z=n^2+n-6$　　$z=80x^2+160x+80$　　$y=x^2$　　$y=x^2-2x$

（2）这几个函数表达式的共同特征是？

（学生活动：组内交流、补充、质疑等方式总结二次函数表达式的特征。）

（教师活动：教师走进小组内倾听他们的发现，并适当点拨。）

（设计意图：将这四个表达式放在一起，让学生通过独立观察思考，小组合作交流等方式，发现二次函数的表达式是关于自变量的二次式，顺势归纳出二次函数的定义。）

二次函数定义：一般的，如果两个变量 x 和 y 之间的函数关系可以表示成 $y=ax^2+bx+c$（a、b、c 为常数，且 $a\neq0$），那么称 y 为 x 的二次函数。师生共同总结二次函数表达式的特征：二次函数自变量的最高次数2；二次函数自变量所在的代数式必须是整式；二次项系数不为0。

五、师生质疑点拨

（1）师质疑问题。

①上述概念中的 a 为什么不能是0？b，c 可以为0吗？

②$y=ax^2+bx+c$（a，b，c 为常数），y 为 x 的二次函数。这句话对吗？为什么？

③自变量的取值范围是什么？

（2）跟踪训练（独立完成后，小组内交流想法，解惑答疑。）

①下列函数解析式中，一定是二次函数的是？并指出二次函数的 a，b，c 分别是多少。

$y=3x-1$　　$y=ax^2+bx+c$　　$s=2t^2-2t+1$

$y=x^2+\frac{1}{x}$　　$s=5x-7x^2$　　$y=9x^2-5x+x^3$

（设计意图：更好地认识二次函数的一般形式。）

②已知函数 $y=(m-3)x^{m^2-7}$ 是二次函数，$m=$________。

（设计意图：再次强调“$a\neq0$，最高次数为2”这一特征。）

③一块长 100 m、宽 80 m 的矩形草地，欲在中间修筑两条互相垂直的宽为 x（m）的小路，这时草地面积为 y（m^2），求 y 与 x 的函数关系式。

（全班同学共同订正答案时，教师一定要追问每一个结论的理由。）

（设计意图：体会二次函数在实际生活中的应用，进而感受二次函数与一元二次方程的关系。对于简单的实际问题，学生会很容易列出函数关系式，从而让学生体验到成功的喜悦，激发学生学习数学的兴趣，增加学好数学的自信心。）

六、小结回顾目标

二次函数表达式的特点：①二次函数自变量的最高次数为 2。②二次函数自变量所在的代数式必须是整式。③二次项系数不为 0。

（设计意图：让学生来谈本节课的收获，培养学生自我检查、自我归纳的良好习惯。）

七、当堂检测考试

（1）下列函数中 y 是 x 的二次函数的是（　　）。

A. $y=ax^2$　　B. $s=3-2t$　　C. $y=(x+3)-x^2$　　D. $y=(x-1)^2-2$

（2）关于 x 的函 $y=(m+1)x^{m^2-m}$ 是二次函数，则 m 的值是（　　）。

A. −1　　B. 2 或−1　　C. 2　　D. 1

（3）已知一个直角三角形的两直角边的和是 10 cm。若设其中一条直角边长为 x cm，则面积 s 关于 x 的函数关系式是________，自变量的取值范围是________。

（4）已知二次函数 $y=ax^2$，当 $x=3$ 时，$y=-5$。当 $x=-5$ 时，求 y 的值。

（设计意图：检查本节课所学内容的掌握情况，对下节课的授课内容做以适当调整。）

能力提升：

（5）函数 $y=(m+2)x^2+(m-2)x-3$（m 为常数）。

①当 m ________时，该函数为二次函数。

②当 m ________时，该函数为一次函数。

（6）一个班 m 人，每两人握手一次，共握了 y 次。

①请用含 m 的代数式表示 y，说明 y 是 m 的二次函数，指出该函数中对应的 a、b、c 的值。

②若全班有 45 名同学，则这样握手的总次数是多少？

（设计意图：提升学生运用分类讨论思想、方程思想解决问题的能力。）

教学反思

本节课内容较单一，属于概念课型。通过课前检测，引导学生对一次函数和反比例函数知识的回顾。顺势引出课题，出示目标，自然顺畅。目标明确具体，让学生在本节课中的思维有的放矢。教学过程中设计了小组合作、展示交流、质疑答疑、变式训练等环节，能让学生真正动起来，使课堂具有灵动性。习题设计以突破重点，降低难点为核心，以实现教学目标为前提，抓住二次函数的特点，设计的问题环环相扣，层层深入，引起学生思考的积极性和回答问题热情。在当堂检测中，一个知识点以不同的题型呈现，即培养学生仔细审题的能力，又训练了学生的思维，同时还增强了学生的学习兴趣，从而达到了预期的教学效果。

《角的平分线》教学案例

肖玉华

教学目标

知识与技能

①探索并掌握角平分线的性质定理和逆定理。

②能够运用角平分线的性质定理和逆定理进行简单的证明与计算。

③会用尺规作一个角的平分线。

过程与方法

①经历探索角的轴对称性的过程，体验轴对称图形的特征，发展合情推理能力。

②探索角平分线的性质定理及逆定理，发展演绎推理能力，积累数学活动经验。

③经历合情推理发现结论，演绎推理证明结论的活动，体会两种推理的不同作用。

情感、态度与价值观

通过探究与操作培养学生探究问题的兴趣，增强解决问题的信心，获得成功的体验。

教学重点

角平分线的性质定理，逆定理及它们的应用。

教学难点

角平分线的性质定理和逆定理的应用。

学情分析

本节课是在学习了角平分线定义、全等三角形的判定与性质基础上学习的，类比线段的垂直平分线学法难度不大。初中二年级学生观察、操作、猜想能力较强，思维活跃，勇于尝试，乐于动手体验，但思维的广阔性、敏捷性、灵活性比较欠缺。因此，教学中需要教师搭建操作平台，培养学生学习的自信心，激发学生学习的兴趣。

一、检测回顾引入（1题每空1分，2题2分，共5分。时间3分钟）

（1）如图1所示，直线 CD 是线段 AB 的垂直平分线，P 为直线 CD 上的一点，已知线段 $PA=5$，则线段 PB 的长度为______；若 PD 平分 $\angle APB$，$\angle APB=100°$，则 $\angle APD=\angle$______$=$______°。

（2）如图2所示，四边形 $ABCD$ 中，$AB/\!/CD$，M 为 BC 边上的一点，且 AM 平分 $\angle BAD$，DM 平分 $\angle ADC$，则 AM 与 DM 的位置关系为________。

（老师活动：计时，对答案，指导学生判分，展讲错题，改错题，引课。）

PPT展示：如图3所示，小明家位于一条暖气和天然气管道所成角的平分线上的P点，要从P点建两条管道，分别与暖气管道和天然气管道相连。怎样修建管道最短？新修的两条管道长度有什么关系？这就是我们这节学习的内容，板书课题。

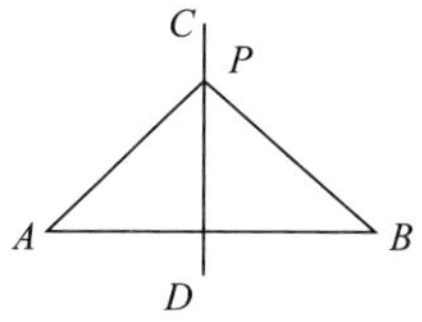

图1

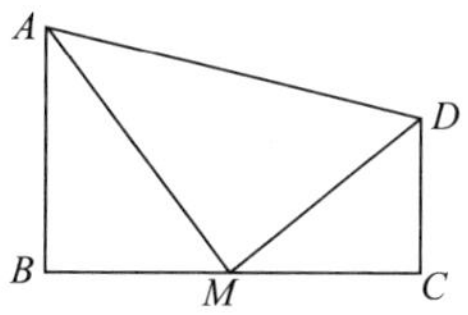

图2

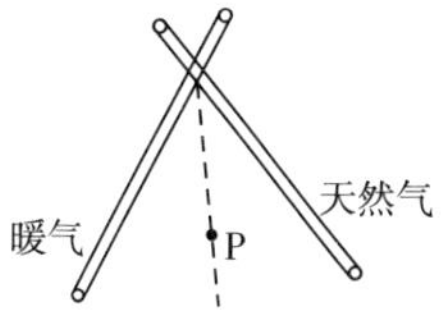

图3

（设计意图：通过前测复习线段垂直平分线的性质，回顾角平分线的定义，为本节新知学习做好铺垫。从生活实际引入新课，培养学生用数学知识解决实际问题的意识。）

二、明确学习目标

（1）探索角平分线的性质定理和逆定理。

（2）能够运用角平分线的性质定理和逆定理进行简单的证明与计算。

（3）学会用尺规作一个角的平分线。

（设计意图：通过阅读目标让学生明确知道这节该学习什么。）

三、引导自主学习

（1）在一张半透明的纸上画出一个角（$\angle AOB$），将纸对折，使得这个角的两边重合，从中你能得什么结论？

（2）按照图4所示的过程，将你画出的 $\angle AOB$，依照上述方法对折后，设折痕为直线 OC。再折纸，设折痕为直线 n。直线 n 与边 OA，OB 分别交于点 D，E，与折线 OC 交于点 P。将纸展开平铺后，猜想线段 PD 与 PE，OD 与 OE 分别具有怎样的数量关系，并说明理由。

（3）将 $\angle AOB$ 对折，再折出一个直角三角形（使第一条折痕为斜边），然后展

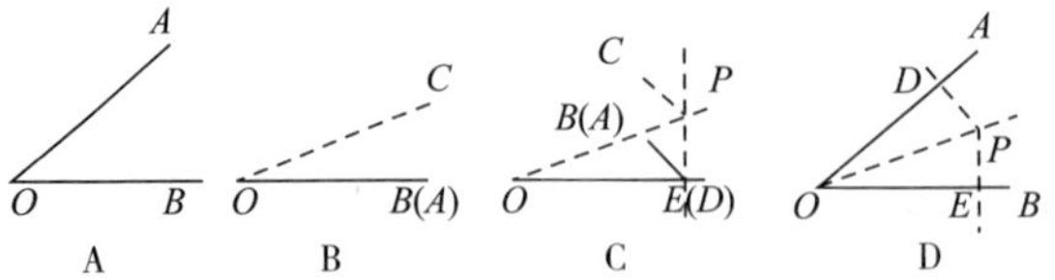

图 4

开，观察第二次折叠形成的两条折痕，你能得出什么结论？

学生活动：①动手操作、观察、猜想、交流、验证。②画图，写出已知、求证，独立思考 2 分钟，过程写在学案上，一个组板书。

教师活动：①引导说出垂线段 PD、PE 是点 P 到 OA、OB 的距离，$PD=PE$。②组织学生用所学的知识来推理证明我们的猜想。

已知：如图 5 所示，OC 是 $\angle AOB$ 的平分线，P 是 OC 上任意一点，$PD\perp OA$ 于 D，$PE\perp OB$ 于 E。求证：$PD=PE$。

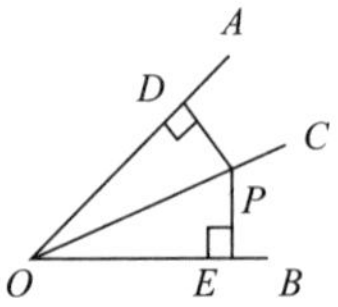

图 5

归纳得到角平分线的性质定理：角平分线上的点到这个角的两边的距离相等。

符号语言：∵ 点 P 是 $\angle AOB$ 的平分线 OC 上一点，$PD\perp OA$，$PE\perp OB$。 ∴ $PD=PE$。

（设计意图：通过学生自己动手折叠，观察、探索、猜想、交流、验证得出结论，发展学生合情推理能力，运用全等三角形通过逻辑推理证明了猜想，发展演绎推理能力。）

四、组织交流展示

（1）小组讨论交流后，学生展示角平分线的性质定理推理方法。

（2）讨论交流解决引例“管道问题”的修建方案。（PPT 展示）

（3）组织完成典例训练，消化知识点。

（设计意图：通过交流、展示、展讲的过程，锻炼学生语言表达能力，发展思维能力、演绎推理能力，培养学生团结合作、勇于探究的意识，形成良好的学习品质。）

例：已知：如图 6 所示，AD 平分 $\angle BAC$，$DE\perp AB$，$DF\perp AC$，垂足分别为 E、F。

变式一：如图 7 所示，点 D、B 分别在 $\angle A$ 的两边上，C 是 $\angle A$ 内一点。$AB=AD$，$BC=CD$，$CE\perp AD$，$CF\perp AB$，垂足分别为 E、F。求证：$CE=CF$。

变式二：如图 8 所示，BF，CE 相交于点 D，AD 平分 $\angle BAC$。$CE\perp AB$，$BF\perp AC$，垂足分别为 E、F，若 $CE=8$，$CF=3$。则 $\triangle CDF$ 的周长 = ______。

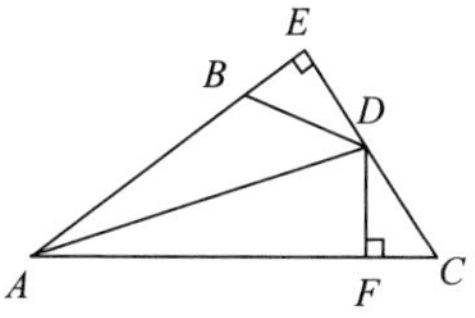

图 6

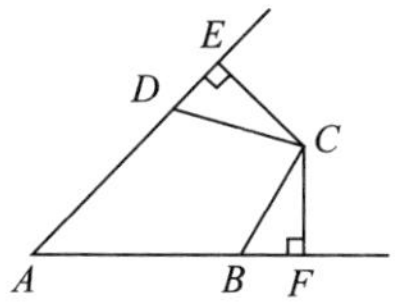

图 7

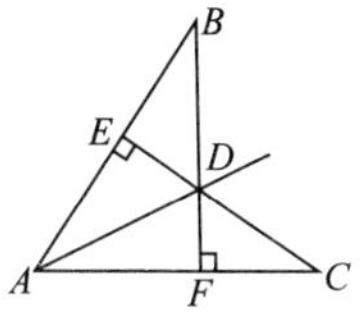

图 8

学生活动：独立思考 3 分钟后组内交流做法，然后书写学案，各小组 4 号板书展示、展讲，小组相互评价。

教师活动：班内巡视，观察研讨情况，注重关注学困生。

（设计意图：学以致用，通过变式训练发展学生的思维能力，通过展示、展讲、相互点评激发学生积极参与学习的兴趣。）

五、师生质疑点拨

（1）通过操作验证及推理证明得到了性质定理，同学们还有问题需要交流吗？

（2）你能说出角平分线的性质定理的逆命题吗？

（3）小组讨论如何验证逆命题的正确性？

①根据这个逆命题的内容，画出图形（图 9）。（学生动手画图）

②结合图形，提出你对这个逆命题是否正确的猜想。

③设法验证你的猜想。（测量或折叠）

④归纳得到角平分线性质定理的逆定理：到角的两边距离相等的点在角平分线上。

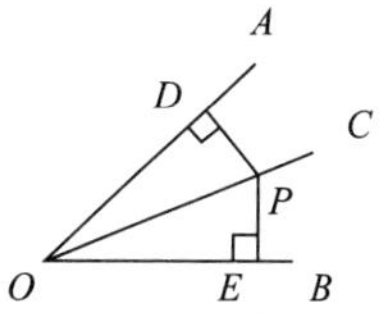

图 9

符号语言：∵ $PD\perp OA$，$PE\perp OB$，且 $PD=PE$。∴ 点 P 在 $\angle AOB$ 的平分线上。

（设计意图：通过动手操作经历合情推理发现结论，调动学生参与学习的积极性。）

做一做（PPT 展示）

（1）如图 10 所示，已知 $\triangle ABC$ 中，$PE/\!/AB$ 交 BC 于点 E，$PF/\!/AC$ 交 BC 于点 F，点 P 是 AD 上一点，且点 D 到 PE 的距离与到 PF 的距离相等。

①判断 AD 是否平分 $\angle BAC$，并说明理由。

②变式：如图 11 所示，若点 P 是 AD 延长线上一点，其他条件不变。上述结论是否成立______。（填成立或不成立）

（2）如图 12 所示，已知 $\angle AOB$。求作：$\angle AOB$ 的平分线。

（PPT 展示）用尺规作一个角的平分线，思考这种作法的理论依据。

学生归纳画图步骤，并动手画一遍。

①步骤一：以点 O 为圆心，以适当长为半径画弧，弧与角的两边分别交于 D，E 两点。

②步骤二：分别以点 D、E 为圆心，以大于 DE 长的一半为半径画弧，两弧交于点 C。

③步骤三：作射线 OC，则 OC 就是 $\angle AOB$ 的平分线。

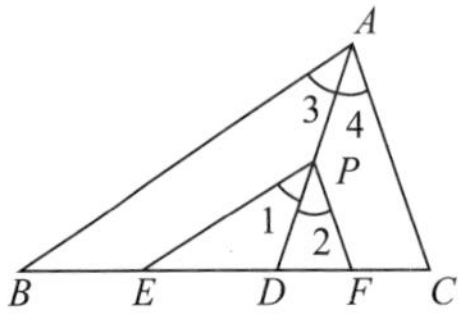

图 10

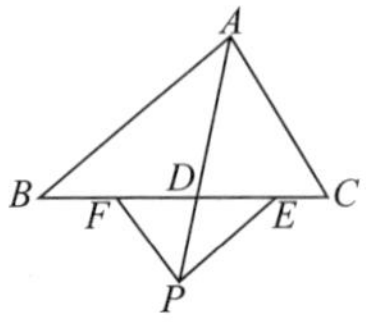

图 11

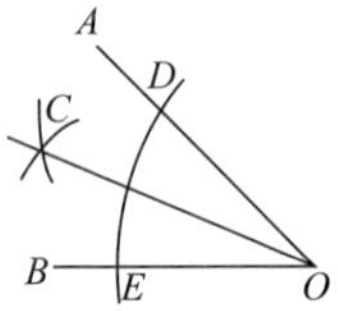

图 12

（设计意图：通过多媒体动画可吸引学生的注意力，自我总结步骤，规范数学用语，思考理论依据，有利于学生掌握画法，提高作图能力。）

六、小结回顾目标

师：通过这节课的学习，你有什么收获？你对今天的学习还有什么疑问吗？

师生活动：学生思考后，用自己语言归纳，教师适时点评，并关注以下问题：

角平分线的性质定理；角平分线的性质定理的逆定理；用尺规作一个角的平分线的步骤。

（设计意图：通过自我总结归纳，加深对所学知识的理解，培养学生归纳问题能力，激发学生的主动参与意识及学习兴趣，为每一位学生创造在活动中获得成功体验的机会。）

七、当堂检测考试（共 10 分，时间 10 分钟）

（1）如图 13 所示，OP 平分 $\angle AOB$，$PC\perp OA$ 于 C，$PD\perp OB$ 于 D，下列结论中错误的是（　　）。

A. $PC=PD$　　B. $OC=OD$　　C. $\angle CPO=\angle DPO$　　D. $OC=PC$

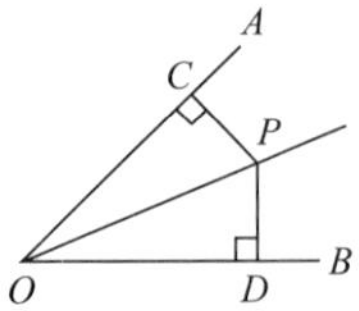

图 13

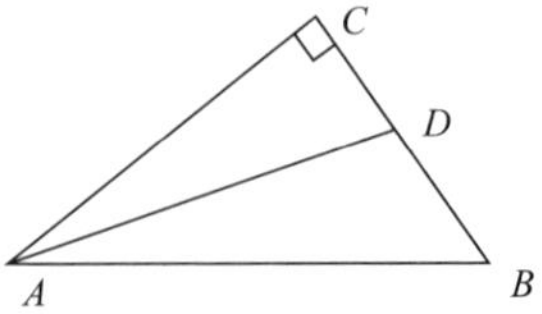

图 14

（2）如图 14 所示，$\triangle ABC$ 中，$\angle C=90°$，AD 平分 $\angle CAB$，$BC=8$，$BD=5$，则点 D 到 AB 的距离是______。

（3）如图 15 所示，$\angle B=\angle C=90°$，E 是 BC 上一点，AE 平分 $\angle BAD$，DE 平分 $\angle ADC$，$AB=5$，$DC=2$。则 $AD=$______。

（4）如图 16 所示，在 $\triangle ABC$ 中，$\angle B=\angle C$，D 为边 BC 的中点，$DE\perp AB$，$DF\perp AC$，垂足为 E，F。求证：点 D 在 $\angle A$ 的平分线上。

选做题

（5）三条公路如图 17 所示，l_2、l_2、l_3，两两相交，要选择一个地点建一座加油站，使加油站到三条公路的距离相等，这样的位置有几种选择（　　）。

A. 1 种　　B. 2 种　　C. 3 种　　D. 4 种

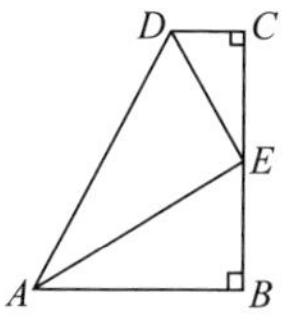

图 15

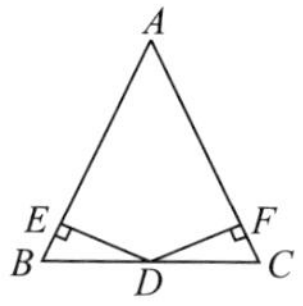

图 16

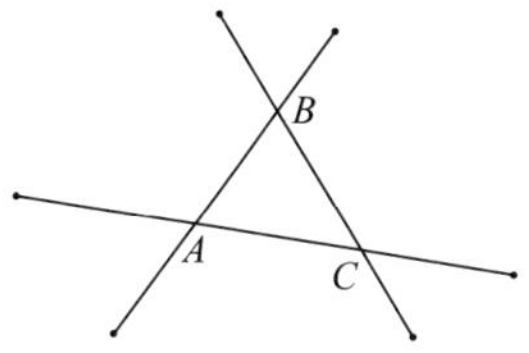

图 17

学生活动：利用 10 分钟独立完成。

教师活动：监管学生独立完成，准时收，及时评判，及时反馈。

拓展作业：将检测 3 进行变式设计，拓展编制个新问题与同学交流。

（设计意图：最后一题为分层题。及时反馈这节课学生学习效果，分层设计让所有学生学有所得，不同层次学生各有提升，为每个学生创造获得成功体验的机会。）

教学反思

本节课在前“测”环节复习了线段垂直平分线的性质，角平分线的定义，为本节新知学习做好铺垫。在“学”的探究过程中，经历了“对折画角的半透明纸片”观察折痕、猜想、探索等实践活动，验证得出角平分线的性质定理及逆定理，培养了学生的动手能力，团结合作能力，以及探究能力。运用全等三角形通过逻辑推理验证角平分线的性质，使学生思维由形象直观过渡到抽象的逻辑演绎，层层展开，步步深入。通过“小组交流、展示、展讲、相互点评”让学生在生动有趣的数学活动中探究新知，体现数学教学主要是数学活动的教学，增强小组合作意识，提高了课堂参率。变式训练培养了学生发散思维能力。在“考”的环节，执行双减政策，采用分层设计习题的方式，A 层完成 1~5 题，B 层完成 1~4 题。让所有学生都有收获，不同的层次的学生得到不同的发展，从而增强了学生学习的信心。自我设计拓展作业可减轻学生学习压力及课业负担，培养学生灵活运用所学新知的能力，培养创新能力。

今后再上这节课，要进一步关注在学生知识的形成过程中存在的困难，关注学生课堂学习的参与程度，有效地帮助他们形成良好的思维品质，进一步提高课堂参与率，提高课堂实效。

《乘法公式（1）——平方差公式》教学案例

鞠春君

教学目标

知识与技能

①会推导平方差公式并理解其几何意义。

②能用平方差公式进行计算。

过程与方法

①经历平方差公式的探究过程，培养学生探索发现、抽象概括能力，渗透模型化思想。

②经历平方差公式的几何解释过程，体会数形结合思想的魅力。

情感、态度与价值观

①体会数学学习充满探索，并在数学学习中获得成功的体验，培养自信心。

②体会小组合作学习的人文关怀，树立团队意识。

教学重点

推导并运用平方差公式进行计算。

教学难点

运用平方差公式进行计算。

学情分析

本节是乘法公式的第一课时，是学生在掌握了幂的运算性质和整式乘法运算的基础上进行的，是对特殊类型的多项式乘法运算的模型化和抽象化的教学。多项式乘法运算，是幂的运算性质的综合运用，通过训练，学生渴望能得到"公式化"的工具。本节的教学既是对整式乘法的提炼与升华，更是对后继教学的引领与铺垫。因此，本节课的教学，既已具备了必要的知识基础，又已迎来了绝佳的教育契机；既有利于满足孩子的心理需求，又能准确地找到知识的生长点，从而激发起学生探究的欲望。

教学过程

一、检测回顾引入

依据多项式乘法法则计算。

① $(x+1)(x-1)$　　② $(2m+n)(2m-n)$

③ $(3-x)(3+x)$　　④ $(a+b)(a-b)$

（设计意图：此环节设计旨在回顾旧知，找准新知生长点，从而顺利导入新课。承前启后，过渡自然。）

二、明确学习目标

（1）会推导平方差公式，并理解其几何意义。

（2）能用平方差公式进行计算。

三、引导自主学习

自学指导：请按下列步骤完成自主学习任务。

1. 将“前测”成果填入空白（只填最终结果）

① $(x+1)(x-1)=$ ______________。

② $(2m+n)(2m-n)=$ ______________。

③ $(3-x)(3+x)=$ ______________。

④ $(a+b)(a-b)=$ ______________。

2. 观察、比较、思考

（1）四个小题中计算的结果只剩下____项。其根本原因是什么？

（2）①、②、③、④小题等式左边有哪些共同特点？

回答：从形式上看，______________。从本质上讲，______________。

（3）①、②、③、④小题等式右边有什么共同特点？

回答：______________________________。

（设计意图：以上三个环节是层层递进的关系，旨在引导学生通过观察比较，发现四个等式左右两边的共同特征，探索平方差公式。这是一个抽象化、模型化的过程。）

3. 总结提升：归纳总结平方差公式

①两数和与这两数差的积等于这两数的______________。

②公式用符号表示为：$(a+b)(a-b)=$ ______________。

四、组织交流展示

（1）小组交流展示。

①组员汇报自学成果，提出问题。②组长梳理并解答组内问题，实现“兵教

兵”。③小组长负责记录组内解决不了的问题。教师巡查各组展示交流进展情况。

（2）全班展示交流：全班交流展示共性问题，教师适时点拨。

（3）拓展交流：师生共同探索平方差公式的几何意义。

如图 1、图 2，将边长为 a 的正方形剪去一个边长为 b 的正方形，则剩余图形的面积为________。将图形沿虚线剪开，再拼成如图 2 的长方形，则长方形的面积为____________，由此可以得到等式______________。

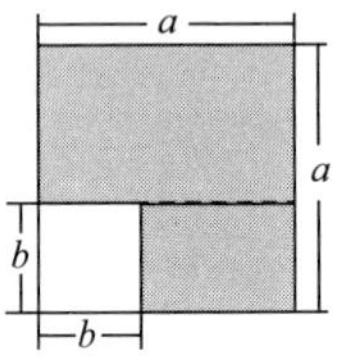

图 1

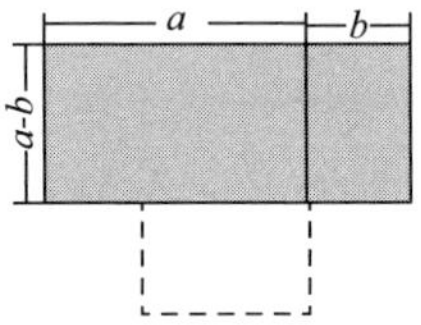

图 2

（设计意图：此环节是在学生充分自学的基础上进行的，是课堂教学的核心。其旨在给学生提供一个展示自学成果，解疑答疑，交流所思所想，心灵交锋的平台。通过交流，学生能够分享成功者的喜悦，解除困惑，增强自信心，提升探索欲望，体验小组合作学习的无穷乐趣，培树团队意识。通过图形的剪拼，学生形象直观地验证了平方差公式的正确性。）

（4）提升训练：根据平方差公式，填写下列表格（表 1）。

（设计意图：通过“比形”，旨在引导学生加深对公式的理解，提升运用公式意识。）

表 1　提升训练

算式	与公式中 a 对应的项	与公式中 b 对应的项	写成“a^2-b^2”的形式	计算结果
$(m+2)(m-2)$				
$(2m+3)(2m-3)$				
$(x+2y)(-x+2y)$				
$(3y-1)(-3y-1)$				

五、师生质疑点拨

1. 质疑答疑

（1）四个等式运算的结果都只剩下两项，出现这种现象的根本原因是什么？

答疑：从表象来看，两个二项式乘积的展开式为四项，但其中两项恰好互为相反数，彼此抵消了。究其根源，是两个二项式存在极其特殊的关系——其中一项完全相同，如 $(2m+3)(2m-3)$ 中的“$2m$”，而另一项互为相反数，如 $(2m+3)(2m-3)$ 中的“$+3$”与“-3”（表 2）。

表 2　二项式乘积展开

算式	与公式中 a 对应的项	与公式中 b 对应的项	写成“a^2-b^2”的形式	计算结果
$(3y-1)(-3y-1)$	$3y$	1	$3y^2-1^2$	$9y^2-1$

（2）观察某同学此表格填充结果是否正确，错在哪里？错因是什么？如何改正。

解疑：①与公式中 a、b 对应的项颠倒，错因在于没有把握公式特征。②$3y$ 是一个整体，运用公式时必须使用括号括起来，正确的结果应该是：$(-1)^2-(3y)^2=1-9y^2$。

2. 例题精析

（1）试做例题（三名同学板演例 1，一名同学板演例 2）。

（2）展讲例题（两名同学展讲，请展讲时突出每步解题依据，特别是强调与公式的“对应”）。

例 1　计算。

①$(2x+y)(2x-y)$　　②$(-5a+3b)(-5a-3b)$　　③$(a-\frac{1}{3}b)(-\frac{1}{3}b-a)$

例 2　用平方差公式计算 101×99。

（设计意图：旨在暴露学生在运用公式过程中存在的问题，从而引发课堂争辩。）

3. 精准点拨

像 $(a-\frac{1}{3}b)(-\frac{1}{3}b-a)$ 这样的算式，是否符合公式特点？如何准确把握与“a”“b”对应的项？

点拨：要抓住本质，不要被表象所迷惑，找准完全相同的项——“$-\frac{1}{3}b$”和互为相反数的项——“a”与“$-a$”，不要被顺序所禁锢。

（设计意图：此环节的预设，紧紧围绕本节课教学重点、难点及易错点，升华点展开，遵循认知的一般规律。预设质疑点主要包括：①公式探究，重在发现等式的左边与左边，右边与右边的“共同特征”——由“例”到“类”。②公式运用，通过“比形”，将公式运用到具体的算式——由“类”到“例”。③强化公式里的“a”“b”的整体性，它既可以代表单独的一个字母，也可以代表一个单项式或多项式。）

4. 针对训练

① $(3a-4b)(-4b-3a)$　　② $(a^2+\frac{1}{2}b^2)(a^2-\frac{1}{2}b^2)$

六、小结回顾目标

我的收获（知识技能、思想方法、情感体验）：________________________

____

七、当堂检测考试

1. 选择题

（1）下列多项式乘法中，可用平方差公式计算的是（　　）。

① $(x+2y)(x-2y)$　　② $(-x+2y)(x-2y)$

③ $(-x+2y)(-x-2y)$　　④ $(x+2y)(2y+x)$

A. ①②　　B. ①③　　C. ②③　　D. ③④

（2）下列计算正确的是（　　）。

A. $(a-3b)(a+3b)=a^2-3b^2$　　B. $(-a-3b)(-a+3b)=-a^2-9b^2$

C. $(a-3b)(3b-a)=a^2-9b^2$　　D. $(-a+3b)(-a-3b)=a^2-9b^2$

2. 计算

（1）$(x+2)(x-2)$　　（2）$(-m-2n)(m-2n)$　　（3）99×101

3. 拓展提升题

（1）计算 $(x^2+9)(x-3)(x+3)$。

（2）观察猜想计算结果：$(2+1)(2^2+1)(2^4+1)(2^8+1)+1=$______。

（设计意图：拓展提升题的设计，旨在给学有余力的同学提供一个探索、拓展、提升的空间。）

教学反思

本节课是对特殊类型多项式乘法运算的模型化和抽象化的教学。课堂遵循三段七步教学模式，突出小组合作机制。从“前测”入手，引入自然。通过观察比较，抽象其共同特征，得到公式，并借助数形结合思想验证。通过“提升训练”，采取“比形”的方式，从形式、本质两个维度提升认知。通过训练展讲，质疑点拨，达到熟练计算的目标。题型设计注重基础，突出重点，瞄准易错点，有层次、梯度，给学有余力的同学留足思维空间，彰显人本理念。整节课上，学生自学深入，研讨热烈，质疑切中要害，教师点拨及时、准确，达到了预期教学效果。

《不等式的基本性质》教学案例

徐宝山

教学目标

①通过观察、对比、归纳、猜想、验证的数学研究方法，探索不等式的基本性质，体会不等式变形和等式变形的区别与联系。

②掌握不等式的基本性质，并能够熟练应用。发展符号表达能力、代数变形能力，培养自主探索与合作交流的能力。

教学重点

掌握不等式的基本性质，并能正确运用将不等式变形。

教学难点

从“形”的角度探索不等式的基本性质和不等式基本性质 3 的运用。

学情分析

不等式的基本性质是学生学习了不等式的概念之后的一节，也是后继学习解一元一次不等式（组）的依据，是现阶段所要学习的重要内容之一，真正起着承前启后的作用。同时学生学习了等式的性质、数轴，已经有了一些研究数学的方法。

教学过程

一、检测回顾引入

请同学们用 3 分钟时间回顾等式的基本性质。(每空 1 分，共 4 分)

等式两边同时________，等式仍然成立；用符号表示为 ________________。

等式两边同时______，等式仍然成立；用符号表示为 ________________。

(设计意图：让学生尽快收心进入学习状态，并为所学新知识形成对比作铺垫。)

导课：对于简单的不等式，我们可以直接得出它们的解集，例如不等式 $x+3>5$ 的解集是 $x>2$，不等式 $2x<6$ 的解集是 $x<3$。但对于比较复杂的不等式，如 $\frac{5x+1}{6}-$

$2>\frac{x-5}{4}$，就不容易直接得出它的解集。同解方程需要依据等式的性质一样，解不等式也需要依据不等式的性质，这节课我们来看看不等式有什么性质？（板书：10.2 不等式的基本性质。）

（设计意图：激发学生的学习兴趣。）

二、明确学习目标

（1）能根据问题中的大小关系了解并探索不等式的性质。

（2）理解并掌握不等式的性质。

（3）体会等式与不等式的异同。

（设计意图：使学生明确自己的学习任务。）

三、自学指导 1

用 3 分钟认真自学教材 120 页一起探究，独立自学后交流不会的问题。

四、组织交流展示 1

总结：不等式的基本性质 1。不等式的两边都____________，不等号的方向不变。即：如果 $a>b$，那么 $a\pm c>a\pm b$。

五、师生质疑点拨 1

你能举例说明它是正确的吗？

（设计意图：借助数轴，利用数与点的对应关系以及平移后点与点之间的关系，引导学生探究、归纳出不等式的基本性质 1，从“形”的角度探索不等式基本性质 1。）

六、自学指导 2

试做下列问题：根据 8>3，用“>”或“<”填空。

8×2______3×2；　　$8\times(-2)$ ______$3\times(-2)$；

$8\times\frac{1}{2}$ ______$3\times\frac{1}{2}$；　　$8\times(-\frac{1}{2})$ ______$3\times(-\frac{1}{2})$；

8×0.01______3×0.01；　　$8\times(-0.01)$ ______$3\times(-0.01)$。

从以上计算你能发现什么？可以得到什么结论？

七、组织交流展示 2

不等式的基本性质 2。不等式的两边都乘以（或除以）同一个正数，不等号的方向______。即：如果 $a>b$，且 $c>0$，那么 $ac>bc$。

不等式的基本性质 3。不等式的两边都乘以（或除以）同一个负数，不等号的方向______。即：如果 $a>b$，且 $c<0$，那么 $ac<bc$。

八、师生质疑点拨 2

同学们还有什么纠正或补充吗？

（设计意图：类比等式的基本性质，研究不等式的性质，让学生体会数学思想方法中类比思想的应用，在合作交流中完成任务，体会合作学习的乐趣。）

1. 随堂练习

（1）如果 $a<b$，请用“>”或“<”填空。

①$a-2$____$b-2$；②$3a$____$3b$；③$a+c$____$b+c$；④$-a$____$-b$。

（2）判断正误

①如果 $a>b$，那么 $ac>bc$；$\frac{a}{c}>\frac{b}{c}$；$a|c^2|>b|c^2|$；$a(c^2+1)>b(c^2+1)$；$c-a>c-b$；$a-b>0$。

②$\because 5>4$，$\therefore 5a>4a$。

（3）根据下列条件，说出 a 与 b 的不等关系，并说出是根据不等式的哪一个性质？

$a-3>b-3$；$-\frac{a}{2}>-\frac{b}{2}$；$-4a>-4b$；$-2a-4>-2b-4$；$am<bm$（$m<0$）；$am^2<bm^2$；$(m^2+1)a<(m^2+1)b$。

（设计意图：巩固不等式的基本性质，发展学生的思维，能熟练应用不等式基本性质。）

2. 例 根据不等式的基本性质，把下列不等式化成 $x>a$ 或 $x<a$ 的形式。

$x-l>2$；$2x<x+2$；$\frac{1}{3}x<4$；$-5x>20$。

（设计意图：巩固不等式的基本性质，能熟练应用不等式基本性质。）

3. 巩固练习

把下列不等式化成 $x>a$ 或 $x<a$ 的形式。

$x+3<-2$；$9x>8x+1$；$\frac{1}{3}x>-6$；$-10x<-5$。

（设计意图：检测例题学习成果，巩固不等式的基本性质。）

4. 质疑

应用今天所学知识，你能给同学出一道题吗？（预设）如果 $a>b$，你能说出 ac 与 bc 谁大谁小吗？

九、小结回顾目标

（1）等式的性质有两条，它们表示了等式两边进行同样的加（减）乘（除）运算时相等关系不变。

（2）不等式的性质有三条，它们表示了不等式两边进行同样的加（减）乘（除）运算时大小关系有时改变，有时不变。

（3）对于乘（除）法运算，不等式性质分乘（除）数的正、负分别论述，两者的结果不同。

（设计意图：培养学生归纳，总结的习惯，让学生自主构建知识体系，是进一步学习方式。）

十、当堂检测考试（时间 10 分钟，1 题 2 分，2、3 每题 1 分，4 题 6 分，共 10 分）。

（1）若 $a<b$，则下列不等式中不成立的是（　　）。

A. $a+5<b+5$　　B. $5a<5b$　　C. $-\frac{a}{2}>-\frac{b}{2}$　　D. $-5a<-5b$

（2）如果 $a+3>b+3$，那么 a______b。

（3）如果 $-3a>-3b$，那么 a______b。

（4）将下列不等式化为“$x<a$”或“$x>a$”的形式。

$x-5<9$；$6x<4x-21$；$-2x-3<4$。

（设计意图：独立、限时完成检测，教师及时评阅，迅速反馈，目的及时辅导。）

教学反思

本节课我采用“测-学-考”三段七步课堂教学模式，开始通过检测回顾旧知识——等式的性质，然后切入新知识的学习，出示学习目标，使学生有兴趣快速进入学习状态，为学习新知识做好准备。在这一环节上，较为成功。

自主学习部分借助数轴及类比等式的基本性质，研究不等式的性质，让学生体会数学思想方法中类比思想的应用，并训练学生从类比到猜想再到验证的研究数学问题的方法，体会合作学习的乐趣。在这个环节上，引导学生探究时间不紧凑，而且应给学生留有记忆时间。

随堂练习的设计上，三道练习以别开生面的形式出现，给学生一个充分展示自我的舞台，在情感和一般能力方面都得到充分发展，并从中了解数学的价值，增进了对数学的理解。在这一环节，课堂达到了高潮，但让学生质疑辩论的时候有点耽误时间。

总结回顾反思，是进一步学习方式，有利于培养归纳，总结的习惯，让学生自主构建知识体系，是不可缺少的重要环节。

本节课，重点突出，难点得以突破，在教学过程中，学生参与的积极性较高，课堂气氛活跃，基本上达到了教学目标。

《等腰三角形》教学设计

王　云

教学目标

知识与技能

①了解等腰三角形的概念。

②探索并掌握等腰三角形的性质。

③运用等腰三角形的性质进行证明和计算。

过程与方法

能结合具体情境发现并提出问题，逐步具有观察、猜想、推理、归纳和合作学习能力。

让学生通过自主探索，运用逻辑推理的方法证明等腰三角形的性质，并体会感性认识和理性认识的区别与联系。

情感、态度与价值观

经历探索、展示等腰三角形的性质的过程，增强学生的自信心及表达能力。

通过创设问题情境，激发学生自主探求的热情和积极参与的意识；通过合作交流，培养学生团结协作、乐于助人的品质。

教学重点

探索并掌握等腰三角形的性质及应用。

教学难点

等腰三角形性质的证明和理解。

教学方法

直观演示法、自主探索交流法、讲授法。

学情分析

初中阶段的学生逻辑思维从经验型逐步向理论型发展，观察能力，记忆能力和想象能力也随着迅速发展。而初中二年级学生抽象思维趋于成熟，直观形象思维能力较强，具备了一定的独立思考、实验操作、合作交流和归纳概括等能力，能进行简单的推理论证。从认知状况来说，学生在此之前已经学习了轴对称图形，对线段的垂直平分线已经有了初步的认识，这为顺利完成本节课的教学任务打下了基础，所以教学中应具体生动，深入浅出的让学生发现知识。

教学过程

一、检测回顾引入

已知：如图1所示，$\triangle ABC$中，$AB=AC$，$AD\perp BC$，

求证：$\triangle ABD\cong\triangle ACD$。

$\triangle ABC$是轴对称图形吗？如果是，请指出对称轴。

$\triangle ABC$是我们学过的哪种特殊的三角形？学生回答：等腰三角形；这就是我们这节课要学习的内容：等腰三角形。

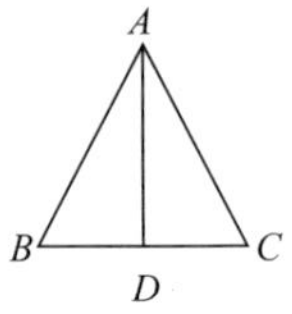

图1

（设计意图：一是为了让学生尽快进入学习状态；二是为了复习巩固旧知，为新知做准备，同时利用检测题自然的引入新课，板书课题。）

二、明确学习目标

（1）了解等腰三角形的概念。

（2）探索并掌握等腰三角形的性质。

（3）运用等腰三角形的性质进行证明和计算。

（设计意图：通过目标的展示让学生清楚地知道本节课他要达到的目标，听课有方向。）

三、引导自主学习

把一张长方形的纸片按图2中虚线对折，并剪去阴影部分，再把它展开。

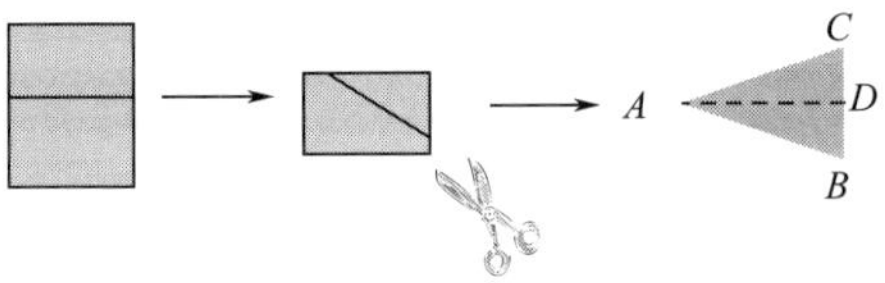

图2

思考问题：

①观察所剪得的三角形有什么特点？

②看一看我们得到的三角形是不是等腰三角形？从哪看出来的？

③把剪出的等腰三角形ABC沿折痕对折，你认为它是轴对称图形吗？如果是，对称轴是哪条直线？

④你能猜一猜等腰三角形的性质吗？说说你的猜想。

⑤你能证明你的猜想吗？

（设计意图：让学生通过动手操作-观察思考-猜想-验证这样一个完整的过程，意在培养学生的几何思维。同时动手剪三角形不仅可以培养学生的兴趣，还可以增加学生的直观经验的积累。大胆的猜想、验证引发学生思考，这都是培养学生学习数学的手段，还能提升学生的数学能力。）

四、小组交流展示

（1）怎样证明$\angle B=\angle C$独立完成后，小组讨论各自的证明方法。

你能用完整的文字语言叙述一下上述的结论吗？

（2）其余相等的角和边怎样证明？

$BD=CD$

（3）两个三角形全等你还能得出什么？

顶角平分线、底边中线、底边高和对称轴在一条直线上，也就是顶角平分线、底边中线、底边高重合（三线合一）。

（4）三线指的是什么？

①一组展示。

已知：在$\triangle ABC$中（图3），$AB=AC$。

求证：$\angle B=\angle C$。

证明：作$\angle A$的平分线AD。

在$\triangle ABD$和$\triangle ACD$中：

$\because AB=AC$；

$\angle 1=\angle 2$；

$AD=AD$，

$\therefore \triangle ABD\cong\triangle ACD$。

$\therefore \angle B=\angle C$。

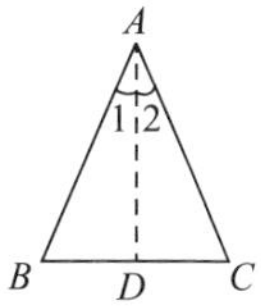

图3

总结：等腰三角形的性质定理1：等腰三角形的两个底角相等（简称“等边对等角”）。

②二组展示。

已知：在$\triangle ABC$中（图4），$AB=AC$。

求证：$\angle B=\angle C$。

证明：作BC边的中线AD。

在$\triangle ABD$和$\triangle ACD$中：

$\because AB=AC$；

$BD=CD$；

$AD=AD$，

$\therefore \triangle ABD\cong\triangle ACD$。

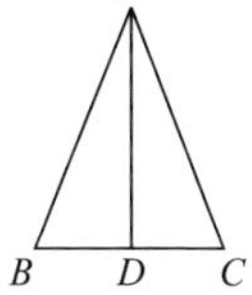

图4

∴ $\angle B=\angle C$。

总结：等腰三角形的性质定理1：等腰三角形的两个底角相等（简称“等边对等角”）。

③三组展示。

通过$\triangle ABD\cong\triangle ACD$我们可以发现做角平分线可以得出$BD=CD$，$AD$垂直于$BC$；而做中线可以得出$AD$平分顶角，同时也可以得出$AD$垂直于$BC$；所以我们组得出等腰三角形的顶角平分线、底边中线、底边上的高重合。

④四组总结等腰三角形的性质。

等腰三角形的性质定理1：等腰三角形的两个底角相等（简称“等边对等角”）。

∵ 在$\triangle ABC$中，$AB=AC$，

∴ $\angle B=\angle C$。（等边对等角。）

等腰三角形的性质定理2：等腰三角形的顶角平分线、底边中线、底边上的高重合（简称“三线合一”）。

∵ $AB=AC$；$\angle 1=\angle 2$，

∴ $BD=CD$，$\angle BDA=\angle CDA=90°$。（等腰三角形三线合一。）（只写出了一个。）

（设计意图：学生通过自主学习进行了独立思考，在此基础上进行合作交流，培养学生的语言表达能力。通过学生之间的交流，让会的学生的思路更清晰，同时对不明白的同学给予帮助，达到了事半功倍的目的。学生的展示不仅能增加学生学习数学的兴趣，同时对学生是一个挑战，对他各方面的能力都有很高的要求，所以每个学生都会进行精心的准备，不自觉就提升了他们对数学的学习兴趣。）

五、师生质疑点拨

（1）请同学们思考等腰三角形的性质还有其他的证明方法吗？

（2）已知：在$\triangle ABC$中（图5），$AB=AC=BC$。

求证：$\angle A=\angle B=\angle C$。

你能总结等边三角形的性质吗？

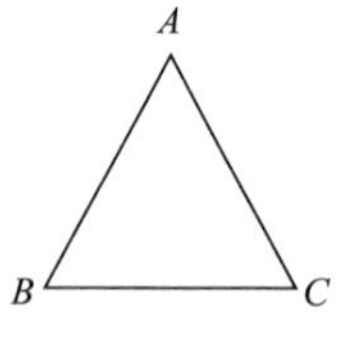

图5

（3）你能完成下面的题吗？

已知：如图6所示，在$\triangle ABC$中，$AB=AC$，BD，CE分别为$\angle ABC$，$\angle ACB$的平分线。求证：$BD=CE$。

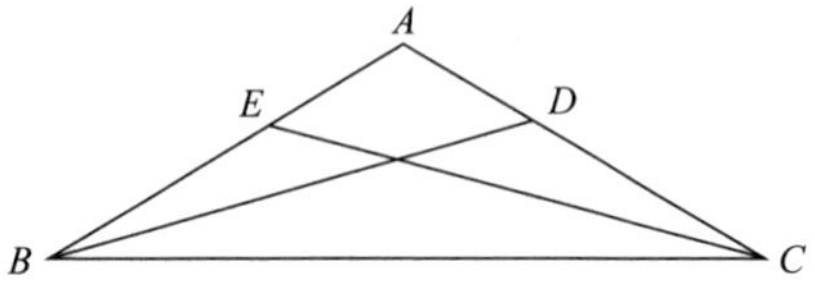

图6

（设计意图：培养学生方法的优选习惯，同时也引起学生进行思考，把课堂引入另一个高潮。学生通过对二题和三题的思考，不仅复习了性质同时培养了应用知识的能力，还引出等边三角形的定义和性质，提高了分析问题、推理说明和逻辑思维能力。）

六、小结回顾与反思

1. 知识点的总结

①等边对等角。

②三线合一。

2. 数学方法的总结

在学习中，学会从多个角度思考问题，尝试用多样化的方法解决问题，培养思维的灵活性。

（设计意图：通过小结是让学生快速的对所学知识进行回顾和总结，使知识自然归类，形成系统化。同时能让学生根据目标检查自己的学习效果，了解到学生还有哪些不清楚的地方，以便在加以强调补充。）

七、当堂检测考试（时间 10 分钟）

（1）如图 7 所示，$\triangle ABC$ 中，$AB=AC$，$\angle B=36°$，则 $\angle C=$________，$\angle A=$________。

（2）如图 8 所示，$\triangle ABC$ 中，$AB=AC$，$BC=4$ cm，$\angle BAC=50°$，$AD\perp BC$，则 $\angle BAD=\angle$________$=$________，$BD=$________cm。

图 7

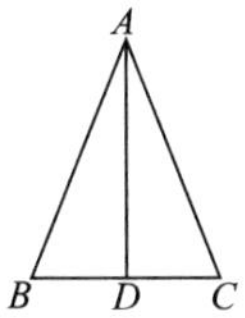

图 8

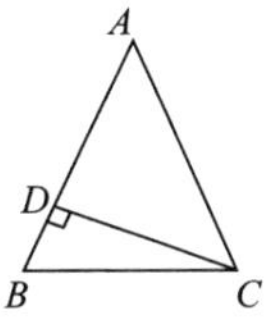

图 9

（3）如图 9 所示，在等腰三角形 ABC 中，$AB=AC$，$CD\perp AB$，$\angle C=70°$，求 $\angle ACD$ 的度数。

选做题

（4）如果等腰三角形的一个内角为 50°，那么其他两个内角为（　　）。

A. 50°，80°　　B. 65°，65°

C. 50°，65°　　D. 50°，80°或 65°，65°

（5）如图 10 所示，$\angle CAE$ 是 $\triangle ABC$ 的外角，$AB=AC$，$AD\parallel BC$。求证：$\angle 1=\angle 2$。

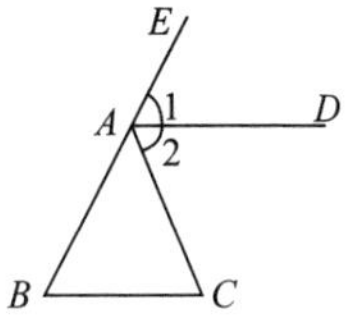

图 10

（设计意图：限时，独立，赋分。一是培养学生独立学习的习惯，同时还要有时间观念；二是检查本节课所学的内容学生的掌握情况，根据得分情况适当调节下节课的授课内容。提升孩子们运用分类讨论思想解决问题的能力。）

教学反思

本节课主要通过学生“动手操作-观察-猜想-验证-总结归纳-应用”这样的数学学习方法完成了等腰三角形性质的探究与应用。教学过程通过小组合作交流，展示，质疑答疑环节，突出重点，突破难点。并且通过学生的操作激发学生的兴趣，很快进入学习状态。再通过对折进行观察使课堂进入了高潮，紧紧抓住了学生的心，在这个过程中不仅达成了目标，而且培养了学生学习数学的能力。

《等式的基本性质》教学案例

张瑞国

教学目标

知识与技能

①理解并掌握等式的基本性质。

②理解方程是等式，能根据等式的基本性质求一元一次方程的解。

③理解移项法则并会运用。

过程与方法

借助天平从直观角度认识，同时还可以用具体的数字等式来验证。

情感、态度与价值观

积极参与数学活动，体验等式基本性质探索过程的挑战性和数学结论的确定性。

教学重点

等式的基本性质的理解与运用。

教学难点

等式的基本性质的应用。

学情分析

本节课是在学习了一元一次方程后引出的，通过理解并掌握等式的基本性质，得出移项这一解方程的基本步骤，为以后解方程做好准备。学生在小学对等式的基本性质已有一定的理解，在此基础上通过一起探究天平平衡原理，达到更深入的掌握这一性质。

一、检测回顾引入

1. 检测回顾（时间 3 分钟）

（1）下列方程中，是一元一次方程的是（　　）。

A. $x+y=1$　　B. $x^2=2$　　C. $2x+4=0$　　D. $\frac{1}{y}+x=0$

（2）下列方程中，解为 $x=2$ 的是（　　）。

A. $x-1=3$　　B. $3x+1=2x+2$　　C. $2x-4=0$　　D. $\frac{1}{2}x+2=4$

（设计意图：复习回顾上节课一元一次方程和方程的解的概念。）

2. 情境引入

“方程 $2x-4=0$ 的解 $x=2$ 是如何求得的？引出课题，教师板书《5.2 等式的基本性质》。

二、明确学习目标（找学生读目标）

（1）知道等式的基本性质。

（2）会用等式的基本性质求一元一次方程的解。

三、引导自主学习 1

自学课本第 149 页一起探究。

思考下列问题：①要使天平平衡该怎么增减砝码？每人最少找出 5 种方法。

②归纳使天平保持平衡做法？

自学提示：一人记录交流结果，组长总结归纳，看哪组最先完成。

四、组织交流展示 1

学生活动：找最先完成的同学侧黑板画图展讲。

学生展示 1：学生利用贴纸展示如何保持天平平衡，如何添加砝码。

老师追问 1：要使天平保持平衡应该怎么做？

学生思考总结：天平两边增加或减少等量的砝码。

老师追问 2：类比天平平衡原理，一个等式要保持等式成立，该怎么做？

学生展示 2：在等式两边同时加上或者减去相同的数。

老师点拨补充：教师强调理解等式的基本性质要注意“两同一不”，不止在等式两边加或者减同一个数，同一个等式也可以，另外除数不能为 0。

得等式的基本性质：如果 $a=b$，那么 $a\pm c=b\pm c$；如果 $a=b$，那么 $ac=bc$，如果 $a=b$（$c\neq0$），那么 $\frac{a}{c}=\frac{b}{c}$。

（设计意图：通过天平平衡原理理解等式的基本性质。结合天平，体会利用等式的基本性质求解方程。）

五、师生质疑点拨 1

已知等式 $a=b$，判断下列等式是否成立。

①$2a-1=2b-1$　　② $a+b=0$　　③$am=bm$　　④$\frac{a}{m}=\frac{b}{m}$

在跟踪练习一题中，已知等式 $a=b$，判断 $\frac{a}{m}=\frac{b}{m}$ 是否成立时：

老师提问：这个等式是否成立？理由是什么？

学生回答：不成立，因为没有强调 $m\neq0$。

老师追问：如果这个问题反过来，等式 $a=b$ 成立吗？

学生讨论后回答：这种情况下是成立的，是在等式两边同时乘以 m。

教师点拨：当作为条件时，分母 m 已经隐含不等于 0 的条件，在结论时必须强调 m 不等于 0。

（设计意图：通过合作交流展示，学生利用身边熟悉的天平的平衡原理，理解等式的基本性质的得出，培养学生的数学思维和归纳能力，并体会生活中的数学知识。）

六、引导自主学习 2

自学课本第 149~150 页游戏二。

自学要求：通过观察天平变化理解方程 $3x+1=x+5$ 是如何求解的？

七、组织交流展示 2

课件展示天平的变化过程，体会求出方程的解，$x=a$ 的形式。

试做例题，解方程：$x+3=8$（教师板书）；$2x-4=0$（学生口述，教师板书）

八、师生质疑点拨 2

（1）跟踪训练。利用等式的性质解方程：（找学生板演，完成后互评，教师点评）

①$3x-2=1$　　　　②$4x-4=3x$

（2）结合 $x+3=8$ 解法，理解并掌握移项法则。

（3）移项归纳：在解方程的过程中，等号的两边加上（或减去）方程中某一项的变形中，相当于将这一项________后，从等号的一边移到另一边。这种变形过程叫作________。

在归纳移项概念时：

老师提问：移项要注意什么问题？

学生回答：移项要变号。

老师追问：不移动的项怎么办？

教师点拨总结：移项要变号，不移动的项连同前面符号留在原处。

（设计意图：老师设计变式跟踪训练题，进一步提升学生思维，加深对等式的基本性质的理解与熟练运用。）

九、小结回顾目标（学生总结本节收获）

通过本节课的学习，我知道了等式的基本性质及会用等式的基本性质求一元一次方程的解，并且理解了移项的概念。同时借助生活中的常识能帮助我们理解数学问题，我们学好数学也能解决生活中的问题。

十、当堂检测考试（共10分）

（1）在等式 $7x=6x+1$ 的两边__________得到等式 $x=1$，这是根据________________。

（2）下列等式变形错误的是（　　）。

A. 由 $a=b$ 得 $a+5=b+5$　　　B. 由 $a=b$ 得 $\frac{a}{-6}=\frac{b}{-9}$

C. 由 $x+2=y+2$ 得 $x=y$　　　D. 由 $mx=-my$ 得 $x=-y$

（3）利用等式的性质，解下列方程。

①$2x-5=1$　　　②$4x+3=15$

选做题

（4）要把等式（$m-4$）$x=a$ 化成 $x=\frac{a}{m-4}$，m 必须满足什么条件？

教学反思

本节课教学中，学生充分利用原有的知识，探索、验证，从而获得新知，给每个学生提供思考、表现、创造的机会，使他成为知识的发现者、创造者，培养学生自我探究和实践能力。首先从复习旧知引起学生的认知冲突，引出学习的必要性，每个环节安排突出问题的设计，通过创设问题情境激发学生的学习兴趣，从而使学生主动参与学习中来。另外，教学突出对等式的性质的理解和应用。实验展示、观察图形、语言叙述字母表示、初步应用等都是为了使学生理解性质。在解方程过程中，要求学生说明每一步的变形依据，为后面利用移项解方程打下基础。

《直线与圆的位置关系》教学案例

王雪峰

教学目标

知识与技能

理解直线与圆的三种位置关系；能根据公共点个数和 d 与 r 的数量关系判断直线与圆的位置关系。

过程与方法

经历直线与圆的位置关系的探索过程；了解直线与圆三种位置关系与数量关系的相互转化思想和数形结合思想，发展抽象思维能力。

情感、态度与价值观

体验解决问题策略的多样性，学会与人合作，并能与他人交流思维的过程和结果。

教学重点

利用圆心到直线的距离 d 与半径 r 之间的数量关系判断直线与圆的位置关系。

教学难点

直线与圆的三种位置关系及与之等价的数量关系。

学情分析

上节课学习了点和圆的位置关系，这节课继续研究直线和圆的位置关系，用类比的方法进行教学，知识跨度不是很大。初中三年级学生思维缜密，有一定的知识储备，所以本节课以问题为载体，让学生利用已有的知识，利用小组合作学习，探究直线与圆的位置关系。通过学生参与问题的解决，让学生体验有关的数学思想，培养"数形结合"的意识。通过小组交流，让学生学会倾听别人的想法，获取解决问题的不同方法，体验学习的乐趣。

教学过程

一、检测回顾引入（共 5 分，时间 3 分钟）

（1）$\odot O$ 的半径 6 cm，当 $OP=6$ 时，点 P 在______；当 OP ______时，点 P 在

圆内；当 OP ______时，点 P 在圆外。

（2）在 $\triangle ABC$ 中，$\angle C=90°$，$AC=3$，$BC=4$，CM 是中线，以 C 为圆心，3 cm 长为半径画圆，则 A、B、M 三点在圆内的有____________。

（老师活动：计时，对答案，根据学生得分情况处理前测题，引课。）

（设计意图：复习点与圆的位置关系，将“点”延伸到“线”，易于学生理解。）

二、明确学习目标

（1）掌握直线与圆的三种位置关系。

（2）能利用公共点个数和 d 与 r 的数量关系两种方法判断直线与圆的位置关系。

三、引导自主学习

探究：直线与圆有几种位置关系？对应的数量关系又是怎么样的？请完成表 1。

表 1　直线与圆的位置关系

图形	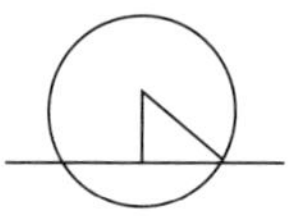	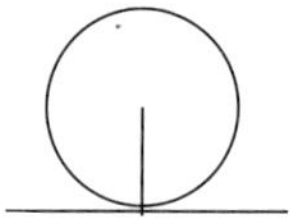	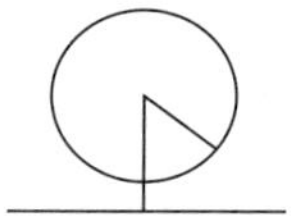
直线与圆的位置关系			
公共点的个数			
d 与半径 r 的关系			
公共点的名称			
直线名称			

（设计意图：设计开放性问题，让学生根据观察日出过程、身边实物、动手操作、动笔画图等大胆猜想，验证自己的想法，得出结论。用任务驱动，提高学生完成问题的积极性。）

四、组织交流展示

学生活动：组内交流答案，说出自己得出结论的不同方法，准备展讲。

学生展示 1：把填好内容的表格在展台上展示，并讲解探究直线与圆的位置关系方法。

老师追问 1：直线不动，圆从下往上运动过程中，依次得到的位置关系是什么？

学生展示 2：位置关系依次是：相离、相切、相交、相切、相离。

老师追问 2：如果让圆不动，直线从上往下运动，直线和圆的位置关系又是怎么样呢？

学生展示3：学生拿胶带圈当圆，直尺的一边当直线演示运动过程，得出相同的结论。

老师点拨：圆是轴对称图形，从相对运动观点看，直线和圆的位置关系有三种。用直线与圆的三种位置关系对应的公共点个数及数量关系，完成下面跟踪练习。

（1）已知圆的直径为13 cm，设直线和圆心的距离为 d：若 $d=4.5$ cm，则直线与圆______，直线与圆有______个公共点；若 $d=6.5$ cm，则直线与圆______，直线与圆有______个公共点；若 $d=8$ cm，则直线与圆______，直线与圆有______个公共点。

（2）已知⊙O 的半径为5 cm，圆心 O 与直线 AB 的距离为 d，根据条件填写 d 的范围：若 AB 和⊙O 相离，则______；若 AB 和⊙O 相切，则________；若 AB 和⊙O 相交，则________。

（3）直线 L 和⊙O 有公共点，则直线 L 与⊙O 的位置关系是___________。

（设计意图：通过合作交流展示，学生能系统、透彻掌握知识；通过训练，学生会由数量关系判断位置关系，反过来会由位置关系得出数量关系，培养学生的逆向思维能力。）

五、师生质疑点拨

老师质疑：用数量关系判断位置关系时，解决问题的关键是什么？请同学们试做例题。

例：如图1所示，在Rt△ABC 中，$\angle C=90°$，$AC=3$ cm，$BC=4$ cm，以 C 为圆心，2 cm，2.4 cm，3 cm 为半径画⊙C，斜边 AB 分别与⊙C 有怎样的位置关系？为什么？

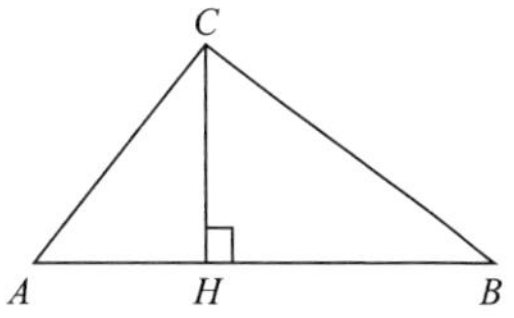

图1

学生活动1：学生展讲不同的解题思路。

老师追问：这道题的解题关键是什么？

老师点拨：如果题中给出 d 和 r 的值，直接比较大小就能得出结论；如果没给圆心到直线的距离 d，辅助线做法是作出 d，求出 d 的值，跟 r 进行比较。总结方法：作、求、比。

学生活动2：各组3号侧黑板板书展示解题过程，2号检查评判。

老师展示标准答案，学生订正步骤。

解：过点 C 作 $CH\perp AB$ 于点 H。在Rt△ABC 中，$\angle C=90°$，$AC=3$，$BC=4$，所以 $AB=5$。

由等面积发得 $AB\times CH=AC\times BC$，即 $5CH=3\times4$，得 $CH=2.4$。即圆心到直线的距离 $d=2.4$。

当 $r=2$ cm 时，$d>r$，斜边 AB 与⊙C 相离；当 $r=2.4$ cm 时，$d=r$，斜边 AB 与⊙C 相切；当 $r=3$ cm 时，$d<r$，斜边 AB 与⊙C 相交。

请同学们完成变式训练：在 Rt△ABC 中，$\angle C=90°$，$AC=3$ cm，$BC=4$ cm，若以点 C 为圆心，r 为半径的圆与斜边 AB 只有一个公共点，求 r 的取值范围？

学生活动：充分思考，小组交流，积极把自己答案在班级分享。

老师点拨：此题中以 r 为半径的圆与斜边 AB 只有一个公共点，此时要注意相切和相交两种情形，由于相交有两个交点，但受线段 AB 的限制，也有可能只有一个交点，用几何画板演示后让学生自主解答，需提示学生在几个关键点的取舍。

解：（1）当 $r=2.4$ 时，⊙C 与边 AB 相切，有一个公共点。

（2）当 $3<r\leqslant4$ 时，⊙C 与边 AB 相交但只有一个公共点。

（设计意图：老师设计变式跟踪训练题，进一步提升学生思维。）

六、小结回顾目标

（1）直线和圆的位置关系有三种：相离、相切、相交。

（2）判断直线和圆位置关系的方法有两种：一是用公共点个数，二是用圆心到直线的距离 d 与半径 r 的关系。$d>r$ 时直线与圆相离，$d=r$ 时直线与圆相切，$d<r$ 时直线与圆相交，反之成立。

七、当堂检测考试（共 10 分，时间 8 分钟）

（1）已知⊙O 的直径是 10 cm，点 O 到直线 L 的距离为 d。若 L 与⊙O 相切，则 $d=$______；若 $d=4$ cm，则 L 与⊙O 的位置关系是______。

（2）已知⊙O 的半径为 r，点 O 到直线 L 的距离为 5 cm。若 r 大于 5 cm，则 L 与⊙O 的位置关系是________；若 r 等于 2 cm，则 L 与⊙O 有______个公共点。

（3）在直角三角形 ABC 中，$\angle C=90°$，$AC=6$ cm，$BC=8$ cm，以 C 为圆心，r 为半径作圆，当 $r=2$ cm，⊙C 与 AB 位置关系是______；当 $r=4.8$ cm，⊙C 与 AB 位置关系是________；当 $r=5$ cm，⊙C 与 AB 位置关系是________。

（4）直角三角形 ABC 中，$\angle C=90°$，$AB=10$，$AC=6$，以 C 为圆心作⊙C 与 AB 相切，则⊙C 的半径为（　　）。

A. 8　　　B. 4　　　C. 9.6　　　D. 4.8

（5）如图 2 所示，已知 Rt△ABC 的斜边 $AB=8$ cm，$AC=4$ cm。

①以点 C 为圆心作圆，当半径为多长时，AB 所在直线与⊙C 相切？

②以点 C 为圆心，分别以 2 cm 和 4 cm 为半径作两个圆，这两个圆与线段 AB 有几个交点？

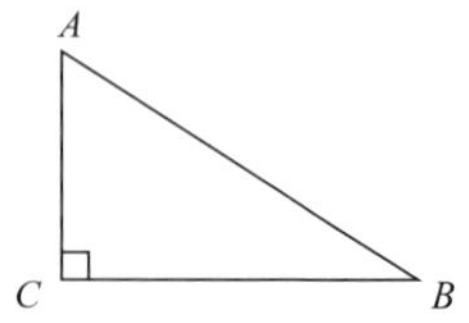

图 2

（设计意图：最后一题为分层题。了解学生学习效果，分层设计，让不同层次学生有不同收获。）

教学反思

温故而知新，在第一段“测”中，复习上节课点与圆的位置关系和直角三角形的有关知识，为本节课例题及变式练习奠定基础。新课程理念提倡“把课堂还给学生，让课堂充满生命活力”，让学生真正“动起来”。在“学”的探究部分，我设计开放式问题让学生探究直线与圆的位置关系，学生可以自学教材看日出过程，也可以利用手中直尺的边缘当直线，胶带内环当圆，用相对运动观点进行探究，还可以类比点与圆的位置关系动手画图探究，让学生思维活跃起来。对于例题，我设计了变式练习，培养学生仔细审题能力，拓展学生思维。积极执行双减政策，在“考”的环节，我采用分层设计习题的方式，A 层完成 1~5 题，B 层完成 1~4 题，让所有学生都有收获，不同的学生得到不同的发展。今后再教本节课，多关注学生的参与程度。看学生的思维是否活跃，关键是学生所回答的问题、提出的问题，是否建立在一定的思维层次上，是否会引起其他学生的积极思考。

《二次函数的最值》课堂实录

宋广丹

师：上课，同学们好！

生：喊班级口号：策马扬鞭，奋战每天，决胜中考，六月梦圆。老师好！

师：我们学习了二次函数图像的性质（提前写在黑板上），今天复习二次函数的最值。

这节课的学习目标是：会利用二次函数图像的性质求最值（课件展示）。

对这节课的中考分析：（课件展示）

（1）中考要求：能利用二次函数图像的性质，求函数的最值。

（2）中考题型：选择题、填空题、解答题。

（3）中考难度：偏难题，2~4 分。

（4）中考情况：必考。

一、检测回顾引入

师：请同学们用 3 分钟时间完成学案中的课前检测题

（1）抛物线 $y=-2(x-3)^2+5$，开口______，对称轴是______，顶点坐标是______，当 $x=$______时，函数有最大值______，当 $x>3$ 时，y 随 x 的增大而______。

（2）抛物线 $y=x^2+4x+5$，开口______，对称轴是______，当 $x=$______时，函数有最小值______。在对称轴左侧，y 随 x 的增大而______，在对称轴右侧，y 随 x 的增大而______。

生：独立完成。

师：巡视，巡判，了解做题情况。

师：时间到，找同学说答案，其他学生纠错，改错，老师统计得分情况。

师（引课）：当自变量的取值范围是全体实数时，利用二次函数图像的性质求得最大值或最小值（课件），如果自变量的取值范围是一个区间，怎样求它的最大值和最小值呢？

（设计意图：以题带动知识点复习二次函数的图像和性质，前测的两道题都是在自变量取值范围是全体实数时，求函数的最大值或者最小值，顺理成章设疑引课，如果自变量的取值范围不是全体实数，而是一个区间，该如何求最值呢？引入本节课重点内容，激发学生学习热情。）

二、明确学习目标

会求二次函数的区间最值。

三、引导自主学习

请同学们完成学案中的典型例题，做的快的同学完成跟踪训练（习题分层）。

1. 典型例题

已知二次函数 $y=x^2+4x+5$：

（1）当 $-3\leqslant x\leqslant 1$ 时，y 的最小值是______，最大值是______。

（2）当 $-4\leqslant x\leqslant -3$ 时，y 的最小值是 ______。

（3）当 $0\leqslant x\leqslant 5$ 时，当 $x=$______时，y 有最小值；当 $x=$______时，y 有最大值。

2. 跟踪训练

已知二次函数 $y=-3(x+1)^2-2$，当 $1\leqslant x\leqslant 10$ 时，当 $x=$______时，y 有最小值；当 $x=$______时，y 有最大值。

师：同学们先独立完成，完成后在三人分小组内交流答案。

师：巡判，了解小组完成情况。发现只有 7（1）组，8（2）组不能在组内解决问题，派两名同学分别负责 7（1）组和 8 组（2），帮助完成。

（设计意图：课堂中对学生进行分层管理，能学生解决的问题就交给学生，哪层学生需要解决什么问题，就有针对性的解决，不浪费学生的时间，提高课堂效率。对不会做题的学生，利用“优兵教弱兵”策略，既能让“弱兵”学会，又让“优兵”对该题解题思路更加清晰，增强了学习数学的自信心与积极性。）

四、组织交流展示

学生活动：组内交流二次函数区间求最值的方法。

师：对答案，找做错题的学生讲自己错的题。

生 1：前黑板展讲（1）中自己错的第一个空——求最小值，讲正确。

师追问：最大值怎么求？请讲第二个空。

生 1：用图像法，但是同学们发现图像画错了，老师给机会改。

师点播：画草图，只需画抛物线及对称轴即可，不必画出坐标轴。

师质疑：自变量的取值区间是什么？画图像表示。生 1 画错。

生 2：助讲。在图像上找对区间，根据离对称轴远近求最值，发现在 $x=1$ 时函数值最大。

生 3：补充不同方法：利用二次函数图像的对称性进行转化，非常好。

师：找不同小组同学总结区间求最值方法，课代表给小组加分。

生 4：如果对称轴在自变量的取值范围内，根据二次函数图像的性质，在顶点处取最大（小）值，在其中一个端点处取最小（大）值。

生 5：如果对称轴不在自变量的取值范围内，利用二次函数图像的增减性，在两个端点处取最大值和最小值。

师：用课件进行总结并点拨，解决问题的方法是图像法。

（设计意图：通过学管小组，组内合作交流展示，组间互助，学生能系统、透彻掌握知识，增强合作共赢意识；通过分层管理，提高学生课堂学习效率。）

五、师生质疑点拨

师：请同学们完成变式1和变式2，做得快的同学完成变式3、变式4（任务分层）。

变式1：已知二次函数 $y=x^2+4x+m$（m是常数），当 $-3\leqslant x\leqslant 1$ 时，y 的最大值是5，则 m=______。

变式2：已知二次函数 $y=ax^2+4ax+1$（a是常数且 $a\neq 0$），当 $-2\leqslant x\leqslant 2$ 时，y 的最小值是-2，则a的值是______。

（选做）变式3：已知二次函数 $y=-(x-h)^2+1$（h是常数），当 $2\leqslant x\leqslant 5$ 时，y的最大值是-3，则h的值是（　　）

A. 3或4　　　B. 0或4　　　C. 0或7　　　D. 7或3

（选做）变式4：已知抛物线 $y=x^2+bx+3$（b是常数）的对称轴是直线 $x=1$，若关于 x 的一元二次方程 $x^2+bx+3=t$（t 是实数）在 $-1<x<4$ 的范围内有实数根，则 t 的取值范围是（　　）

A. $2\leqslant t<11$　　　B. $t\geqslant 2$　　　C. $6<t<11$　　　D. $2\leqslant t<6$

师：巡判，发现问题分层解决。

生1：帮助3号4号，用3号4号身边的侧板，讲变式1和变式2，不会的同学听，会的同学继续做变式3和4。

生2：帮助6号7号，用6号7号身边的侧板，讲变式1和变式2，不会的同学听，会的同学继续做变式3和4。

师：督促1、2、3、4号完成变式3和4，对答案，督促小组交流完成，检查过关。

师：结合河北近几年中考出题特点，总结4道变式题的出题思路和解题思路及用到的数学思想方法。

（设计意图：设计变式跟踪训练题，进一步提升学生思维，通过分层异动管理学生学习，让所有同学，在原有水平上都有不同层次的提升。）

师：这部分知识在中考曾经以哪种方式呈现过呢，请同学们完成学案中的中考链接。

中考链接：2019年河北26题（2）（3分）

已知，若b是正数，直线 l：$y=b$；抛物线 L：$y=-x2+bx$ 的顶点为 C，当点 C 在 l 下方时，求点 C 与 l 距离的最大值。

前黑板2名学生板书，侧黑板4名同学板书。

师：巡判，及时解决学生出现的问题。检查黑板同学步骤，及时评判，及时纠错，让学生改错。

生：讲自己书写步骤哪里不规范？让同学们检查是否改正确了。

师：点评：同学们知道用函数模型去做这道题，思路正确，结果正确，解题步骤的书写还需进一步规范。点拨：凡是求最值问题，通常先建立函数模型。给时间让同学们修改步骤。

（设计意图：让同学们做河北中考题，学以致用。通过板书，教会同学们书写步骤）

六、小结回顾目标

回顾这节课的学习目标，我们学习了求二次函数的最值的方法（课件展示），用到了数形结合、分类讨论等数学思想，同学们还有哪些收获和困惑呢？

七、当堂检测考试（8 分钟，每空 2 分共 10 分）

（1）已知二次函数 $y=6(x+8)^2-4$，当 $x=$______时，函数有最______值______。

（2）已知二次函数 $y=x^2-6x+5$，当 $2\leqslant x\leqslant 6$ 时，当 $x=$______时，y 有最小值是______。

选做题

（3）（2021 遵义）为增加农民收入，助力乡村振兴，某驻村干部指导农户进行草莓种植与销售。已知草莓的种植成本是 8 元/千克，销售量 y（千克）与销售单价 x（元）的解析式是 $y=-3x+216$，物价局规定，销售单价 x 的取值范围是 $8\leqslant x\leqslant 32$。

①求销售利润 w 与 x 的函数关系式。（3 分）

②当销售单价定为多少时，可获得最大利润？（3 分）

生独立完成，师巡判，课上没有判完的同学，把检测题交上来，师判完后下发，督促同学改正并复批，及时辅导。

（设计意图：通过当堂检测，及时评判，让学生了解自己本节课是否学会，让老师了解学生本节课学习效果及存在问题，以便及时有效的进行个别辅导和补救。分层设计检测题，让所有学生学有所获，各自有不同程度提升，提高课堂效率。）

《二次函数的最值》课堂实录　宋广丹

《乘法公式——平方差公式》课堂实录

王桂梅

师：上课。

班长：起立。

生齐喊：乘风破浪，斗志昂扬，七班有我，共创辉煌。老师好！

师：同学们好！请坐，请同学们用三分钟时间完成课前检测。

一、检测回顾引入（时间3分钟，每题3分，共9分）

计算：

$(x+3)(x-4)$　　$(x+3)(x-3)$　　$(3x+4)(3x-4)$

师：时间到，我看大家都做完了。某生说一遍你的答案。

生：$(x+3)(x-4)$ 等于 x^2-x-12，$(x+3)(x-3)$ 等于 x^2-9，$(3x+4)(3x-4)$ 等于 x^2-16（同时教师利用PPT展示答案）。

师：某生三个全对得9分，大家得9分的举手。只有几个学生没全对，找到错的地方改过了。这说明我们的多项式乘以多项式学得很好。下面请大家观察大屏幕，三个式子都是两个二项式的积，但结果有三项的也有两项的，同学们知道是为什么吗？

生：不知道。

师：这就是我们今天要研究的《乘法公式——平方差公式》。这就是今天的学习目标，某生读一遍。

二、明确学习目标

师：这是我们今天的学习目标（多媒体展示），生1读一遍。

生1：推导并理解平方差公式。会运用平方差公式进行相关计算。

师：今天我们主要研究乘法公式中的平方差公式的推导及公式的应用。

三、引导自主学习（多媒体展示）

师：按照学案的自学指导完成今天的自学（独立自学3分钟，小组交流讨论2分钟）

自学教材第86页“一起探究”内容，完成下列问题（时间3分钟）。

（1）式子的左边具有什么特征？

（2）它们的结果有什么特征？

（3）能不能用字母表示你的发现？

（4）你能验证你的发现是正确的吗？

3 分钟后组内交流以上问题，准备展讲。

四、组织交流展示

师：同学们时间到，在交流过程中有问题吗？

生：没有。

师：下面请三组同学展示你们组的自学成果。

生：首先我们看“一起探究”中的四个题的计算结果。

计算：

$(x+1)(x-1)=$________。

$(a+2)(a-2)=$________。

$(2x+1)(2x-1)=$________。

$(a+b)(a-b)=$________。

生：第一个的结果是 x^2-1，第二个的结果是 a^2-4，第三个的计算结果是 $4x^2-1$，第四个的计算结果是 a^2-b^2。

师：和他的结果一样的请举手，非常好，和他一样的就全对了。只有两位同学没举手，有错误的改了吗？明白哪里错了吗？

生：知道了。

师：你继续展讲。

生：我们组总结的规律是等式的左边都是二项式，一个是加法，一个是减法，剩下是两个数，等式的右边是两个数的平方的差。

师：你们组有补充的吗？二组的请补充。

生：我们组认为首先应该是乘法，然后是二项式，有两个数，一个是加法，一个是减法，这是左边的特征，右边的和他们组的相同。

师：还有说的吗？没了，他们说得非常好，给三组和二组各加一分。那么我们把他们观察到的一起总结一下。

左边：两个二项式相乘。有两个相同的数。一个二项式是这两个数相加，一个二项式是这两个数相减。右边：是这两个数的平方差。

师：五组展讲第三个问题。

生：我们用 a、b 分别表示两个数，上面发现的规律就可以写成 $(a+b)(a-b)=a^2-b^2$。老师，文字语言叙述我们组都不会。

师：哪个组替他们组展讲文字语言，四组来。

生：$a+b$ 是两个数的和，$a-b$ 是两个数的差，a^2-b^2 表示两个数的平方差，连起来说就是两个数和与两个数差的乘积等于这两个数的平方差。

师：他说的好不好。

生：好（掌声鼓励）。

师：一组能对这个字母表达式进行验证吗？

生：可以利用多项式乘以多项式法则进行验证

$(a+b)(a-b)=a^2-b^2$

$=a^2-ab+ba-b^2=a^2-b^2$

$=a^2-b^2=a^2-b^2$

师：这么多同学举手，一组的发言。

生：前边的等号去掉。

师：二组呢？

生：我们组认为不应该有等号和 a^2-b^2。

师：还有吗？没了，同学们说的都很对，给每个组加 0.8 分，同学们要知道代数的验证过程实际就是计算过程，也就是把左边计算出右边就可以了，PPT 展示准确过程

$(a+b)(a-b)$

$=a^2-ab+ba-b^2$

$=a^2-b^2$

师：你们验证了这个等式的正确性，这就是我们今天要学习的平方差公式：$(a+b)(a-b)=a^2-b^2$。两个数的和与这两个数的差的积，等于这两个数的平方差。同学们记忆一分钟。

五、师生质疑点拨

质疑答疑 1

师：我们看一下平方差公式的几何意义。看大屏幕一个边长为 a 的正方形的一角减去一个边长为 b 的小正方形，再拼成一个长方形，用两个不同的代数式表示阴影的面积，就得出了平方差公式（图 1）。

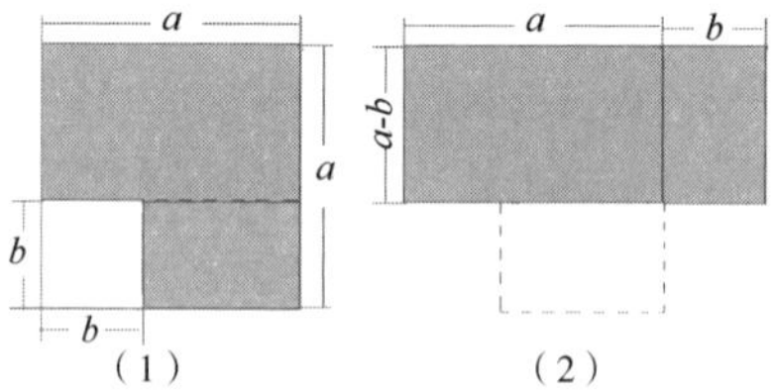

图 1　几何意义

质疑答疑 2

师：平方差公式可以使整式乘法简单化，什么样的整式乘法可以用呢？两个二项式相乘，有两个相同的数，一个二项式是这两个数相加，一个二项式是这两个数相减，符合这样特点的才可以用。如何用平方差公式进行计算呢？请同学们完成学

案中的做一做，再回答此问题（表1）（时间2分钟）。

表1　平方差公式计算

算式	与平方差公式中 a 对应的项	与平方差公式中 b 对应的项	写成“a^2-b^2”的形式	计算结果
$(m+2)(m-2)$				
$(2m+3)(2m-3)$				
$(x+2y)(-x+2y)$				
$(1+3y)(1-3y)$				

师：时间到，五组说结果。

生：对答案，总结平方差公式的用法，我认为先观察是否符合上边的三点，再找出 a、b 的值，最后根据公式写出结果。

师：总结地很完美（掌声鼓励），那么我们就按他说的去实践一下。试做例题，1~6组在四号侧黑板做，其他同学在学案上完成。

例：计算

$(2x+y)(2x-y)$　　$(x+5y)(x-5y)$　　$(-5a+3b)(-5a-3b)$

师：数学课代表对侧黑板的进行评价，利用红色粉笔批阅。同学们做得都很好，以后就按这个过程写。

质疑答疑3

师：同学们回顾做过的题，关于平方差公式的特点有什么新的发现吗？没有的话，我给大家提示一下，请同学们把两个二项式的项找出来对比一下，你有什么发现？

生：老师我知道了，一个项是相同的，一个项是相反的，对吗？

师：再看等号右边呢？谁减谁？

生：相同项减去相反项。

师：同学们明白了吗？

生：明白了。

师：这样判断是否更简单？下面我们看这个规律如何应用？

能力提升

计算：$(3m+2n)(3m-2n)=$________。

变式一：$(-3m+2n)(-3m-2n)=$________。

变式二：$(-3m-2n)(3m-2n)=$________。

变式三：若 $(3m+A)(2n+B)=9m^2-4n^2$ 则 $A=$（　　）　　$B=$（　　）。

变式四：若 $(3m+A)(2n+B)=4n^2-9m^2$ 则 $A=$（　　）　　$B=$（　　）。

生：第一个相同项是 $3m$，相反项是 $2n$，结果是 $9m^2-4n^2$。

生：变式一的相同项是$-3m$，相反项是$2n$，结果是$9m^2-4n^2$。

生：变式二的相同项是$-2n$，相反项是$3m$，结果是$4n^2-9m^2$。

生：变式三、四是先根据结果确定相同项和相反项，所以变式三的$A=-2n$，$B=3m$，变式四的$A=-2n$，$B=3m$。

六、小结回顾目标

师：请同学们回想，本节课我们学习了哪些内容？

生：我学会了平方差公式，还学会了计算和逆用。

师：我补充一下，紧紧抓住"一同一反"这一特征，在应用时，只有两个二项式的积才有可能应用平方差公式；对于不能直接应用公式的，可能要经过变形才可以应用。

师：检测一下本节的效果，完成当堂检测。

七、当堂检测（时间10分钟，1、2题每题2分，3题每题2分，共计10分）

（1）$(1-x)(\quad)=x^2-1$。

（2）下列能用平方差公式计算的是（　　）。

A. $(a+b)(-a-b)$　　B. $(a-b)(b-a)$

C. $(b+a)(a+b)$　　D. $(-a+b)(a+b)$

（3）计算。

$(x+2y)(x-2y)$　　$(-5x-4y)(-5x+4y)$　　$(3a-4b)(-4b-3a)$

（4）选做题。

99×101

师：同学们都已做完，我已判了大部分，同学们做的都非常的好，多数都是10分。个别同学的过程还要加强，做题时要注意计算的准确性。没判的交上来。下课，同学们再见。

生：老师再见。

《乘法公式——平方差公式》课堂实录　王桂梅

《等腰三角形》课堂实录

李晓翠

师：同学们好！

生：老师好！

师：昨天我们学习了等腰三角形的性质，大家掌握的怎么样呢？请同学们完成课前检测，时间 5 分钟。

一、检测回顾引入

（1）如图 1 所示，在 $\triangle ABC$ 中，$AB=AC$，$\angle BAC=120°$，AD 是 BC 边上的高，$BC=6$，则 $\angle B=\angle C=$____，$\angle BAD=$____，$BD=$____。

（2）如图 2 所示，$l/\!/m$，等边三角形 ABC 的顶点 B 在直线 m 上，边 BC 与直线 m 所成的锐角为 $20°$，则 $\angle\alpha$ 的度数为____。

（3）如图 3 所示，在 $\triangle ABC$ 中，$AB=AC$，$AD\perp BC$ 于点 D，若 $AB=6$，$CD=4$，则 $\triangle ABC$ 的周长是____。

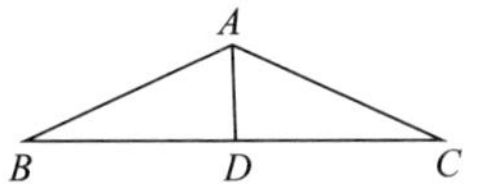

图 1

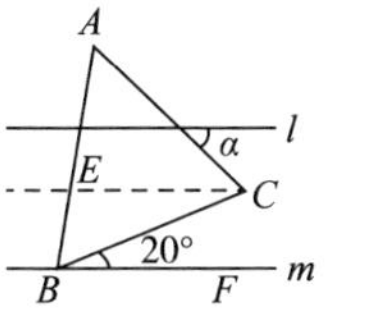

图 2

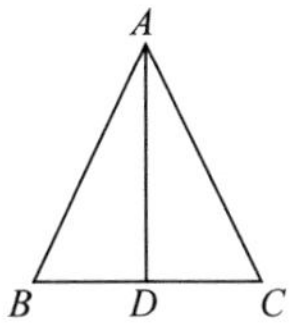

图 3

生：在学案上完成。

师：巡批，并订正学生的答案。关注学生错题，指导学生小组交流订正答案，并指派个别对子组一对一辅导。

二、明确学习目标

师：同学们完成前测过程中，头脑里联想到了哪些知识呢？

生：等边对等角，三线合一。

师：很好，也就是说我们想到了在“一个三角形中如果有两条边相等，那么它们所对的两个角也相等”的定理。那么同学们我们以前也学习了一些定理，如“两直线平行，同位角相等”，我们发现它的逆命题也是真命题，可作为判定定理使用，那么类比之下，等边对等角的逆命题是不是也是真命题呢？这节课我们就一起来探究一下等腰三角形的判定定理。

这节课我们的学习目标是：（多媒体展示，学生齐读目标）

（1）探索并掌握等腰三角形的判定定理。

（2）探索等边三角形的判定定理。

（3）会利用尺规作图完成：已知底边及底边上的高线作等腰三角形。

师：下面我们就带着这三个学习目标开始本节课的学习。

三、引导自主学习（多媒体展示）

请同学们按以下四个问题完成自学：

（1）请同学们在半透明纸上作△*ABC*，使∠*B*=∠*C*。

（2）用直尺量一量线段 *AB* 和 *AC* 的长度，它们有什么关系？

（3）将△*ABC* 沿∠*A* 的角平分线进行对折，看点 *B* 和点 *C* 的位置关系。

（4）提出你的猜想，并在小组内交流你的理由。

四、组织交流展示

生：小组交流猜想结论，并在组内交流论证思路。

师：巡视指导学生组织语言，适时引导学生找出不同方法，并根据组内交流情况，提出展示要求，确定一组学生进行展讲展示。

生：做好组内展讲顺序及分工。

生 1：我们组共有四种验证方法和大家交流：下面由我为大家介绍第一种方法，我是借助于量角器进行测量，发现我所做的三角形中两边 *AB*=*AC*=3.5 cm，我又将我们组其他同学的三角形都量了一下，发现虽然三角形各不相同，但 *AB* 都等于 *AC*。

生 2：我们组的第二种验证方式是，通过将△*ABC* 沿∠*A* 的角平分线进行对折，发现点 *B* 和点 *C* 的重合。同样在我们四个所做的不同三角形中都有同样的结论。

生 3：我们组的第三种验证方式是：过点 *A* 作 *AD*、*BC*，则∠*ADB*=∠*ADC*=90°，又因为∠*B*=∠*C*，*AD*=*AD*，所以△*ABD*≌△*ACD*，所以 *AB*=*AC*。（板书作辅助线）

生 4：我们组的第四种验证方式是：过点 *A* 作∠*A* 的平分线交 *BC* 于点 *E*，则∠*BAE*=∠*CAE*，又因为∠*B*=∠*C*，*AD*=*AD*，所以△*ABD*≌△*ACD*，所以 *AB*=*AC*。（板书作辅助线）

师：同学们看这个小组展示得怎么样？

生：非常好，应该鼓励（鼓掌）！

师：评价，言语激励，小组加分。

师：还有没有其他验证方法呢？

生 5：老师我觉得取 *BC* 中点 *F*，并连接 *AF*，再证全等也可以。

生 6：（直接站起来）老师我觉得证明全等不行，取中点得到的是边边角不可证明全等。

全体：对，不可以证明全等。

师：我想说取中点是可以的，但证全等确实也不行，那么同学们能不能想一下用中线的其他性质呢？

生 7：等分三角形面积，可以再做 AB，AC 边上的高，借助于等高证明等底。

师：非常好，为你这么好的思路点赞，那么我们有这么多的方法可以验证结论的正确性，请选择一个你喜欢的论证方法整理过程于学案，并尝试总结定理。

生：整理过程，结合图形书写定理的文字语言和符号语言。

五、师生质疑点拨

师：同学们，通过我们多方验证，得到了等角对等边的正确性，也就完成了学习目标（1），下面我们看看在具体问题中如何使用此定理呢？请同学们完成例题。

例 1　已知：如图 4 所示，$\angle CAE$ 是 $\triangle ABC$ 的外角，$\angle 1=\angle 2$，$AD/\!/BC$。求证：$AB=AC$。

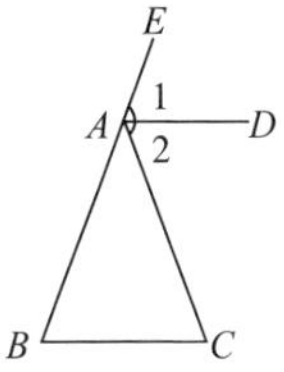

图 4

方法：（一生黑板扮演）师生共同更正评价。

变式一：已知，如图 5 所示，$AD/\!/BC$，BD 平分 $\angle ABC$。求证：$AB=AD$。

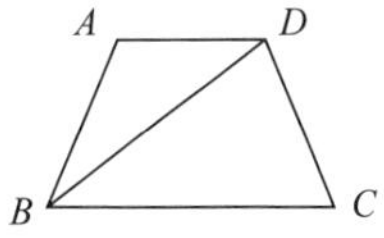

图 5

方法：一生口述解题思路。

师：追加变式，延长 BA、CD 交于点 O，那么 BO 的长和 AD、AO 什么关系？

生：$BO=AD+AO$。

师：同学们，结合以上两道题，有什么感受？什么知识的衔接会得什么结论？

生：平行遇上角平分线可以得到等腰三角形。

师：一条角平分线遇平行得等腰三角形，那两条角平分线遇平行会得几个等腰三角形呢？

变式二（课件展示）：如图 6 所示，$\triangle ABC$ 中，已知 $AB=AC$，BO 平分 $\angle ABC$，CO 平分 $\angle ACB$。过点 O 作直线 $EF/\!/BC$ 交 AB 于 E，交 AC 于 F。

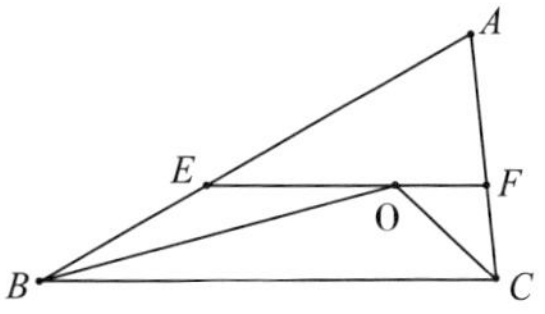

图 6

师：图中有多少个等腰三角形？为什么？

生：四个。

师：如果将 $AB=AC$ 的条件去掉还有几个等腰三角形？

生：两个。

师：变式 $AB\neq AC$ 时还有等腰三角形吗？那么 EF 与 BE、CF 什么关系？$\triangle AEF$ 周长怎么表示？

师：那么我们通过几次变式得到一个共同的模型，就是：

“角平分线+平行线 → 等腰三角形”

常见模型［（课件展示）图 7］：

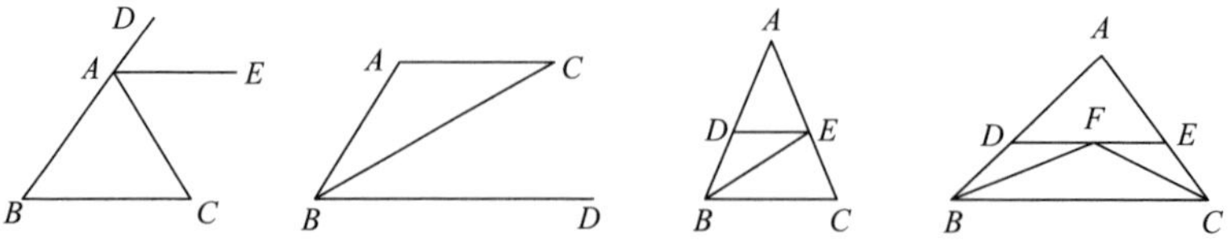

图 7

师：两边相等的三角形是等腰三角形，三边相等的三角形是等边三角形，引出两角相等的三角形是等腰三角形，那么三角相等的三角形是什么三角形？

生：等边三角形。

师：如何证明？

生：两次等角对等边。

师追问：一般三角形到等边需要三角相等，也就是三个 60°，那么等腰三角形如何判定为等边三角形呢？

生：有一个 60°就行。

师问：这个 60°角是底角还是顶角呢？

生：思考后答。

师生共同总结：等边三角形的判定定理。

跟踪训练（课件展示）。

例 2　已知等腰三角形底边长为 a，底边上的高的长为 h，求作这个等腰三角形。

本部分学生较易理解，师生共同完成，生说做法，师板演。

六、小结回顾目标

师：同学们我们一起回顾本节课的学习目标，看看你都完成了什么？学的怎么样？请完成学案上的课堂小结。

七、当堂检测考试（10 分钟，共 10 分）

（1）如图 8 所示，BO 与 CO 分别是 $\angle ABC$ 和 $\angle ACB$ 的平分线，$BC=12$，$OE/\!/AB$，$OF/\!/AC$，则 $\triangle OEF$ 的周长是________。

（2）如图 9 所示，在 $\triangle ABC$ 中，$\angle B=60°$，过点 C 作 $CD/\!/AB$，若 $\angle ACD=60°$，求证：$\triangle ABC$ 是等边三角形。

能力提升题（2016 年河北省中考 16 题）：如图 10 所示，$\angle AOB=120°$，OP 平分 $\angle AOB$，且 $OP=2$，若点 M、N 分别在 OA，OB 上，且 $\triangle PMN$ 为等边三角形，则

满足上述条件的△*PMN* 有（　　）。

A. 1 个　　　　B. 2 个　　　　C. 3 个　　　　D. 3 个以上

方法：学生独立完成，先完成的学生举手示意，老师评价赋分，并完成个别学生辅导。

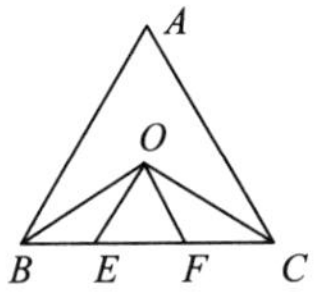

图 8

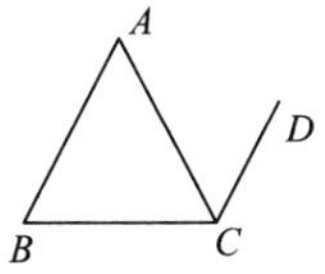

图 9

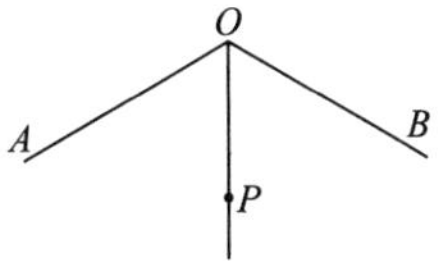

图 10

《等腰三角形》课堂实录　李晓翠

《角平分线的性质》课堂实录

魏淑玲

师：同学们好！

生：老师好！

师：请同学们利用5分钟时间完成课前检测。

一、检测回顾引入

（1）画出点A到直线l的距离。

（2）小明家刚好位于一条自来水管道和天然气管道所成角的平分线上的P点，要从P点建两条管道，分别与自来水管道和天然气管道相连（图1）。

①过P点画出修建管道最短的路线。

②画出的两条管道长度有什么关系。

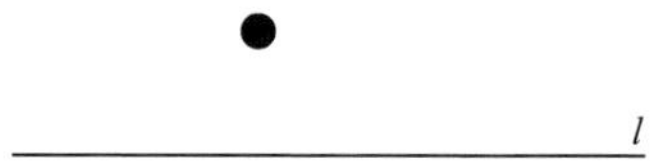

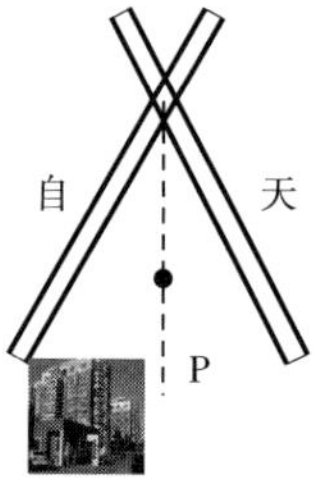

图1

方法：学生在展台前完成，师利用展台同学的导学案对答案并统计人数。

师：都对的举手，答错的同学用红笔改正（内容是为本节课进行铺垫的知识，引入新课，板书课题）。

二、明确学习目标

师：大家通过测量认为这两条线段长度相等，如果再任取一点还有这样的结论吗？这节课我和大家共同学习角平分线的性质。（教师板书课题并用多媒体展示学习目标，学生齐读目标）

（1）掌握角的平分线的性质定理和逆定理。

（2）会运用角平分线定理解决实际问题。

三、引导自主学习

师：请同学们按着导学案的要求进行动手操作，5分钟后以小组为单位汇报本组结果。

（1）在一张半透明的纸上画出一个角（$\angle AOB$），将纸对折，使得这个角的两边重合，从中你能得什么结论？

（2）按照图 2 所示的过程，依照上述方法对折后，设折痕为直线 OC。再折纸，设折痕为直线 n；直线 n 与边 OA，OB 分别交于点 D，E，与折线 OC 交于点 P。将纸展开平铺后，猜想线段 PD 与线段 PE 关系。

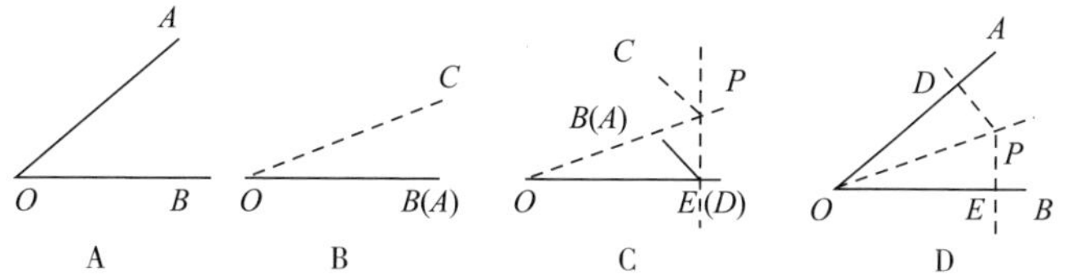

图 2

四、组织交流展示

1. 交流展示 1

师：组内的同学比较一下，按折痕打开，折痕与角的边形成的角度一样吗？线段的长度一样吗？组内交流，你得到的结论与他人分享，老师在这个时间内也深入小组里进行交流指导。

师：哪组学生汇报一下你组的结论？

生 1：角度不一样。

生 2：我认为长度一样。

生 3：我目测折痕长度一样，

生 4：我用尺子测量发现折痕的长度相等。

师：很好，你们组得到的结论很多，其他组还有补充吗？

生 5：我发现我们组折出的角度不同。

2. 交流展示 2

师：这名同学发现折痕处的角度不同，如果按角度的大小分，可以分成哪几类角，在组内交流 3 分钟后展示成果。

生 1：可分为锐角、钝角、直角。

生 2：我认为折痕是直角时位置特殊，是最短距离。

生 3：折痕中的交点到这个角的两边的距离相等。

生 4：得到角平分线上的点到角两边的距离相等的性质（学生在总结时表述上存在一定的难度，老师适时地点拨，但学生自己动手操作，对角平分线性质有了形象认识）。

师：通过动手操作，得到了角平分线上的点到角两边的距离相等的性质，任何定理的得出都需要理论依据支撑的。谁能仿照线段垂直平分线性质定理证明方法进行推理证明呢？

生 1：要把文字语言转换成几何语言。

生 2：根据题意画出图形，写出已知，求证，再证明。

师：下面谁能在黑板上写出证明过程？

学生板演，其他学生写在导学案上，老师在课堂巡视，及时处理出现的问题，并更正。师生共同评价黑板板演的内容；师生总结角平分线性质定理。老师板书性质定理内容，给学生时间记忆定理内容。

五、师生质疑点拨

师质疑：在角平分线性质定理中，必须是角平分线上的点，并且到角的两边距离相等这两个条件吗？师出示课件，利用图形解释说明。

（1）如果长度相等但没有垂直的条件，结论成立吗？

（2）如果在角的外部，角平分线上反向延长线上的点到角的两边距离还相等吗？

学生组内交流，2 分钟后学生展示本组画图的结果。

师总结：利用性质定理解题时，应找出角平分线上的点及这个点到角两边的距离。

1. 跟踪训练 1（导学案）

（1）如图 3 所示，$\triangle ABC$ 中，AD 是 $\angle BAC$ 的平分线，$\angle C=90°$，$DE\perp AB$ 于 E，$BC=8$，$BD=5$，求 DE 的长。

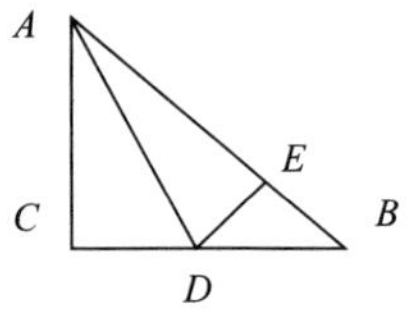

图 3

方法：（学生黑板扮演）师生共同更正评价。

（2）变式训练。如果给出 $AC=4$，$CB=3$，求三角形 DEB 的周长。

学生思考 2 分钟，学生讲解并评价。

师总结：我们又学了一种证明线段相等的方法。总结一下，要想证明两条线段相等，可以利用全等三角形的性质、等腰三角形的性质或角平分线的性质来证明，以后还会学习其他的方法来证明线段相等。

师：谁能继续仿照线段垂直平分线性质定理，写出它的逆定理（写在导学案上）并找出条件和结论。

师：※角平分线性质定理的逆定理将在第十七章给出证明，但我们现在需要知道到一个角两边距离相等的点在角的平分线上，给学生 1 分钟记忆，利用多媒体动画展示，加强理解。

师：下面请同学们认真完成导学案中的跟踪训练 2。

2. 跟踪训练 2

（1）如图 4 所示，$\triangle ABC$ 的角平分线 BM，CN 相交于点 P。求证：点 P 在 $\angle A$ 平分线上。

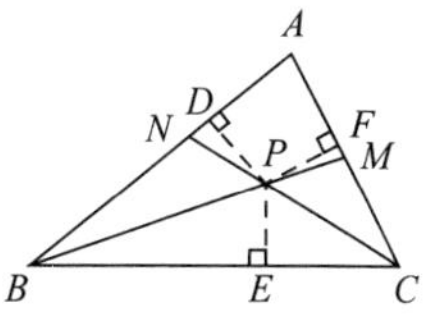

图 4

（2）变式训练。如图 5 所示，在 $\triangle ABC$ 所示，$\angle B$ 的外角的平分线 BD 与 $\angle C$ 的外角的平分线 CE 相交于点 P。那么点 P 是 $\angle A$ 平分线上的点吗？

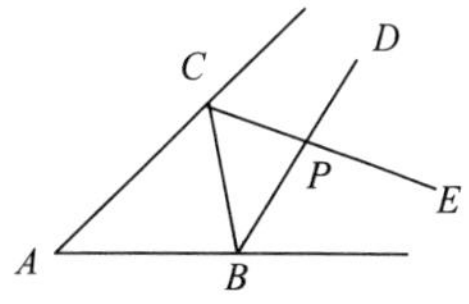

图 5

方法：学生在导学案中认真写过程，师巡视，并找每组 4 同学板演，4 分钟后学生对照板书进行讲解，老师及时表扬并给小组评价。

六、小结回顾目标

生 1：我知道角平分线上的点到角两边的距离相等及判定定理。

生 2：证明线段相等的方法，能用全等三角形的性质，等腰三角形的性质或角平分线性质定理。

七、达标检测考试（10 分钟，共 10 分）

（1）如图 6 所示，OC 是 $\angle AOB$ 的平分线，点 P 在 OC 上，$PD\perp OA$，$PE\perp OB$，垂足分别是 D、E，$PD=4$ cm，则 $PE=$____________cm。（2 分）

（2）如图 7$\triangle ABC$ 中，$\angle C=90°$，AD 平分 $\angle CAB$，且 $BC=12$，$BD=7$，则点 D 到 AB 的距离是____。（3 分）

（3）如图 8 所示，点 P 是 $\angle AOC$ 的角平分线上一点，$PD\perp OA$，垂足为 D，若 $PD=\sqrt{2}$，点 M 是射线 OC 上一动点，则 PM 的最小值为（　　）。（3 分）

A. 1　　B. $\sqrt{2}$　　C. $\sqrt{3}$　　D. 4

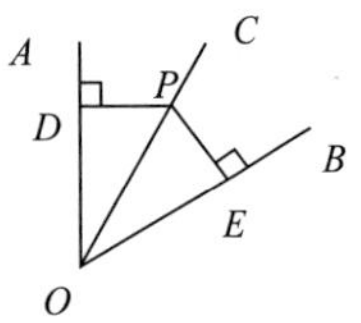

图 6

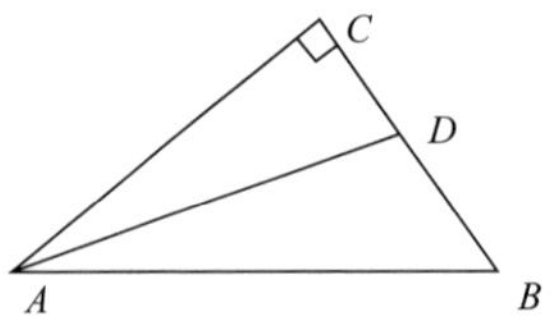

图 7

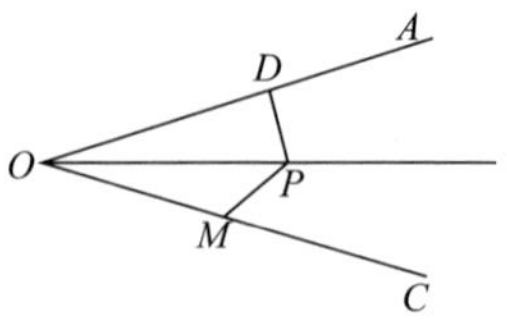

图 8

（4）拓展延伸：如图 9 所示，已知 $\triangle ABC$ 的周长是 21。OB，OC 分别平分 $\angle ABC$ 和 $\angle ACB$，$OD \perp BC$ 于 D，且 $OD=4$，$\triangle ABC$ 的面积是__________。

方法：学生独立完成，先完成的学生举手示意，老师评价赋分。其他同学在下课时收回后评分，出现问题找个别学生辅导。

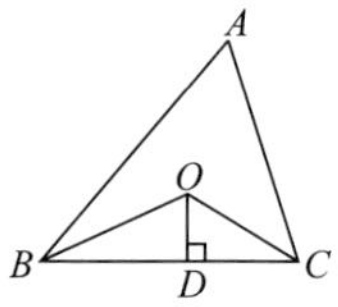

图 9

《反比例函数的意义》课堂实录

任福起

师：上课!

生：齐喊班级口号：团结五班，豪情满天，众志成城，刻苦攻坚。老师好!

师：同学们好！请坐。请同学们迅速做学案的课前检测。

一、检测回顾引入（每空2分）

（1）一辆列车在铁路上匀速行驶，它的速度为100 km/h，它行驶的路程为s，所用的时间为t，所给的路程、速度、时间中常量是______，变量是______。s与t的关系式______。

（2）京沪铁路线全长1463 km，某次列车在几次提速后行驶的速度为v，时间为t，所给的路程、速度、时间中常量是______，变量是______。t与v的关系式是______。

师：展台展示标准答案并做要求，同桌互相评分。错的问题红笔纠错、改正。

（师强调同一个量在不同问题中是不同的，v在1题中是常量，2题中则是变量。）

师：上述$t=\dfrac{1463}{v}$或$vt=1463$既不是正比例函数，也不是一次函数，像这样的函数关系就是我们这节课将要学习的反比例函数。（教师板书课题：27.1 反比例函数）

二、明确学习目标

教师展台展示学习目标，生齐读学习目标：

（1）理解反比例函数的概念，能判断两个变量之间的关系是否是反比例函数关系。

（2）能根据已知条件确定反比例函数的表达式。

三、引导自主学习1

师：我们带着这两个目标，进入本节课的学习。通过本节课的学习，我们将对反比例函数有一个更深层的认识，下面我们就来一起探究反比例函数。

自学指导1：自学课本128页内容，完成做一做，用红笔把你看到的知识点划下来，3分钟后，交流自学成果。（教师巡视）

四、组织交流展示 1

学生展示自己的学案并解答：

①$sh=15700$，$s=\dfrac{15700}{h}$　②$vt=10000$，$v=\dfrac{10000}{t}$　③$y=\dfrac{-2}{x}$

（教师点拨：让学生明白用一个变量的代数式表示另一个变量，被表示的变量是函数。）

师：你能谈谈下面的两个问题吗？可以抢答，给本组适当加分。（师展台展示问题）

（1）上述三对量之间每对量都成反比例吗？

（2）这些函数表达式具有怎样的共同特征？

生：三道题中每对量都成反比例，它们都有一个共同的特征，即每对量的乘积是一个固定的值，都是 $xy=k$ 形式。

生补充：都是 $y=\dfrac{k}{x}$ 的形式，左边是字母 y，右边是分式形式。

师：两位同学回答的很全面很准确，每人给本组加一分。

师：我们把形如 $y=\dfrac{k}{x}$（常数 $k\neq0$）的函数称为反比例函数，其中 x 是自变量，y 是函数。

教师提出疑问：自变量 x 的取值范围是什么？为什么？

生：自变量 x 的取值范围是不等于 0 的一切实数。因为分母 x 为 0，则分式无意义。

师：（展台展示）跟踪训练一——下列函数是什么函数：

①$y=\dfrac{x}{3}$　②$y=\dfrac{3}{x}$　③$yx=-1$　④$y=3x+1$　⑤$y=-\dfrac{\sqrt{3}}{4x}$

生：①$y=\dfrac{x}{3}$ 是正比例函数。②$y=\dfrac{3}{x}$ 是反比例函数。③$yx=-1$ 是反比例函数。④$y=3x+1$ 是一次函数。⑤$y=-\dfrac{\sqrt{3}}{4x}$ 是反比例函数。

五、师生质疑点拨 1

思考：若 $y=(m-1)x^{m^2-2}$ 是反比例函数，$m=$______；若其是正比例函数，$m=$______。

师：请同学们先自己独立思考一分钟。

生：反比例函数自变量的指数是-1，所以 $m=-1$ 时是反比例函数；正比例函数自变量的指数是 1，所以 $m=1$ 时是正比例函数。

师：大家同意他的观点吗？

生：不同意。当 $m^2-2=-1$，$m=\pm1$ 时，是反比例函数；当 $m^2-2=1$，$m=\pm\sqrt{3}$ 时是正比例函数。

师：大家同意他的观点吗？我们把 $m=1$ 和 $m=-1$ 代入原式中，检验一下，发现什么情况？

生：$m=-1$ 时，是反比例函数；$m=\pm\sqrt{3}$ 时是正比例函数。

师：你能解释一下你的 m 的值怎么求出来的吗？

生：若是反比例函数，自变量 x 的指数是-1，即 $m^2-2=-1$，解得 $m=\pm1$。当 $m=1$ 时，$m-1=0$，而反比例函数的系数不能为 0，所以舍去。因此，当 $m=-1$ 时是反比例函数，若是正比例函数，自变量 x 的指数是 1，即 $m^2-2=1$，解得 $m=\pm\sqrt{3}$，并且 $m=\pm\sqrt{3}$ 都不使系数 $m-1$ 为 0，所以当 $m=\pm\sqrt{3}$ 时是正比例函数。

师：回答得非常好。掌声鼓励。那我们再做这类题时要注意些什么呢？

生：要注意检验 $k\neq0$。

师：很好。要注意函数关系式中的 $k\neq0$，这就要求我们对求的值进行检验取舍。

六、引导自主学习 2

自学指导 2：自学课本 129 页例题内容，不明白的地方用蓝笔打上问号，看懂解题格式和步骤。2 分钟后交流展示。

七、组织交流展示 2

例：已知 y 与 x 成反比例，并且当 $x=3$ 时 $y=4$。

（1）写出 y 和 x 之间的函数关系式。

（2）求：$x=1.5$ 时，y 的值。

学生演板并展讲，另一学生点评：板书工整，声音洪亮，条理清晰，教态大方，给他 10 分。

师：展讲同学讲得很好，点评同学点评得很准确、很到位。（展台展示变式一）

变式一：若 y 与 x^2 成反比例，其他条件不变，写出 y 和 x 之间的函数关系式，并求 $x=1.5$ 时，y 的值。

师：请同学们先自己独立思考 1 分钟，然后同桌之间或小组内相互讨论交流，组长负责给本组不会的同学讲解。

师：请一名同学代表来演板并展讲，请另一位同学给他点评打分。

师：变式一能说 y 是 x 的反比例函数吗？为什么？

生：不能，因为它不符合反比例函数的形式（教师引导得出）。

师：对。我们可以说 y 与 x 的平方成反比例，但 y 不是 x 的反比例函数。由此可见成反比例和反比例函数是两个不同的概念，要区别开来。

变式二：已知函数 $y=y_1+y_2$，y_1 与 x 成正比例。y_2与 x 成反比例。且当 $x=1$ 时，

$y=4$；当 $x=2$ 时，$y=5$。

（1）求 y 与 x 的函数关系。

（2）当 $x=1.5$ 时，y 的值是多少？

师：请同学们先自己独立思考 1 分钟，然后同桌之间，或小组内相互讨论交流，组长负责给本组不会的同学讲解。

八、师生质疑点拨 2

生：因 y_1 与 x 成正比例，所以设 $y_1=kx$；y_2 与 x 成反比例，设 $y_2=\frac{k}{x}$，解得 $k=2$。

师：大家同意他的解法吗？谁能提出异议？

师：y_1 与 x 成正比例，y_2 与 x 成反比例。两个函数的比例系数值一定一样吗？

生：可以不一样，不同意他的观点，应该设 $y_1=k_1x$，$y_2=\frac{k_2}{x}$。

师：可见在做这个题时要特别注意哪个地方？

生：函数关系式中不同的 k 值应用不同的字母表示。

师：对，要注意函数关系式中不同的 k 值应用不同的字母表示。（学生完善解题过程）

九、小结回顾目标

学生小结谈收获：我今天学到了：

（1）反比例函数的概念：$y=\frac{k}{x}$（k 为常数，且 $k\neq0$），x 的取值范围为 $x\neq0$。

（2）注意函数关系式中不同的 k 值应用不同的字母表示。

十、当堂检测考试（1、2 题各 3 分，3 题 4 分，共 10 分）

（1）在下列函数中，y 是 x 的反比例函数的是（　　）。

A. $y=\frac{8}{x}$　　B. $y=\frac{3}{x}+7$　　C. $xy=5$　　D. $y=\frac{2}{x^2}$

（2）已知 y 是 x 的反比例函数，并且当 $x=3$ 时，$y=-8$. 则 $y=$______。

能力提升

（3）已知 $y=y_1+y_2$，若 y_1 与 x^2 成正比例，y_2 与 $x-2$ 成反比例，且当 $x=-1$ 时，$y=3$，则：

（1）求 y 与 x 之间的函数关系式。

（2）求当 $x=5$ 时，y 的值。

（学生独立完成当堂检测）6 分钟后，小组长收齐当堂检测，师当堂检测批阅，并赋分。

《去括号》课堂实录

陈树春

师：上课，同学们好！

生：乘风破浪，勇往直前，七年十班，奋勇争先。老师好！

师：请坐，请同学们完成课前检测。

一、检测回顾引入

合并同类项（直接写出答案）

①$7a-3a$　②$4x^2+2x^2$　③$5ab^2-13ab^2$　④$-9x^2y^3+9x^2y^3$

师：现在我们来核对一下答案。

①$4a$　②$6x^2$　③$-8ab^2$　④$0$

师：有错误的举手（3 个学生举手）。哪道题错了？

生：第 4 题。

师：当同类项系数互为相反数时，两个代数式的和为 0。

师：在整式中，常常会遇到带有括号的式子，在进行整式的运算时，就需要去括号。那么如何去括号就是我们今天要研究的内容（引入课题，板书课题）。

二、明确学习目标

师：这是我们今天的学习目标，请全体同学齐读一遍（多媒体展示）。

（1）理解去括号法则。

（2）准确运用法则将整式化简。

三、引导自主学习

师：请同学们独立完成学案“新知探究 1”。

取两组 a、b、c 的具体值，分别代入下面的整式求值，把上边和下边可能相等的整式用线连接。

$a+(b+c)$	$a+(b-c)$	$a-(b+c)$	$a-(b-c)$
$a-b+c$	$a+b+c$	$a+b-c$	$a-b-c$

四、组织交流展示

师：一组组长，展示你取的数值和计算结果。

生：我取 $a=1$，$b=2$，$c=3$，运算结果是：

$a+(b+c)=6$　$a+(b-c)=0$　$a-(b+c)=-4$　$a-(b-c)=2$

$a-b+c=2$　$a+b+c=6$　$a+b-c=0$　$a-b-c=-4$

所以，我的连线结果是：

$a+(b+c)$　$a+(b-c)$　$a-(b+c)$　$a-(b-c)$

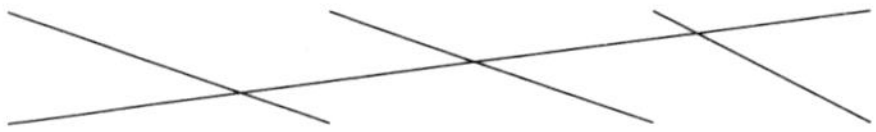

$a-b+c$　$a+b+c$　$a+b-c$　$a-b-c$

师：同学们，你们取的数值一样吗？

生：不一样。

师：连线结果一样吗？

生：一样。

师：那么，同学们有什么发现呢？

生：无论 a、b、c 取什么值，始终得到：

（教师板书）

$a+(b+c)=a+b+c$　$a-(b-c)=a-b+c$

$a+(b-c)=a+b-c$　$a-(b+c)=a-b-c$

师：请同学们独立完成学案“新知探究 2”。

利用乘法对加法的分配律，证明左边等式成立。

事实上，

$a-(b+c)$

$=a+(-1)(b+c)$

$=a-b-c$

即 $a-(b+c)=a-b-c$

师：去括号的原理是什么？

生：乘法分配律。

师：你能运用乘法分配律去括号吗？独立完成 $a-(b-c)$。一位同学板书，其他同学写在学案上，2 分钟后展示并讲解。

生：用括号前面因数为（-1），然后用（-1）逐一去乘以 b 和（$-c$），结果等于 $a-b+c$。

师：做得很好，提出表扬。小组加一分。

师：我们先举例说明等式成立，然后又通过推理，运用乘法分配律再次证明了去括号方法的正确性。

五、师生质疑点拨

师：比较等式两边字母前面的符号有何变化？去括号后括号前面的符号和括号怎么处理？

生：括号前面是加号，去掉括号后，不变号。括号前面是减号，去掉括号后都改变符号。

师：回答正确。小组加一分。那么，括号和括号前面的符号怎么处理呢？

生：直接去掉，否则与上面的规律不一样了。

师：回答正确，小组加一分。谁能完整地说一下去括号的方法呢？

生：括号前面是加号，把括号和括号前面的加号去掉，原括号里的各项都不改变符号；括号前面是减号，把括号和括号前面的减号去掉，原括号里的各项都改变符号。（教师板书）

师：快记顺口溜——去括号，看符号；是“+”号，不变号；是“-”号，全变号。

师：记忆 1 分钟。

师：例如，$3a-(2b-c)=3a-2b+c$，　$3a+(-2b-c)=3a-2b-c$

例题：先去括号，再合并同类项。

① $5a+2(b-a)$　　②$2(4x-6y)-3(2x+3y-1)$

师：这个例题我们发现去括号后有同类项，必须合并同类项以后才算做完，下面，找同学回答一下解题过程。

生：$5a+2(b-a)=5a+2b-2a=3a+2b$

生：$2(4x-6y)-3(2x+3y-1)=8x-12y-6x-9y+3=2x-21y+3$

师：形如例题这样的题目，应该注意什么？

生：注意书写格式，注意括号前面是减号时要变号。

生：不要漏乘。

生：去括号后如果有同类项要合并同类项。

师：同学们总结的很好，在今后做题中要注意到以上几点。

专项训练一（多媒体）：

（1）下面的去括号有没有错误？若有错，请改正。

①$+(a-b)=a-b$　　生：正确。

②$-(x-y)=x-y$　　生：错误。　改正：$-(x-y)=-x+y$

③$a-(b+c)=a-b+c$　　生：错误。　改正：$a-(b+c)=a-b-c$

（2）去括号（口答）。

$m+(-n-p)=$　　$m-(-n+p)=$　　$x+(y-z)=$

$a-(-b-c)=$　　$-(a-2b)+(c-d)=$

(3) 师：你能自己出题给同桌做吗？

生：$+(a-4b)$　　同桌：$+(a-4b)=a-4b$

生：$-(a-4b)$　　同桌：$-(a-4b)=-a+4b$

生：$+(-a-4b)$　　同桌：$+(-a-4b)=-a-4b$

生：$-(-p-4q)$　　同桌：$-(-p-4q)=p+4q$

(4) 独立完成学案专项训练 1 题，一组、二组、三组 4 号到侧黑板板书。

学案专项训练 1 题，去括号。

①$x+(y-z)$　　②$-(3m-2n+1)$　　③$a-(-b-c)$

师：小组互评，包括打分还有点评。

生：一组书写规范，答案准确，小组加一分。

生：二组书写规范，但是最后一项没有变号。

生：三组字体有点小，但是答案准确，三组 0.8 分。

专项训练二：

先去括号，再合并同类项

①$6a+(4a-2b)$　　②$7x-3(-5x+9)$　　③$2a+2(3a-b-2c)$

师：独立完成学案专项训练二题，四组、五组、六组 4 号到侧黑板板书。

师：小组互评，包括打分还有点评。

生：一组书写规范，答案准确。小组加一分。

生：二组书写规范，但是去括号时第一项没有变号，应该改为$+15x$。

生：三组清楚工整，答案准确，三组一分。

六、小结回顾目标

师：通过本节课的学习，你学到了什么知识，以后做去括号的整式运算题应该注意什么？

生：我学会了去括号法则。

生：①注意括号前面是减号的去括号时要变号。②括号前面系数不是 1 的，注意不要漏乘。③最后的结果一定要合并同类项。

七、当堂检测考试（1 题每题 1 分，2 题每题 2 分，总计 10 分）

(1) 去括号。

① $(x-2y)-(3-2z)$

②$-(a-2b)+(c-d)$

(2) 去括号，合并同类项。

①$3(5a+4)-(3a-10)$

②$x-3(2x+5y-6)$

③$-3x^2+(3x-4x^2)-(2x^2-3x+6)$

④ $(5a-3b)-3(a^2-2b)$

（3）选做题：先化简，再求值。

$(a^2-3a)-(-3a-2ab)$。其中，$a=-2$，$b=0.5$。

师：做完的交上来，老师批阅当堂检测。

师：下课，同学们再见。

生：老师，您辛苦了！老师再见。

《We all look different》教学案例

宋秀杰

教学目标

①能够听、说、读、写并会使用本课新学单词和短语：different，cute，twelve，thirteen，funny，almost，glass（es），blond look different/funny/cute/cool/...，twelve years old，short blond hair，wear glasses.

②能够流利地朗读课文，并理解课文。

③能够运用本课词汇及句型简单描述自己或他人。

④初步理解 have/has 的使用规律，并尝试使用。

教学重难点

①Teaching important points：运用本课词汇及句型简单描述自己或他人。

②Teaching difficult points：have/has 的用法。

学情分析

学生对人物描述有一定的语言基础，对不同人物的描述会稍微感兴趣。刚进入初中一年级的学生，教师因势利导，他们敢于表达，能够说出自己的真实想法。

教学过程

一、检查回顾引入

1. 课前检测 Pre-test（5 分钟）用词的适当形式填空

①We come________（来自）India.

②They're from________（中国）.

③I have__________（长的）black hair.

④________（她的）nose is small.

⑤____________（他的）hair is brown.

⑥He is__________（好看的）.

⑦The woman looks very________（漂亮的）.

⑧He often wears blue________（衬衫）.

（设计意图：5 分钟的课前检测，不仅使学生收心进入学习状态，而且复习巩固前一节的知识。)

2. 引入新课

Leading in. Teacher points to two pictures, says "He is a boy, she is a girl. The mother is tall but the baby is short. They're different.", then says to Ss "you are young but I am old" 引出本课标题《We all look different》，导入新课。

二、展示教学目标

（1）掌握下列单词。

different, cute, twelve, thirteen, funny, almost, glass (glasses), blond

（2）熟练运用短语。

... twelve/thirteen years old, short blond hair, look different/ cool/ cute..., wear glasses.

（3）掌握句型。

①—What does she/ he look like? —He/She looks...

② He is thirteen years old.

③ She has short blond hair.

④ He wears (a pair of) glasses.

(设计意图：对学习目标进行解读，让学生明确本课学习的任务。)

三、引导自主学习

1. 师问生答

Asking and Answering then practicing the conversation.

Teacher points to one of the pictures, ask "What is she wearing?" "What does she look like?" and help the students answer it with "He is wearing ..." "He looks...", then practice the conversation.

Show other pictures, teach Ss to say the sentences.

—What does he/she look like?

—He/ She is... He/ She looks... (beautiful/good-looking/cool)

(设计意图：此时教师板书下面对话内容，教师面向全班观察不在状态的学生，引导学生进行下面的自主学习。)

2. 教师指导学生学习

Describe the last little girl's looking in the pictures, learn "cute" and "blond".

Asking Ss "What do Jenny、Danny and Li Ming look like? Do you want to know?"

（1）Listening practice 听力训练。

Listen to the tape. Fill in the blanks. Then check the answers.

①Jenny is______ years old. She is__________.

②Danny is______ years old. He looks __________.

③Li Ming is from China. He wears...

（2）Reading 朗读训练（巡视全班学生进行提示、督促）。

Read the text by themselves. Correct their pronunciation.

Tell Ss to pay attention to the pronunciation.

（3）Teaching the text.

Showing pictures of Jenny/ Danny/Li Ming, learn the text new words：twelve，thirteen，funny，glass.（前两段以问答、填空、汉英互译的形式，分别展现课文句子，检查学生朗读和理解课文情况，最后齐声朗读 Li Ming 段，然后学习总结 different 用法。）

（设计意图：教师面向全班学生，引导学生自主学习，指导学生提高自主学习能力。）

四、小组交流展示

（小组讨论知识点，各组 1~3 号负责 6~8 号，检查其知识点的理解情况，并核对习题答案。然后各组分别派一名代表到前面展讲一个知识点，并展示答案。展讲时可以口述、可以板书。同学纠正、补充，教师点拨并赋分。）

Discuss the language points or difficulties into groups.

（1）She has short blond hair. 她留着金色的短发。一定注意颜色紧挨着名词去修饰它。

Eg：Nancy has ______ hair.

A. long brown　　　　B. brown long

（2）He has three black hairs. 他有三根黑色的头发。hair 作名词，意为“头发”，用作不可数名词，指头发的整体，此时谓语动词用单数。当指具体的几根头发时，hair 为可数名词，复数形式是 hairs。Eg：My hair ______ （be） blond. 我的头发是金黄色的。Eg：Sanmao has three________. 三毛有三根头发。

（3）你知道 have 和 has 的用法了吗？Eg：I have black eyes and my friend has blue eyes. 我长着黑眼睛，我的朋友长着蓝眼睛。Eg：We ______ （have） a book. He ________（have） a pen.

（4）We all look different！我们看起来不同！

look 在句中是系动词，意为“看起来，看上去”，后面接形容词作表语。类似的动词还有 feel“摸起来”，taste“尝起来”，smell“闻起来”等。例如，The scarf soft——那条围巾摸起来很柔软。The meat ________delicious——肉闻起来很香。

（5）different 是形容词，你会填空吗？

Eg：We're in the same school but we're in the___________ （不同的） classes.

This book is ______ (不同的) from that one. 词组 be different from... 汉语意思为“和……不同”。

(设计意图：确保人人参与，人人理解运用知识点，培养每个孩子的自信心。)

五、师生答疑质疑

(1) 根据学生自主学习、小组合作探究发现的问题，对重点、难点、易错点进行生生质疑、师生质疑，适当帮助学生解难答疑，并总结答题规律和答题方法。

(2) 猜人游戏 Play a guessing game。

Guess “Who is it?” 口头作文训练 “Practice talking about someone's looking”。

(设计意图：小组里挑出一个同学，大家用所学过的单词、短语和句子来描述他（她），再推举一名代表，带领全组站在到讲台，英语表述此人相貌，其他同学猜测，猜中后评价，打分。引进竞争机制。)

六、课堂小结

—What does she/he··· look like?

—She/ He is /looks beautiful/good-looking/cool/cute.

①Jenn	Canada	... twelve years old	... hair	... eyes	pretty
②Danny	Canada	... thirteen years old	... hairs	... big and tall	funny
③Li Ming	China	··· (almost) twelve years old	... hair	wear glasses/different	

(设计意图：梳理本课知识，总结收获，完善学生的学案，培养学生的总结归纳能力)

七、当堂检测考试

根据刚刚学完的课文来填空。(每空 1 分，共 10 分)

Jim is my classmate. He is from C__________①. He's________ ②（十二）years old. He________③（have）short blond hair. His eyes________④（be）big. He's very ________⑤（高）. He's 1.85 ________⑥（metre）tall. He often wears________ ⑦（glass）. He likes to wear sports________⑧（鞋）. He is________ ⑨（fun）. We all like________⑩（he）.

(设计意图：7 分钟内学生独立完成，教师评估反馈。拿出任意一个学生的去展示，核对答案，分别让学生说出理由并及时辅导。同桌互换打分。及时了解学生掌握情况。)

教学反思

这是我曾经践行“测-学-考”三段七步课堂教学的一节示范课。本课的话题很简单，就是介绍人物的特征。教材内容能够抓住学生的兴趣，让课堂层层深入，环环相扣。随着单词和词组的铺开，利用多媒体先展示一张非常漂亮的外国女孩图片，然后又加进了几张中外男女帅气靓丽的明星照片，深深吸引了孩子们的注意力。教师引导全体学生自主学习。课堂环节清晰，内容递进，小组活动生生参与，创设的每一环节都能让学生颇有兴趣，寓教于乐，学以致用。通过本节课，让孩子们不仅在英语能力上逐渐提升，而且能够在英语的学习中得到美的享受。

《My name's Gina》教学案例

佟荣华

教学目标

①能掌握以下单词：name，nice，to，meet，too，your，Ms.，his，and，her，yes，she，he，no，not。

②了解以下语法：my，your，his，her 等形容词性物主代词的简单用法；What's=what is，I'm=I am，name's=name is 等缩写形式。

教学重点

①让学生学会自我介绍，学会交朋友。

②正确使用问候语。

教学难点

My，your，his，her 等形容词性物主代词的简单用法。

学情分析

本单元的主题是熟识新伙伴，初中一年级的新生对初中生活充满好奇，乐于认识新人，结交新朋友，所以本节课采用“测-学-考”三段七步教学模式和 Practicing，Listening for specific information，Role playing 的学习策略，学习一些新词汇，掌握一些重点句型，在小组合作学习的过程中，进一步促进学生之间的了解。

教学过程

一、检测回顾引入（5 分钟）

（1）写出下列物品的英文名称。

地图________ 钟表________ 窗户________ 书包________

篮球________ 帽子________ 茶杯________ 门________

（2）写出有关见面打招呼的问候语（至少三句）。

（设计意图：复习巩固所学的物品的名称和见面打招呼用语，引入新课，为本节课学习做好铺垫。）

二、明确学习目标

Lead-in：Play the tape，enjoy the "Good morning!" song from the Starter Units，and get the students to sing together. Look at the learning aims：

（1）能掌握以下单词：name，nice，to，meet，too，your，Ms.，his，and，her，yes，she，he，no，not.

（2）能了解以下语法：my，your，his，her 等形容词性物主代词的简单用法。What's=what is，I'm=I am 等缩写形式。

（设计意图：通过播放歌曲引入目标，活跃课堂气氛，激发学生学习英语的热情，创设轻松地学习氛围。通过幻灯片的方式，展示学习目标，让学生明确本节课要学习和掌握的内容。）

三、引导自主学习

自学指导1：Try to memorize the new words，later we will have a show.

（1）Remember the new words：name，nice，to，meet，too，your，Ms.，his，and，her，yes，she，he，no，not.

（2）Practice a dialogue. 根据提示，两人编写一个打招呼并询问姓名的小对话。

A：Hello!　　B：________

A：________________?　　B：My name is Mary. And you?

A：________.（珍妮）　　A：____________?（他叫什么名字）

B：His name is Tony. Nice to meet you.　　A：________________.

自学指导2：文本学习。

（1）听读磁带，模仿语音语调，再大声读2a/2b对话，完成书中的习题。

（2）Make up a dialogue. 假设你和艾伦初次见面，编一个初次见面打招呼询问姓名的对话。

Eg：T：Hello! What's your name?　　S1：My name's...

T：I'm...　　S1：Nice to meet you!

T：What's his name?　　S1：His name is...

T：And what's her name?　　S1：Her name is...

（设计意图：通过预习和课上学习，学生介绍自己和询问他人的姓名。掌握my，your，his，her 的使用；培养学生运用语言的能力，学以致用的能力，交际能力及表达能力。）

四、组织交流展示

（1）Ask students to look at the picture in 2d. Then students read the dialogue by themselves and try to find out what their names are. Spelling the new words.

（2）T：（Point to the first boy）What's his name?

Ss：His name is Mike.

T：(Point to the first girl) What's her name?

Ss：Her name is Jane.

Then ask the second boy and the third girl's names. (Helen, Linda)

(3) Divide the students into groups of four. Let them practice the dialogue in their group.

(4) Then ask some groups to act out their dialogues in front of class.

(设计意图：培养学生的自信心，大胆地表达自己，学会合作。)

五、师生质疑点拨

(1) Is he/she a student? 的肯定和否定回答。

点拨：T：(Show a photo of Li Chen) Is he Liu Xiang?

Help students answer：No, he isn't. He's Li Chen.

Then (Show a photo of Liu Xiang) Is he Liu Xiang?

Help students answer：Yes, he is.

(Point to some students in the class.) Is he/she...? /Are you...?

(2) my/your/his/ her 的用法。

点拨：T：(Ask a boy stand up) What's his name?

Ss：His name is... (Repeat with another boy.)

T：(Ask a girl stand up) What's her name?

Ss：Her name is... (Repeat with another girl.)

(设计意图：教师根据学生自主学习、小组合作探究中发现的问题，对重点、难点、易错点进行重点讲解，帮助学生解难答疑，总结答题规律，点拨归纳知识点记忆法和答题方法。)

六、小结回顾目标

(1) Let's summarize what we have learned in this period.

(设计意图：结合板书回顾目标，总结本节课的重点。)

(2) 板书设计：

Unit 1：My name's Gina. Section A (1a-2d)

①—Hi, my name's Gina.	what's = what is
—I'm Jenny. Nice to meet you!	I'm = I am
②—What's your/his/her name?	name's = name is
—My/His/Her name is...	He's = He is
③—Are you...?	She's = She is
—Yes, I am. /No, I'm not.	

④—Is he/she...？　　　—Yes，she/he is./No，she/he isn't.

七、当堂检测考试（10分钟）

（1）根据句意用所给的单词或首字母填空（7分）。

①—What's ________（you）name？　—My name is Gina.

②Good morning，Miss Wang！Nice t ________ meet you！

③I ________（be）Sally，What ________（be）your name？

④________（I）name is Li lei.

⑤—What's ________（she）name？　—Her name's Mary.

⑥—What's ________（he）name？　—His name's Danny.

⑦—Is he a student？　—________，he is.

（2）写出下列单词的完全形式，并写出汉语意思（3分）。

I'm ________ ________；what's ________ ________；name's ________ ________

（设计意图：设计7个填空和3个缩写完全形式，紧扣本节课的重点知识，检测学生的学习目标是否达成。）

教学反思

本节课，我采用了学校“测-学-考”三段七步课堂教学模式。通过复习所学的物品的名称和见面打招呼用语，引入新课，What's your/her/his name？My/Her/His name is...。通过播放歌曲“Good morning！”活跃课堂气氛，激发学生学习英语的热情，创设轻松地学习氛围。通过播放幻灯片的方式，展示学习目标，让学生明确本节课要学习和掌握的内容。老师通过设计师生对话，生生对话的方式，引导学生自学，使学生在具体的语言环境中学习和掌握新单词。学生通过同桌或小组编对话的方式，介绍自己和询问他人的姓名，掌握my，your，his，her的使用。以小组展示、表演的方式，突破本节课的难点，同时培养学生运用语言的能力，学以致用的能力，交际能力和表达能力。学生能提出问题，教师恰当地点拨指导，总结规律和方法。结合板书回顾目标总结本节课所学知识。检测题紧紧围绕本节课的重难点知识设计，从检测结果看学生完成得还不错。本节课体现了小组学习的目标，使学生在愉快地完成每一个任务的同时，体会到合作学习的乐趣。每一位学生都积极参与到活动中，有所收获。

《Show and Tell》教学案例

李凤焕

教学目标

①自学本课词汇理解其汉语意思。

performance, common, it one's turn, put... on its side, take... out of, get sth ready

②理解本课重点句子和课文内容，并掌握本课知识点。

There are many other hobbies— from riddles, chess and reading, to model trains and even model rockets. 知识点：from... to...

I know about everyone in my family. 知识点：know about.

Many people enjoy learning about their family history. 知识点：enjoy doing sth.

③介绍自己的爱好。

教学重点

自学词汇理解其汉语，理解课文内容，并掌握本课知识点。

教学难点

介绍自己的爱好。

学情分析

就现阶段初中二年级学生学习英语的状况来看，大部分学生都是为了学习而学习，谈不上有兴趣。有些学生学习缺乏灵活性，掌握的句型单一。还有部分学生学习目的性不强，导致学习习惯不好，没有预习和复习的环节。下游的学生在小学时就失去了学习英语的兴趣，基础不好再加上初中的课程内容的加深，久而久之就形成了一种破罐子破摔的心理，上课时需要随时提醒这部分学生听讲状态。

教学过程

一、检测回顾（每空1分，满分5分，限时5分钟）

In this unit, we have learned lots of people's ______ (hobby). They are from riddles, chess and reading ______ model trains and even model rockets. Everyone should have their own hobbies. They are not only fun but also ________ (use). We can learn a lot from them. They can help us build our confidence and make our life more ________ (colour). They can also help us make more ________ (friend) and teach us to work well with others. The most important is that they can make us know more about our country.

(设计意图：检测学生对词性的运用，回顾前几课课文内容，引导学生培养自己的爱好。)

引入：Today, it's Danny's turn to show his hobby. what is Danny's hobby? Now, Le't go to see together.

二、明确学习目标

(1) 能够把本课的重点单词短语译成中文。

(2) 能够理解本课重点句子及课文内容，并掌握本课知识点。

(3) 能够向别人介绍自己的爱好。

(设计意图：让学生明白本节课应该掌握的语言知识和能力。)

三、引导自主学习

自读课文，在文中勾画出以下单词、短语，结合语境猜测其含义。

①performance________　　②common________

③it one's turn ________　　④put... on its side ________

⑤take... out of________　　⑥get sth ready ________

(设计意图：培养学生自主学习能力和根据语境猜词能力。)

四、组织交流展示

探究一：He has four books full of stamps. ________________。

full 为形容词，意为"满的，充满的"。full of 为形容词短语，在本句中作 books 的后置定语，four books full of stamps 译为：满满的四本集邮册。

翻译句子：Mary is a girl afraid of dark. ________________。

I have a question different from this one. ________________。

探究二：Finally, it's Danny's turn. ________________。

It's one turn to do sth：轮到某人做某事。

turn 此处作名词，意为"（轮流做某事的）时机；机会；次序"。one's 指名词所有格或形容词性物主代词。

It's Tony's turn to clean the room. ________________。

Tom, it's your turn to read now. ________________。

探究三：Let's put the box on its side, Danny. ________________。

put... on its side：将……沿侧面放。

Don't put the fridge on its side. ________________。

探究四：It's not a common box. ______________________________。

common：形容词"普通的；一般的"。

This is a common everyday expression. ______________________________。

探究五：Take your hobby out of the box and get it ready, Danny. __________。

take sth out of：把某物从……里拿出来。

He took some money out of his pocket. ______________________________。

get sth ready：把某物准备好。

I've got dinner ready. ______________________________。

探究六：你还有哪些问题？请写下来大家一起研究。______________。

（设计意图：培养学生团结合作意识和自主学习展示能力。）

五、师生质疑答疑

（1）There are many other hobbies — from riddles, chess and reading, to model trains and even model rockets. 知识点：from... to...

（2）I know about everyone in my family. 知识点：know about.

（3）Many people enjoy learning about their family history. 知识点：enjoy doing sth.

（设计意图：培养学生思考能力，鼓励学生发现疑问，培养学生的团队意识。）

六、小结回顾目标

Newwords：spin, performance, common.

Phrases：full of, it's one's turn (to do sth), put... on its side, take sth out of, get sth ready.

Sentences：

①There are many other hobbies——from riddles, chess and reading, to model trains and even model rockets. 知识点：from... to...

②I know about everyone in my family. 知识点：know about.

③Many people enjoy learning about their family history. 知识点：enjoy doing sth.

（设计意图：培养学生总结归纳能力。对本课知识点进行梳理。）

七、当堂检测考试

1. 基础题（共 5 小题，每小题 1 分，满分 5 分）（限时 3 分钟）

（1）My brother took a pair of runners ____________ the bag and put them on.

A. of　　B. on　　C. out of　　D. into

（2）I know ________ everyone in my class.

A. about　　B. of　　C. for　　D. on

（3）Tom's room is ________ his toys.

A. full　　B. full of　　C. filled　　D. filled of

(4) Brain enjoys ________________ (collect) stamps.

(5) It's my turn ________________ (sweep) the floor.

(设计意图：检查学生对本课知识点的掌握情况。)

2. 能力提升题（每空 1 分，满分 10 分）（限时 3 分钟）

Today the students showed and told their hobbies to their classmates. Brian showed his ________. Steven showed his yo-yo. Yo-yo is a ________ game. Danny showed a real ________ to his classmates. He put it in a big box. The box is too ________, and it can't fit ________ the door. So the teacher had to ask the students to come to the ________ with her. Danny ________ everyone in his family. He tells some ________ and ________ about his family. Everyone is very ________.

(设计意图：检查学生对重点单词和课文的掌握情况。)

3. 课后活动

介绍自己的爱好。(提示：collecting stamps, reading, flying kites..., I like... best.)

教学反思

在新课程改革的引领下，我校创立了三段七步教学法，即“测-学-考”。“测”指的是课前检测，前测的内容是对以前知识的检查和对本课内容的衔接。其既督促学生课下复习，又让学生明白本节课要学习的内容。“学”的部分分为：明确学习目标、引导自主学习、组织交流展示、师生质疑答疑、小结回顾目标。教学设计要考虑到学生的参与度，让不同层次的学生有事干，为不同层次的学生设计相关任务。课上一定要有让学生展演的环节，让尽可能多的学生体会到成功的快乐，培养学生的成就感。“考”指的是新授课后的测验，通过后测让教师全面掌握所有学生对本节课内容的掌握情况，也让学生自己清楚哪些知识掌握了，哪些知识还存在问题，为课下进行有针对性的复习和练习做下铺垫。后测题的设计也要求分层，让所有的学生都学有所获。三段七步教学法为教师指明了教学方向，让各个层次的学生都能参与到课堂的学习中，并有收获有成就感，有利于我校英语成绩的大面积提升。

《Clothes for a Cold Day》教学案例

刘亚智

教学目标

①学会使用下列单词：catch，ready，T - shirt，jacket，forget，hat，so，bright。

②学生能认识及听懂有关服装的语段，能连贯、流畅地朗读课文；能理解简单的书面指令；学会使用词组和句子。

③能运用所学句式介绍在雨天的穿着。

教学重点

掌握以下重点句子：

①Danny is ready for school.

②I look nice in this green T-shirt.

③You may catch a cold.

④Danny goes back and puts on a jacket.

⑤Your jacket doesn't go well with your shorts.

教学难点

①学会使用词汇：T-shirt，shorts，jacket，pants。

②学会介绍自己在雨天的穿着。

学情分析

初中一年级的学生对于服装的搭配很感兴趣，在平时的生活中也对此比较关注。学生对动词短语的掌握现在还比较薄弱，需要不断地巩固和练习。

教学过程

一、检测回顾引入

连词成句（共5小题；每小题1分，满分5分，限时5分钟）

（1）coat，is，whose，this ?

(2) it, for, too, big, me, is.

(3) gloves, are, whose, these?

(4) they, your, are, shorts?

(5) are, just, they, right, me, for.

(设计意图：要规范学生书写习惯，做到严格要求，落实到每一次练习，所以设计了四线三格，实操性很强。既复习了上节课的重点，也与本课内容相关，帮助学生快速进入学习状态。)

二、明确学习目标

(1) 能听、说、读、写本课单词。

(2) 掌握运用本课短语：put on、be ready for school、catch a cold、take them all out of、say good-bye to、go back to my classroom。

(设计意图：学生的学习目标中只体现了知识目标，让学生读出来，明确这节课要学会哪些知识，带着目的和任务去完成本节课的学习。)

三、引导自主学习

阅读对话，在文中勾画出单词、短语及句型，结合语境猜测其含义。

①感冒________　　②准备好上学 ________

③回来________　　④穿上 ________

⑤与……相配________　　⑥从……拿出________

⑦like to do sth________　　⑧in this T-shirt________

⑨看上去漂亮________　　⑩忘记你的雨伞________

⑪向某人道别 ________

(设计意图：让学生自读课文，带着任务去读，能使学生的思维不至于太过发散，喧宾夺主。)

四、组织交流展示

展读并完成下列探究活动。

探究一：Danny is ready for school. ________。ready 为形容词，意为"预备/准备好的"。常见搭配：

①be ready 意为“准备好”。Is supper ready?________?

②be ready for 意为“为……做好准备”。We are ready for work. __________。

③be ready to do sth　准备去做某事。

例 1　_____you ready _____to school?

A. Do; go　　B. Do; to go　　C. Are; to go

探究二：I look nice in this green T-shirt. ____________________。

在此句中，介词 in 是“穿”的意思，后面跟表示衣物的名词或表示颜色的衣物名词，意思为“穿……衣服”或“穿……颜色的衣服”。

Do you know the man in the black coat?____________________?

例 2　The girl_____ a blue shirt is the first.

A. at　　B. on　　C. in　　D. with

探究三：You may catch a cold. ____________________。

catch a cold 为一种常用的搭配，表示感染某种病或患某种疾病。我们还可以说 have a cold。catch 还有其他的意思吗？“Please catch a ball.”是什么意思？ _____。

例 3　The child often_______ (catch) a cold.

探究四：Danny goes back and puts on a jacket. 短语 put on 它与 wear 有什么区别呢？put on 意为“穿上，戴上”，后面跟衣物、鞋帽、袜子等。其指穿戴的动作，强调从没穿戴到穿上、戴上这一动作的转变。This is your new shirt. Put it on, please.

例 4　It's cold outside. _______ your hat.

A. Wear　　B. Dress　　C. Put on　　D. Be in

探究五：你还有哪些疑问？请写下来大家一起研究。

____

____。

(设计意图：本环节学生先独立完成，自己发现问题-小组内合作解决-小组代表展示成果并提出组内无法解决的问题-其他组同学解答。在活动结束后，引导学生对小组学习情况进行评价。)

五、师生质疑点拨

(1) Danny is ready for school. 知识点：be ready for。

(2) You may catch a cold. 知识点：catch a cold。

(3) Danny goes back and puts on a jacket. 知识点：go back 和 put on 的用法。

(4) Your jacket doesn't go well with your shorts. 知识点：go well with。

(5) Don't forget your umbrella. 知识点：forget 的用法。

(设计意图：在这个环节，教师只需要讲解同学们不懂的，自己无法解决的问题，能大大提高教师教学的针对性。)

六、小结回顾目标

Colorful Clothes.

Play the flash and ask students to listen and fill in the blanks.

Play the flash again to make them listen and chant with it.

（设计意图：英语的小节奏、诗歌、歌曲在英语学习中往往能带给学生快乐。这首小节奏将色彩与服装糅合起来。在帮助学生学习目标语言的同时，还能培养学生的语音、语调。）

catch，ready，T-shirt，jacket，forget，hat，so，bright

catch/have a cold，be ready for...，go back，put on（take off sth.），go well with take... all out of It's cold/raining/hot today. I like/don't like to wear... He/She likes... He/She doesn't like to wear... Don't forget sth.

（设计意图：帮助学生建立起对自己在每节课中的学习进行评价和整理的好习惯。通过这一环节对本节课的内容，从课文理解、语言运用和语法等方面进行二次领会和记忆。）

七、当堂检测考试

1. 基础题（共5小题；每小题1分，满分5分，限时3分钟）

（1）Please say goodbye ________ your teacher.

A. for　　B. to　　C. on　　D. in

（2）Your white shoes don't go well ________ your black dress.

A. with　　B. on　　C. of　　D. in

（3）You ________very nice in this yellow skirt.

A. look　　B. see　　C. watch　　D. is

（4）I want to ________ my hometown.

A. go back　　B. going back　　C. go back to　　D. going back to

（5）It's cold outside. Please ________ your coat when you go out.

A. put on　　B. dress　　C. wear　　D in

2. 能力提升（选做）（共5小题；每小题1分，满分5分，限时3分钟）

（1）There are many ________ （T-shirt）at the store.

（2）I have two red ________ （hat）.

（3）Danny is ready ________ （go）out and play.

（4）Look！It is ________ （rain）.

（5）Tom often ________ （forget）to do his homework.

（设计意图：严格要求学生独立完成，限时赋分，当堂检测题分层次设计，基础题全面检测，所有学生完成，检查本节课掌握情况，提升题注重综合，使优生能进一步发展。)

教学反思

培养学生的文化意识是新课程标准的五维目标之一。教师在授课的过程中要有意识地收集各种资源，通过图片、影片、歌曲等多种形式，培养学生跨文化的交流意识。

《Show and Tell》教学案例

郭秀英

教学目标

①Learn to use the new words and phrases.

performance common spin.

parking lot... up and down... go through.

②Read and understand the meaning of the text.

③Show and tell your hobbies to others.

教学重点

Understand the meaning of the text.

教学难点

Show and tell your hobbies to others.

Student analysis：Lesson 41 Show and Tell 展示和讲述爱好，教学对象是初中二年级学生，思维能力快，自我意识强，有较强的求知欲和表现欲。

教学过程

一、检测回顾引入新课

Fill in the blanks.（5 分）

There ______ （be） many different types of ________ （hobby）. Some people enjoy ________ （collect） things. Others are interested ________ games. I like to play yo-yo in my free time. What's ________ （you） hobby?

（设计意图：通过前几课关于爱好话题的学习，激发学生学习英语的兴趣。）

Do you want to know Danny and his classmates' hobbies? Now this class let's go to see them how to show and tell their hobbies.

板书课题 Lesson 41　Show and Tell

二、明确学习目标

Show Learning aims

三、引导自主学习

1. Give three minutes to read the lesson quickly and tick the correct answers.

(1) What are the students doing today?

□They are playing in the parking lot.

□They are showing their hobbies to their classmates.

(2) What is Steven's hobby?

□He likes collecting stamps.

□He likes playing with his yo-yo.

(3) Where is Danny's hobby?

□In a tall box.

□In a tree.

(4) What does the teacher ask the students to do?

□To come to the parking lot

□To stay in the classroom.

(设计意图：快速默读课文并根据问题在课文中寻找答案。对课文内容进行初步了解。练习学生的阅读理解能力。)

2. Read the lesson carefully and discuss the questions.

(1) How many kinds of hobbies are there in the passage ? What are they?

(2) What does Brian bring for Show and Tell?

(3) Where is Danny's hobby?

(4) Why won't the box go through the door?

(设计意图：提升学生的阅读理解能力，小组内解决问题，可以练习学生的合作探究能力。)

3. Check up reading. Ask the students to read the text.

四、组织交流展示

展示一：Retell the text. Fill in the blanks (15 分)

Today the students are telling classmates their common hobbies. Brian brings his ________ ________ He has four books ________ ________ stamps. Steven shows the class his yo-yo. He ________ it ________ ________ ________ It's a good ________. Danny's hobby is in a big box in the ______ ______. It is too big to fit______ the door. The teacher takes the students to the parking lot to see it. Danny ________ his hobby out of the box. It's his family tree. He knows ________ everyone in his family. Everyone is ________ in the facts and stories about his family.

展示二：Group show：What's your hobby ?

Suppose you're a reporter, you will interview your group members about their hobbies. Talk about your hobbies in groups, then act it out.

What is your hobby ? When did you take up your hobby ? Why do you like it? Are there any stories about your hobbies ?

（设计意图：通过短文挖空练习，让学生复述课文，加深对课文的理解；通过采访交流展示，了解更多的爱好，让学生们有更大的发挥空间。）

五、师生质疑点拨

（1） What's the meaning of the parking lot ?

（2） He spins it up and down. （翻译）

六、小结回顾目标

Summary：

Performance common spin parking lot up and down go through.

It's one's turn to do something. What's your hobby ?

板书设计 Lesson 41：Show and Tell

Common performance spin parking lot up and down go through.

It's one's turn to do something. What's your hobby?

七、当堂检测考试

Test（10 分）

1. Choose the best answer（6 分）

（1） There are many cars in the________lot.

A. park B. parking C. parked D. parks

（2） The elephant can't go ________the door into the room.

A. over B. through C. across D. past

（3） It's our turn________the stories.

A. tell B. told C. to tell D. telling

（4） We should clap________their great performance.

A. on B. in C. with D. for

（5） The bottle ________ milk

A. full of B. be full of C. is full D. is full of

（6） This kind of flowers is very________, we can find them everywhere.

A. special B. common C. beautiful D. ugly

2. Make sentences with words（4 分）

（1） hobby，is，what，his

____?

（2）up and down, he, spin, can, yo-yo

____.

（3）was, he, in, not, interested, painting

____.

（4）dancing, years, she, five, took up, ago

____.

（设计意图：单项选择属于基础性作业，连词成句属于拓展性作业，学生运用本课所学的短语、句型，达到知识由输入到输出的目的。）

教学反思

本节课我采用我校“测-学-考”三段七步课堂教学模式，开始围绕“hobby”设计短文填空，并迅速切入新知识的学习。用“What's your hobby ?”引出课题，出示学习目标，再通过视频和图片以愉快的方式进入英语学习。教师带动学生，并在视频和图片中掌握新单词和短语的意思，进而导入课文阅读。由整体感知课文，精读课文到复述课文，让学生对课文的理解更透彻。课下分层布置作业，符合双减背景下作业设计。

成功之处：

（1）设计活动符合学生的年龄特点，鼓励和引导学生积极发言，力求使各个活动环环相扣。

（2）通过视频和图片，创设了真实生动的情境，调动学生的学习积极性和主动参与的热情。

（3）活动形式多样化：个人活动，同伴活动和小组活动。对于学生完成任务的情况给予适当的反馈与评价，最后评出优秀小组给予表扬。

不足之处：时间分配不合理，讨论和讲解的时间偏长；没达到全英文授课。

《An E-mail to Grandpa》课堂实录

李艳霜

一、检测回顾引入

T：Morning，boys and girls.

Ss：Good morning，Ms. Li.

T：How are you today?

Ss：I'm fine. Thank you，and you?

T：I'm very well，thank you. This unit，we have learned something about the Internet. What can you do on the Internet? How often do you use your computer? I'm sure you can answer my questions very well. It's time for our duty report. Who is on duty today?

S1：Oh，it is my turn. Hello，everyone. My name is Wang Siqi. I am on duty today. In our daily life，we often use the Internet...

T：Thank you for Wang Siqi's duty report.

Q1：What does she think of the Internet? ________________.

Q2：What can she do on the Internet? ________________.

Look at the picture now. Do you know the girl? Who is the girl? What is she doing? (Show the pictures of Wang Mei and his grandfather to the class.)

Ss：Wang Mei. She is writing an e-mail.

二、明确学习目标

T：Look at the other picture. Who is the old man?

Ss：Oh，Wang Mei's grandpa.

T：Yes，Wang Mei is writing an e-mail to her grandpa. What can she do on the Internet? Now let's begin our new lesson——Lesson 24 An E-mail to Grandpa. In this lesson we will use these words and phrases，then try to talk about the Internet and show how to use it properly.

Learning objectives：

(1) Get to use the important words and phrases properly.

(2) Try to talk about the Internet and show us how to use it properly and carefully.

三、引导自主学习

T: I'll show you some pictures and help you try to understand the new text. I think some of you can help me and you. Come on.

Picture One: Chat programs

S2: Hello, everyone. I'll talk about chat programs. Do you know QQ? Do you have QQ number...

S3: My QQ number is...

T: Wechat is a chat program. Momo is a chat... They are chat programs...

Picture Two: Do some research on the Internet.

T: I want to do some research on the Internet. But I don't know how to do it. Who can help me?

S4: I did a report about Easter. Last week I learned something about it. I can do some research about it on the Internet...

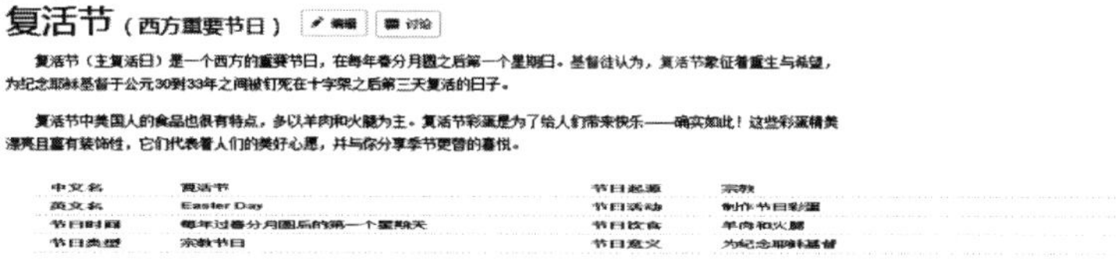

复活节（西方重要节日）　编辑　讨论

复活节（主复活日）是一个西方的重要节日，在每年春分月圆之后第一个星期日。基督徒认为，复活节象征着重生与希望，为纪念耶稣基督于公元30到33年之间被钉死在十字架之后第三天复活的日子。

复活节中美国人的食品也很有特点，多以羊肉和火腿为主。复活节彩蛋是为了给人们带来快乐——确实如此！这些彩蛋精美漂亮且富有装饰性，它们代表着人们的美好心愿，并与你分享季节更替的喜悦。

中文名	复活节	节日起源	宗教
英文名	Easter Day	节日活动	制作节日彩蛋
节日时间	每年过春分月圆后的第一个星期天	节日饮食	羊肉和火腿
节日类型	宗教节日	节日意义	为纪念耶稣基督

Picture Three: Download some e-books.

T: Do you know e-books? Can you download some e-books? Who can ? Nobody? Oh, I can help you. (Show it to the class.)

Picture Four: Map programs.

T: We plan to go to a new place. The map programs are helpful. Have you ever used map programs? Can you tell me how to use them?

S5: Hello, everyone. I'll talk about map programs. They are useful. Do you know these ...

T: Thank you for helping me. (Shake hands)

In the future you can travel around the world, they will help you. Can Wang Mei use map programs or download some e-books for her grandpa? Let's listen and write true (T) or false (F) (Let's do it! Part1), then check your answers and help to correct the sentences with your partner.

四、组织交流展示

T: Read aloud the text by yourselves and try to read as well as you can. Then complete the following tasks. (Help the Ss who are in trouble.)

1-2 补全句子，3 回答问题，4 翻译给出的句子，5 找出本文的主题句。(限时 5 分钟完成，每题 2 分，满分 10 分。)

(1) Wang Mei is writing this e-mail on ________ new laptop.

(2) Wang Mei ________ how to use a chat program.

(3) How did Wang Mei do her report about Easter? ____________________

(4) It is quite easy to find information on the web. ____________________

(5) ____

T: If you have problems, I can help you. (5 minutes later, show these answers.)

Who can show your reading? Who can get full marks?

S6: Ms. Li, I have a try to read this e-mail... (Read aloud.)

(Check their answers and go over this e-mail...)

五、师生质疑点拨

T: We can do some things on the Internet... Try to complete the mind map and talk about how to use the Internet properly in small groups. The mind map can help you to show well.

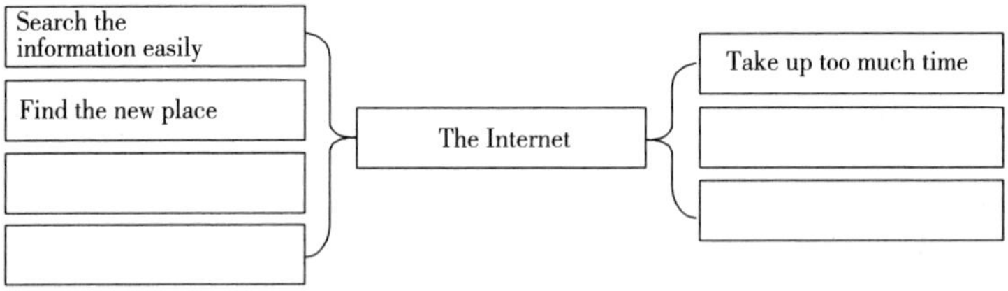

Group1: The Internet are helpful. We can do many things on the Internet. We can search the information easily. We can find the new place to travel. We can set up a time to chat with our friends.

Group2: We can do many things on the Internet, such as downloading something new, using chat programs to stay in touch with my friends. But sometimes it takes up our too much time. We think it is bad for eyes.

Group3: The Internet is useful. Many people like to use map programs, or they will be lost when they are in a new place.

Group5: The Internet is not perfect... (Encourage them to show their mind maps. Then put up their mind maps on the blackboard.)

六、小结回顾目标

Look at the blackboard design.

Do so many great things

1. Use chat programs　set up a time
2. Download some e-books
3. Do some research on the Internet
4. Use map programs

七、当堂检测考试

What can you do on the Internet? How to use the Internet well? Write an e-mail to your friend \ cousin \ father \ mother...

Dear, ________

____

____

____

T: That's all for today. Class is over. Goodbye!

《An E-mail to Grandpa》课堂实录　李艳霜

《Be Yourself!》课堂实录

修宝香

T：Good morning，class.

Ss：Good morning，Ms. Xiu. Our slogan：Speak more，act more，English is easy ！

一、检测回顾引入

Fill in the blanks with the correct forms of the given words.（5 minutes）

（1）Last year，he ________（return）to China to play for the Chinese team.

（2）Once，she ________（win）a game for her city. She was very proud of herself.

（3）Her dream is ________（play）ping-pong in the Olympics.

（4）Jack wants to continue ________（study）Chinese when he returns to Canada.

（5）He is ________（weak）in math than English.

T：No. 3 in each group writes the answers on the blackboard，the others write them on the paper.

T：Tick around the students and find the problems. Choose one student to check the answers on the screen，the rest correct each other.（1. returned，2. won，3. to play，4. studying，5. weaker）

T：Forty students get full marks，well done.

二、明确学习目标

T：Who is on duty today?

S1：It is my turn. My name is Wang Ziyu. I am good at English. I work hard at English. I want to be an English teacher. I am weak in doing sports，so I will do it every day.

T：Clap for her! Exactly，Wang Ziyu has some strong and weak points，but she is confident. Nobody is perfect，so you should be yourself. Now let's begin to learn Lesson 45——《Be Yourself!》

T：Read them together twice，please.（Learning Objectives）

（1）Try to use the words and phrases：stupid，smart，impossible，weak，strong/weak points...

（2）Talk about your strong/weak points.

三、引导自主学习

Task 1：Learning new words.

T：Who can read and remember the new words correctly?（Ask for help in the group.）

Make up a sentence with the new words, you can get 1 point for your group.（3 minutes）

（Students learn new words actively, and read one by one in the groups. The teacher help the students in need.）

S2：Ms. Xiu, could you please read "stupid and impossible" to me ?

T：With pleasure. Read after me.

T：Pay attention to the pronunciation of stupid/impossible. Are you ready, boys and girls?

S3：I am weak in math.

S4：I am weaker in math than him.

S5：It's impossible to remember so many new words in such a short time.

S6：The boy is very smart. He is the smartest in our school.

S7：Nothing is impossible if we work hard.

T：You work so hard. I am proud of you！ I expect you to finish the following challenge.

Complete the sentences. The first letter is given.

(1) She's too w________________ to feed herself.

(2) It was s________________of you to take a map with you.

(3) It's i________________ of you to make the same mistake again.

(4) He sometimes makes s________________ mistakes.

S8：My answers：1. weak, 2. stupid, 3. impossible, 4. smart.

S9：Ms. Xiu, I think we should exchange the answer "stupid" with "smart".

T：Do you agree with him? I think so. You did a good job.

T：Each member in Group 1, Group 2, Group 5 and Group 6 gets full marks, their groups all get 2 points. Clap for them, please.

S10：Ms. Xiu, I don't understand "She's too weak to feed herself".

T：What a good question！You learned very carefully.

S11：I can help her. It means "她太虚弱了，不能自己吃饭".

T：Thank you for your help. If you have any question, be sure to tell us. Let's work together.

Task 2：Task reading.

T：Listen and read the passage twice and finish the following tasks.（10 minutes）

（1）题补全句子；（2）题选择正确答案；（3）~（4）题回答问题；（5）题翻译给出的句子。（10′）

（1）She wants to get some ______________ from Sue.

（2）What is the sad girl's problem？（　　）

A. She thinks she looks very common. Sometimes she makes stupid mistakes.

B. She doesn't do well in English.

C. She doesn't have any friends.

（3）Does the girl feel sad about herself？______________________________.

（4）What are Sue's suggestions？

____.

（5）The important thing is to learn from your mistakes.

____.

T：Read as fast as you can. Catch the key words. Be confident to present in groups.

S12：Ms. Xiu，Can I use “help/advice” for the first blank？

T：Well done！The first blank can be filled with different answers. Zhang Zihan is very smart.

S13：I think Sue's suggestions should include “Be yourself！”.

T：Yes. Group 5 presents wonderfully. They have the spirit of teamwork. Sue advises the girl to know her strong points first. Now think about your strong points and share them with us.

S14：I want to have a try. I am strong. I am good at Chinese. I am a nice helper.

S15：I often help my mother do housework.

S16：I love my class. I usually clean the blackboard. I often pick up the rubbish.

S17：I work hard at school. I always get first prize in the exams.

T：You are all so active and excellent. I take pride in you. Come on. Give you a big smile.

四、师生质疑点拨

T：This is a letter from our class. The shy girl needs some help. Can you give her some advice？Discuss for 3 minutes and show us your ideas in groups.

Dear Ms. Xiu，

I think I am very smart. Do you agree with me? Now，I am not happy because I am weak in English and I always fail the English exams.

However, my classmates got better grades. I made many stupid mistakes in the exams. It is impossible for me to learn English well. And I am afraid to face my parents. They are strict with me. What should I do? Can you help me?

A shy girl

Here are the suggestions that the groups present:

G1: Ask the teacher for help. Practice reading English every day.

G2: She doesn't need to be worried. She can talk to her parents. She should be confident.

G3: She can watch some English movies as often as possible.

G4: Speak English aloud every day. Talk with her classmates in English.

G5: She must listen to the English teacher carefully in class.

G6: Be herself. Join an English club and make more friends. Smile at herself.

T: With the help of so many good suggestions. I hope the girl will do better and better in learning English.

五、师生质疑点拨

T: Do you have problems in life and study? Discuss in pairs and help each other.

S18: I am weak in math. I often fail in math exams. I should be brave to ask the teacher. Zhang Jiayao said he would help me.

S19: I usually make stupid mistakes in physics. My group leader is willing to help me.

S20: I can't speak English clearly and I am always nervous. I am supposed to overcome it from now on. My partner advised me to read a lot.

S21: What's the meaning of "be hard on"?

S22: 对……苛刻。

T: They are brave enough to share their problems. And there are so many volunteers.

六、小结回顾目标

S23: I have learned the new words and phrases: stupid, smart, impossible, weak / strong points...

S24: I have learned about my strong and weak points and I have more confidence in myself.

T: Boys and girls, I wish you all to work hard and turn weak points into strong points. You are special and unique in your own way. Be yourself!

七、当堂检测考试

英语课上，同学们正在准备举行以“真实的自我”为主题的演讲活动。请以李华的名义，向同学们介绍一下自己。要求：演讲词必须包括所有提示内容，词数 80 个左右。

提示：

(1) What are your strong points?

(2) What is your dream for the future?

(3) How will you do to become better?

Hello, everyone !

I'm Li Hua and I'm very happy to stand here to talk about myself. ______________

____

____.

T: Hand in your writing, please. That's all for today. See you!

Review Unit 3 of Grade Eight 课堂实录

刘丽娜

T：Good afternoon，class.

Ss：Good afternoon，Ms. Liu.

一、检测回顾引入

T：No. 5 in each group writes the answers on the blackboard，the others write them on the paper.

S1-S7：(Write down their answers)

Fill in the blanks with the correct forms of the givenwords.（5′）

(1) Cats feed on birds and ________ (mouse)

(2) Firemen are always in ________. It's very ________ for them to put out the big fire.（danger）

(3) We should face difficulties ________.（brave）

(4) This photo often reminds me ________ my old friends.（盲填）

(5) You'd better avoid ________ (make) the same mistakes on one problem.

T：（Tick around the students and find the problems.）I'll choose one student to check the answers on the screen，the rest correct each other.

S8：Mice，danger，dangerous，bravely，of，making.

T：Who got full marks?

T：Most of the students get full marks，well done.

二、展示学习目标

T：Let's see our learning aims.

(1) To remember the important words and phrases of Unit 3.

(2) To use the following words and phrases：avoid；protect...from doing...；warn；be famous for/as...；the number of.../a number of....

Now let's begin to review.

T：Read them together twice，please：avoid；protect...from doing...；warn；be famous for/as...；the number of.../a number of...

Ss：avoid；protect... from doing...；warn；be famous for/as...；the number of.../a number of...

三、引导自主学习

Task 1：Write down the words and remember the wrong.

T：please write down the words. I will ask one student to write his on the blackboard.

S9：Go to the blackboard board book，let the students sit at the same table exchange，use the words before the blackboard to check，point out mistakes and strengthen memory（2 minutes）Students are required to speak out in accordance with the：“four to” namely “eye to，mouth to，hand to，heart to” principle to remember the wrong words.

Ss：Read，write and remember the wrong words.

Task 2：Key words explanation.

1. Vacation

T：Now，let's review some important words.

S10：Vacation，go on a vacation. vacation n. 假期，休假；go on a vacation 度假。

2. Lay

T：Now，let's learn the next one——lay and lie，first who can tell the differences between them?

S11：lay：v. 产卵/下蛋，放置（及物动词）；lay-laid-laid-laying。

3. Lie

lie：平躺，lay-lain-lying（不及物动词）；说谎，-lied-lied-lying。

T：When you remember lay and lie，I'd like to teach you a convenient way to remember：下蛋就 laid-laid（累的-累的）；一躺下 lie 全变形（lay-lain）；一撒谎就要赖的（lied-lied）。

4. Avoid

T：Who can tell some points about avoid?

S12：avoid：v. 避开，躲避；avoid doing sth，避免做某事；avoid sb/sth，避开某人、某事。

T：Now，let's do some listening.

听句子，选出句子中所包含的信息。

（1）A. lie；B. lay；C. tie.

（2）A. We should go out by ourselves at night；B. We shouldn't go out by ourselves at night. C. We went out by ourselves last night.

S13：A，B.

听力原文：①People lay some mooncakes on the table on Mid-Autumn Day. ②We should avoid going out alone at night.

The teacher reads the questions according to the method of listening questions, let the students choose, and then show the original listening text, let the students clear the examination and knowledge docking. Then continue to review the other key knowledge.

5. Protect

T: Let's review "protect", who can tell the points of it?

S14: protect... from/against doing sth 保护……免受……

T: Good. Let's see the language points.

protect: v. 保护; protection: n. 保护（措施）; protect sb/sth; protect... from/against doing sth: 保护……免受……

e. g. Sunglasses can protect us from/against the strong sunshine.

Before presenting the knowledge, let the students propose the knowledge, and then let the students complete the exercises independently, and then 2 ~ 3 students will complete the explanation of the exercises.

T: Who can say something about cut? Now please remember the following:

6. cut-cut-cut

cut down: 砍倒，减少; cut in: 打断，插嘴; cut up: 切碎; cut out: 删除，突然熄灭; cut off: 切断，砍掉。

T: I give you some time to consolidate memory, and then show the exercise application.

Ss: Read and write.

S15: B; C.

(1) Earth Day is coming and I think we should call on people not to ________ too many trees.

A. cut up B. cut down C. cut off D. cut out

(2) Our country is taking action to ________ air pollution.

A. cut out B. cut up C. cut down D. cut off

四、组织交流展示

T: please write down the phrases and check, then remember the wrong. (Ask a student to go to the blackboard board book, let the students sit at the same table exchange, use the words before the blackboard to check, point out mistakes and strengthen memory.)

Ss: read and write.

五、师生质疑点拨

T: Do you have problems in the exercises? Discuss in pairs and help each other.

S16: I want to know the differences between protect... from... and prevent...

from. . .

T：Let's discuss in groups.

T：Group Six，please share your ideas.

G6：They have different meanings. One is 保护……不受……的侵害，The other is 阻止……做某事。

T：Other groups，do you have your opinions?

G5：We agree with Group 6. When we do some exercises，we should translate them carefully.

T：They are brave enough to share their problems.

六、小结回顾目标

Let's look at the screen. Remember the important language points：

avoid2；protect. . . from doing. . . ；warn；be famous for/as. . . ；the number of. . . / a number of. . .

七、当堂检测考试

T：Now，let's check the language points. Please do them carefully.

1. 词语运用（5 分）

There are all kinds of animals in the world，such as 1. ________ (mouse)、tigers、lions and so on. Some of them are in 2. ________ (danger) situations. Today 3. ________ number of tigers has dropped to a few thousand.

To protect tigers，we should avoid 4. ________ (use) products made of bones. We should protect tigers 5. ________ hunting and killing.

2. 连词成句（5 分）

(1) afraid，going，at night，she，of，is ，out，alone.

____.

(2) Hainan，famous，weather，its，for，is

____?

(3) picture，of，me，reminds，friend，old，an，the

____.

(4) relationship，have，what，they，beautiful，a ！

____!

(5) movie，touched，the，my，deeply，heart

____.

T：Please write down your answers carefully. Then check.

T：I will ask someone to tell his answers.

S17：mice，dangerous，the，using，from.

S18：She is afraid of going out alone at night.

S19：Is Hainan famous for its weather?

S20：The picture reminds me of an old friend.

S21：What a beautiful relationship they have!

S22：The movie deeply touched my heart.

T：Who got full marks?

T：Well done!

T：That's all today. Class is over. Goodbye!

Review Unit 3 of Grade Eight　课堂实录　刘丽娜

《欧姆定律（二）》教学案例

杨延军

教学目标

知识与技能

①理解欧姆定律的内容。

②会用欧姆定律的公式进行简单的计算。

过程与方法

①通过教师教授，实验等方法掌握本节课内容。

②学生积极与他人合作，共同完成学习任务。

情感、态度与价值观

①能够树立需要在活动前做好合理计划的意识，鼓励学生通过实验探究结论，自己掌握学习物理的基本方法。

②培养学生的合作意识。

教学重点

欧姆定律的内容和公式及使用注意问题。

教学难点

欧姆定律公式的运用。

教学过程

一、检测回顾引入

1. 课前检测（3 分钟，共 5 分）

（1）在虚线框内画出探究电流与电阻、电压关系的电路图。

（2）通过探究得到的两个结论是：

①电流与电压的关系是：________________。

②电流与电阻的关系是：__________________。

2. 新课引入

在探究电流、电压和电阻的关系的实验中，得到的两条实验结论是什么，阐述出来。把这两条实验结论综合起来阐述，就是我们今天要学习的欧姆定律。今天我们来学习欧姆定律。

（设计意图：让学生复习上节课实验的内容，引入新课。）

二、明确学习目标

①理解欧姆定律的内容。

②会用欧姆定律的公式进行简单的计算

三、引导自主学习 1

3 分钟时间自学教材第 80 页“欧姆的研究发现”。

①知道欧姆定律的内容、公式、单位是什么？

②一导体的电阻为 30 Ω，在它两端加 12 V 的电压，通过它的电流是多少？如果在它两端加 0 V 的电压，电流是多少？电阻又是多少？

四、组织交流展示 1

（1）找学生展示欧姆定律的内容、公式、单位。

（2）例题解析（学生独立做题，黑板板演，并讲解做题过程和方法，教师补充总结）。

（3）师生一起总结解题规范。

①画出简易电路图，在图上标出已知量、未知量。

②统一单位。

③先写出公式，再代入数据和单位，最后得结果。

④解题过程要有必要的文字说明。

⑤对同一段电路 I、U、R 的下角标要统一。

五、引导自主学习 2

①R_1，R_2 串联，已知 $U_1=2$ V，$U_2=4$ V，电路中电流 $I=0.5$ A，怎样求 R_1，R_2？

②电源电压不变，电阻 R_1 和电阻 R_2 并联在电路中，$R_1=10$ Ω，$R_2=20$ Ω，通过电阻 R_1 的电流为 0.6 A，则电源电压多大？通过 R_2 的电流是多大？干路中的电流是多少？

③在一段导体两端加 4 V 的电压时，通过它的电流是 0.2 A，当在这个导体两端加 6 V 的电压时，通过它的电流是多大？

六、组织交流展示 2

深化理解欧姆定律，每组派一名同学到黑板板演，其他同学独立完成。做题结束后，学生独立讲解做题思路和过程，组内其他同学可做补充，其他组的同学倾听后负责查找不足。

七、师生质疑点拨

生：欧姆定律的公式是否适用于所有的电路？在计算过程中怎样更好地提高成功率？

师：通过合作学习，知道欧姆定律的公式是否适用于组合电路，在欧姆定律的计算中还要用到哪些重要的知识？

通过独立做题、展示，让学生自己领悟利用欧姆定律公式做题需要注意的问题和做题步骤，让学生知道如何在电路中引用欧姆定律，对一些疑难的问题进行巩固，并对易错的知识点进行区分。

八、小结回顾目标

找学生总结。

今天我们学习了欧姆定律，以后我们做任何一道电学问题都要使用欧姆定律。今天课堂的重点是欧姆定律公式的应用，做题的成功率及对各组进行点评。

九、当堂检测考试（10 分钟，共计 10 分）

（1）一个 5 Ω 的电阻，两边电压为 3 V，求：

①通过电阻的电流。

②如果电阻两端电压为 6 V，则电流是多少？

（2）通过某电阻的电流为 0.4 A，两端电压为 6 V，求：

①其电阻是多少？

②当其两端的电压为 12 V 时，电阻是多少？

③如果未接入电路，其电阻是多少？

（3）如图 1 所示，甲、乙分别是两个电阻的 $I-U$ 图线，乙电阻阻值为 ______ Ω，电压为 10 V 时，甲中电流为 ________ A。

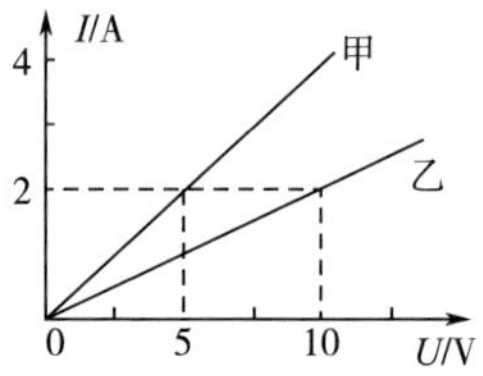

图 1

教学反思

教学思路清晰，课时目标准确，教学程序规范完善。教学环节循序渐进，体现分层教学；课堂学习氛围民主和谐，注重过程性评价；当堂训练及时巩固了所学内容。

总之本节课还算顺利，也达到了预期的效果，学生也很积极，课堂很活跃，使我明白了学生不是不喜欢学物理，而是老师应该调动孩子学习的积极性。我决定在今后的教学工作中会认真学习名师先进经验与理念，来指导我的工作，让我的课堂更高效。

《用量筒测小空玻璃瓶的密度》教学案例

李　健

教学目标

知识与技能

①通过实验进一步巩固密度的概念。

②学会用量筒和水测量小空玻璃瓶密度的方法。

过程与方法

通过探究活动，培养学生从不同渠道获取信息的能力和信息的交流能力。

情感、态度与价值观

培养学生合作的精神，感悟解决问题的喜悦，增强学习的信心。

教学重点

量筒的使用。

教学难点

用量筒和水测量小空玻璃瓶的体积和质量。

实验器材

量筒、水、小玻璃瓶、烧杯、细竹签。

学情分析

随着学习知识的增多，加上当初对知识理解的不够透彻，许多同学都感到书看得懂、课听的明白，但是遇题做不好，不能迁移旧知识去解决新问题，不能理解、掌握简单的物理实验操作。思维能力和语言表达能力还较差，举一反三的能力欠缺。部分学生的学习兴趣不高，学习不主动。

教学过程

一、检测回顾引入（所有同学在导学案上完成，3 组 4 号同学公布答案）

课前检测（每空 1 分，5 分）小红在实验室里测某种小矿石的密度，选用天平、量筒、小矿石、细线、烧杯和水，进行了如下的实验操作：

A. 将小矿石用细线系好后慢慢地放入量筒中并记下总的体积。

B. 把游码放在标尺的零刻度线处，调节横梁上的螺母，使横梁平衡。

C. 把天平放在水平桌面上。

D. 将小矿石放在左盘中，在右盘中增减砝码并移动游码直至横梁平衡。

E. 在量筒中倒入适量的水并记下水的体积。

①正确的实验操作顺序是 ______（只填字母序号）。

②在调节天平时，发现指针位置如图，此时应将平衡螺母向______调（选填“左”或“右”）。

③用调节好的天平称小矿石的质量。天平平衡时，放在右盘中的砝码和游码的位置如图1乙所示，则石块质量 ______ g，量筒量出小矿石的体积如图1丙所示，石块体积 ______ cm^3 则小矿石的密度 $\rho=$ ________ kg/m^3。

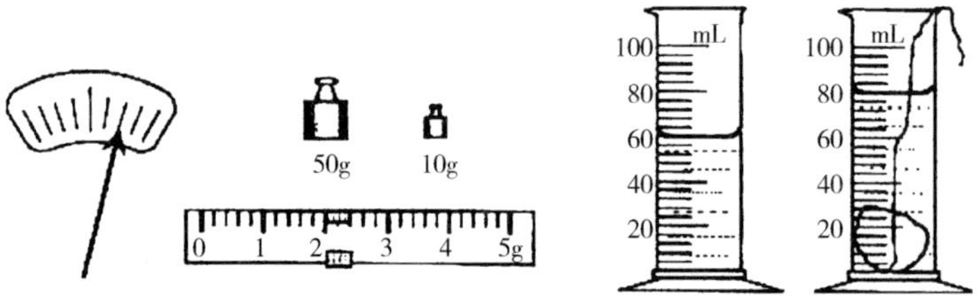

图1

（设计意图：让学生很快进入学习状态，通过检测，起到复习、巩固和知识的运用能力作用，同时引入新的教学任务。）

二、明确学习目标

1. 新课引入

测量密度的实验原理：$\rho=m/V$。测量物体的密度实际是测量物体的质量和体积，然后用公式 $\rho=m/V$ 计算出物体的密度。在实际问题中，如果没有了天平或量筒，怎样进行密度的测量呢？本节课探究的问题是：只有量筒、水，细竹签，如何测出小空玻璃瓶玻璃的密度。

2. 目标展示

①通过实验进一步巩固密度的概念。

②学会用量筒和水测量玻璃瓶密度的方法。

（由5组6号、4组5号同学来读。通过目标的展示，让学生清楚本节课要做什么，教师对学习目标的解读让学生进一步理解密度的概念、量筒的使用以及密度测量的实验原理。）

三、引导自主学习1

测小空玻璃瓶的密度实际上是构成瓶的玻璃的密度，依据 $\rho=m/V$，我们就要知道玻璃瓶中玻璃的体积和质量是多少？给出的测量工具只有量筒，怎样用量筒测出玻璃瓶中玻璃所占体积？测量时，应该注意哪些问题？（教师巡视，面向全体学生，关注学生参与情况，结合学生提出的问题给与指导。）

四、组织交流展示1

小组展示（讨论后推举一名同学展示自己小组的成果，可以语言表达，可以边演示边解答，其他同学注意听、观看，提出自己的问题。）

学生甲：将玻璃瓶全部按入水中，液面上升的多少就是玻璃的体积，因为是测玻璃的密度。所以，我们认为测量时要把瓶盖取下来。

学生乙：在量筒中放适量水，记录水的体积 V_1，将玻璃瓶浸没水中，记录玻璃瓶和水的总体积 V_2，两者差值就是玻璃瓶（玻璃）的体积。

五、师生质疑点拨1

学生丙：为什么强调放适量的水？不说适量行么？

学生丁：因为放多了水，将玻璃瓶放入时会超出量程甚至溢出，水太少了瓶不能浸没。

六、引导自主学习2

用量筒借助水面的上升，测出空瓶中玻璃的体积。可是没有天平，只利用量筒和水如何测出瓶的质量？同学们可以把玻璃瓶直接放入水中，看看有什么发现？能不能得到启发。（学生实验、观察，教师巡回倾听、答疑。）

七、组织交流展示2

（在实验、观察中进行，亲手操作激发学生的兴趣，提高学习的参与度，学会通过实验现象找到物理事件发生的原因。）

小组展示

A组：我们组发现，小空玻璃瓶瓶口向上放入装水的烧杯中，能漂在水面上。

B组：我们也发现，小空玻璃瓶瓶口漂在水面上。所以我们想可以用量筒和水测出它漂浮时的 $V_{排}$, 由 $F_{浮}=P_{水}gV_{排}$求出受的浮力，再根据漂浮条件 $F_{浮}=G_{物}$，$G=mg$ 那样就可以知道空玻璃瓶的质量了。

八、师生质疑点拨2

学生A：如果是小石块，我们还能用这种方法测质量吗？

学生B：不能，因为石块是沉入水中的，受到的浮力小于物体的重力。可是我不知道是先测质量还是先测体积？

学生C：我认为如果先测 V，瓶子浸没水中，瓶会沾有一部分水，瓶的总质量变大，放入水中漂浮时，$V_{排}$变大，$F_{浮}$变大，m 的值偏大，所以应先测质量。

教师点拨：如果想先测体积，后测质量，需要增加一个实验器材——是抹布。测完体积后，可以用抹布将瓶子内外擦干，不过增加了实验的繁杂性。

（设计意图：突出学生的主体地位，教师只是课堂教学的组织者和学生思维的引领者，通过探究活动让每一位学生都动起来，培养学生的表达能力和参与课堂活动的兴趣。逐步培养学生质疑、反思的能力，让学生把知识学得更透彻。）

九、小结回顾目标

学生谈谈本节课的收获。

（设计意图：提高学生的注意力，帮助学生进行知识的梳理，了解其内在的联系，以便形成一个知识网络，起到巩固、深化、内化的作用。）

十、当堂检测考试

（10分钟。评估反馈，6分钟完成。展示任意一名学生的答案，核对答案，学生质疑答疑，互评赋分。）

课堂检测（10分）

如何用烧杯，水和天平，测量牛奶的密度？

实验步骤：

①______________________________。

②______________________________。

③______________________________。

牛奶密度的表达式：____________。

（设计意图：在重点探究没有天平，只有量筒、水，测小空玻璃瓶玻璃的密度后，把“如何借助水和天平来测牛奶的密度”作为检测题，目的是检查学生的学习实效，促进学生的知识运用能力，提高学生的学习成绩。）

教学反思

在学习了“用天平和量筒测物体的密度”后，以实验课的方式来探究“没有天平只用量筒来测玻璃瓶的密度”提高了学生的学习兴趣，以“没有量筒只有天平，如何测牛奶的密度”作为当堂检测来考察学生灵活运用知识的能力。但是整个课堂活动中，仍有一部分学生只停留在表面的兴趣和热闹中，没有真正的参与进来，且通过检测反馈出“说”与“写”没有很好地融合。

《焦耳定律》教学案例

苏秀娟

教学目标

知识与技能

①知道电流的热效应。

②了解焦耳定律，能用焦耳定律说明生产、生活中的一些现象。

③有安全用电和节约用电的意识。

过程与方法

通过实验探究电流的热效应跟电阻、电流大小的关系，学习控制变量法，经历实验探究过程。

情感、态度与价值观

①通过探究电流的热效应与电阻、电流大小的关系，认识科学探究方法的重要性。

②通过电热的利用和防止知识的学习，认识到科学是有用的。使学生体会物理与生活生产的紧密联系，培养学生将物理知识主动运用于生活生产的意识。

教学重点

本节的重点与难点是探究电流的热效应与电阻、电流的关系。

学情分析

学生刚刚经过电功率的复杂学习过程，虽然非常扎实地掌握了电学的基本知识，但对电学的学习也已处于疲惫状态，因此本节的教学要不断地激发学生的学习兴趣。教学中尽量与生活实际联系，当学生觉得所学知识在生活中有用，能够解决生活中的实际问题时，就会对知识产生浓厚的兴趣，就会产生强烈的学习欲望。

教学过程

一、检测回顾引入（3 分钟，共 6 分）

电功的计算公式为 $W=$________，结合欧姆定律，可以变形为 $W=$________或________。其国际单位是________，常用单位是________，换算关系是______。

（设计意图：巩固旧知识；为理解焦耳定律做铺垫。）

导入：生活中我们可以用电饭煲煮熟饭，用热水壶烧开水，你知道电饭煲，热水壶的热量从哪里来的吗？(电流通过导体产生的热量)。今天我们学习的焦耳定律就是研究电与热的关系的。

二、明确学习目标

①知道电流的热效应。

②了解焦耳定律，能用焦耳定律说明生产、生活中的一些现象。

③有安全用电和节约用电的意识。

三、引导自主学习 1

自学指导 1：请同学们阅读教材第 94~95 页“焦耳定律”前的内容，完成下面的自主学习任务

①电流通过灯丝时，灯丝变得灼热而发光，这个过程中电能转化成了哪种能？

②你猜想电流的热效应可能与哪些因素有关？

③在探究电热与电阻的关系时，应该控制哪个变量？怎样控制？探究电热与电流的关系时，应该控制哪个变量？怎样控制？

④实验中怎样比较电流产生热量的多少？

⑤根据所给实验器材，连接电路，进行实验。

⑥分析实验测得数据，总结出实验结论。

(设计意图：通过循序渐进的几个问题，引导学生采用科学的探究方法，设计出合理的实验方案。)

四、组织展示交流 1

(1) 组内交流展示：以小组为单位，展示交流学习成果。

(2) 班级交流展示：小组选派代表在班级展示学习成果，教师负责引导，点拨。

①电流通过灯丝时，电能转化为内能。这种现象叫做电流的热效应。

②同学猜想电流的热效应可能与电阻、电流、电压、通电时间等因素有关。(教师要引导学生得出电流的热效应与电阻、电流、通电时间有关。)

③探究电热与电阻的关系，应控制电流和通电时间不变，为了使通过 R_1 和 R_2 ($R_1>R_2$) 电流相等，应采用串联连接方式；探究电热与电流的关系，应控制电阻和通电时间不变，给同一个电阻加热相同的时间，用滑动变阻器改变电流的大小。

④实验电路图 1。

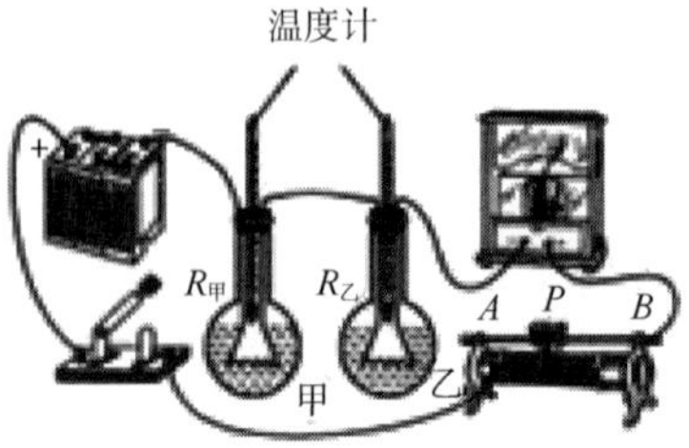

图 1

⑤实验结论：电流的热效应与电流、电阻、和通电时间有关。

当电流和通电时间一定时，电阻越大，产生的热量越多。

当电阻和通电时间一定时，电流越大，产生的热量越多。

当电阻和电流一定时，通电时间越长，产生的热量越多。

五、引导自主学习 2

自学指导 2：请同学们阅读教材第 95~96 页，完成下面的自主学习任务。

①怎样理解焦耳定律公式？公式中各物理量的意义及单位是什么？应用此公式应注意哪些问题？

②独自完成下面的例题（你能提供几种解法？）

例题：电阻为 110 Ω 的电饭锅，接在 220 V 的家庭电路中，10 min 产生的热量是多少 J？

③在实际生活中，我们是怎样利用和防止电热的？举例说明。

六、组织交流展示 2

①组内交流展示：以小组为单位，展示交流学习成果。

②班级交流展示：小组选派代表在班级展示学习成果，教师负责引导，点拨。

A. 焦耳定律反映电流通过导体时产生热量的计算方法，公式为 $Q=I^2Rt$，其中 Q 表示电流产生的热量，单位 J；I 表示通过导体的电流，单位 A；R 表示导体的电阻，单位 Ω；t 表示通电时间，单位 s。注意事项：电流要平方。

B. 例题：学生版演，师生总结解题技巧。

（思路一：先求电流，再用焦耳定律；思路二：利用公式变形。）

C. 学生举例：家里的电饭锅、热水器、电熨斗等都是利用电热。输电线采用铝线或铜线作为芯线，是为了减小电热造成的能量损耗。电视机、电冰箱等都有散热窗，是为了减小电热的危害。

七、师生质疑点拨

（1）学生质疑：学生就自学以及交流过程中的问题或困惑提出质疑，师生共同解疑。

（2）教师质疑：提前预设质疑的问题。

①如果用电器消耗的电能电能全部转化成内能，那么 W 和 Q 之间有什么关系呢？（学生分组讨论，引导学生进行公式变形：$Q=W=Pt=UIt=U^2/Rt=I^2Rt$）。

②如果用电器消耗的电能与产生的热量不等，怎样求电功 W 和电热 Q？（求电功只能用公式 $W=UIt=Pt$，求电热只能用公式 $Q=I^2Rt$，$Q<W$）。

（设计意图：解决学生学习中的疑问和困惑。将电功和电热联系起来，前后知识成体系，使学生明确焦耳定律公式及推导公式的应用条件。）

八、小结回顾目标

①影响电流热效应的因素有：电阻、电流、通电时间。

②焦耳定律的公式：$Q=I^2Rt$。

③电热的利用和危害。

九、当堂检测考试（10 分钟，共计 10 分）

（1）两只定值电阻，$R_1>R_2$，把它们串联起来后接入电路中，在相同时间内，________产生的热量多。

（2）横截面积相同的甲、乙两根铁导线，甲比乙长些，将它们串联后接入电路，通电相同时间，则________产生热量多。

（3）当一个电阻两端的电压增大到原来的 2 倍时，在相同的时间内产生的热量就变为原来的（　　）。

A. 2 倍　　B. 1/2 倍　　C. 4 倍　　D. 1/4 倍

（4）两根电阻线的电阻比是 3∶4，通过的电流之比为 4∶3，在相同时间内，电流通过两根电阻线产生热量之比是（　　）。

A. 1∶1　　B. 4∶3　　C. 16∶9　　D. 9∶16

（5）在如图 2 所示电路中，$R_1=10\ \Omega$，$R_2=15\ \Omega$，闭合开关后，电流表的示数为 0.3 A

①电源电压是多少？　　②3 min 电流通过 R_2 产生的热量是多少 J？

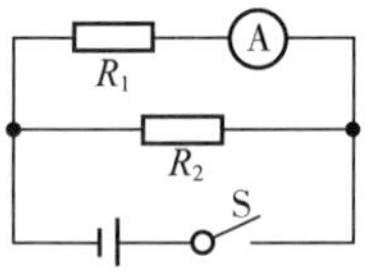

图 2

教学反思

本节课采用了“测-学-考”三段七步课堂教学模式，从“前测”入手，用生活实例引入。通过两轮的自主学习和交流研讨，实现了低起点、小步走的教学要求。通过交流研讨、学生动手实验，提高了学生分析问题、解决问题的能力和实验操作能力，同时也加深了对抽象知识的理解。例题的不同解法，既达到合理选择公式，熟练应用公式的目的，又拓展了学生的多向思维能力。课堂检测题型设计注重基础，突出重点，针对性强，有层次、有梯度，让所有学生都能感觉学有所得。本节课基本达到了预期的课堂教学效果。

不足之处：一是由于实验器材的限制，在设计实验方案时有局限性，二是例题后缺少针对性训练，影响了课堂教学效果，因此今后的教学中还有待进一步改进。

《地球上的水循环》教学案例

李玉华

教学目标

知识与技能

①知道升华和凝华的概念。

②知道升华吸热、凝华放热及其应用。

③知道生活中的升华和凝华现象。

④了解地球上的水循环过程。

过程与方法

通过探究活动了解升华吸热和凝华放热现象。

情感、态度与价值观

激发学生探究一些自然现象奥秘的兴趣，培养学生关心社会，爱护环境，节约用水意识。

教学重点

知道升华和凝华概念及生活中的升华和凝华现象。

教学难点

碘的升华实验；升华吸热凝华放热的应用与生活的联系。

学情分析

由于初中二年级学生的思维正处于从形象思维向抽象思维的过渡阶段，这就要求我们教师课前要设计好实验，预测出在实验过程中可能出现的问题，引导学生观察实验的关键部分，从实验现象中总结出物理规律。本节课引导学生通过直观实验分析碘先升华后凝华实验过程，总结出升华吸热凝华放热以及对应生活中的现象，对自然界的水循环现象产生探究兴趣。

教学过程

一、检测回顾引入

分析下列物态变化，并请完成填空。(每空 1 分，共 10 分)

①冰棍化了是________现象；这个过程要______。

②出炉的钢水变成钢锭是________现象；这个过程要______。

③夏天，湿衣服很快被晾干是________现象；这个过程要______。

④早晨看见的雾是________现象；这个过程要______。

⑤夏天，从冰箱里取出冰块，在冰块四周出现的“白气”是____________经过______（填物态变化名称）而形成的水。

(设计意图：巩固旧知识；为理解升华凝华知识做铺垫。)

实验导入：我用一盒干冰放在水槽边，大家观察看到了什么现象？我的干冰去了哪里？今天我们一起学习升华和凝华两种物态变化，板书课题——地球上的水循环。

(设计意图：利用直观实验吸引学生，激发学生学习兴趣。)

二、明确学习目标

①知道升华和凝华的概念。

②知道升华吸热、凝华放热及其应用。

③知道生活中的升华和凝华现象。

④了解地球上的水循环过程。

三、引导自主学习 1

自学指导：碘的升华实验。

①观察碘锤中碘的物态，颜色。(因为碘有毒，所以保存于碘锤中。)

②探究加热源指导：碘的熔点是 117℃，酒精灯火焰的温度为 500℃左右。准备固态碘（生活中的碘有毒，我们把它放入密闭的玻璃容器中，即碘锤），酒精灯热水槽。如果用酒精灯火焰直接加热碘锤，会怎么样？进行实验，将碘锤放入热水槽中观察实验现象。

③实验中热水槽作用是什么？分析现象，总结升华概念及条件。

④生活中还有哪些类似的升华现象呢？

(设计意图：通过循序渐进的几个问题，引导学生采用科学的探究方法，设计出合理的实验方案。)

四、组织展示交流 1

①组内交流展示：以小组为单位，展示交流学习成果。

②班级交流展示：小组选派代表在班级展示学习成果，教师负责引导，点拨。

A. 如果用酒精灯对碘加热，碘会发生熔化（物态变化），所以要用热水槽对碘加热。

B. 固态碘直接变成气态碘的过程叫升华，升华要吸热。固态碘升华过程要从热水中吸收热量。

C. 冬天冰冻的衣服变干，夏天衣柜里的樟脑球变小甚至消失等现象都是生活中的升华现象。

五、引导自主学习 2

自学指导：请同学们阅读教材第 107~108 页，完成下面的自主学习任务。

①理解凝华概念，凝华条件。

②碘锤里的紫色碘气如何快速变成固态碘？

③在实际生活中，有哪些凝华现象？

六、组织交流展示 2

①组内交流展示：以小组为单位，展示交流学习成果。

②班级交流展示：小组选派代表在班级展示学习成果，教师负责引导，点拨。

A. 物质由气态直接变成固态的过程叫凝华，凝华要放热。

B. 把紫色的碘蒸汽放入冷水槽中，即刻发生凝华变成固态碘。

C. 雪和霜的形成，冬天松花江边美丽的雾凇都是自然界中的凝华现象。

七、师生质疑点拨

①学生质疑：学生就自学以及交流过程中的问题或困惑提出质疑，师生共同解疑。

②教师质疑：提前预设质疑的问题。

质疑视频材料：人工降雨过程。

预设问题：

①固态的干冰迅速消失，发生了什么物态变化？

②视频中的云越聚越多至下雨是如何形成的，属于哪种物态变化？吸热还是放热？

③干冰迅速升华为什么会导致降雨，这两种物态变化之间有哪些联系？（前者升华需吸收大量的热导致气温骤降水蒸气液化成雨。）

（设计意图：通过质疑答疑环节，解决学生学习中的疑问和困惑；将干冰的升华和水蒸气的液化降雨联系起来，使前后知识成体系，明确能量守恒以及在物态变化中的作用。）

八、小结回顾目标

①升华和凝华的概念。

②升华吸热、凝华放热。

③生活中的升华和凝华现象。

九、当堂检测考试（每题 2 分，共 10 分）

（1）在箱子里放卫生球用来防虫蛀，过几天，卫生球变小了，这一物理现象是：（　　）

A. 升华　　B. 汽化　　C. 蒸发　　D. 熔化

（2）湿衣服挂到-20℃的室外，结冰后会逐渐变干，原因是发生了（　　）

A. 蒸发　　B. 升华　　C. 凝华　　D. 凝固

（3）下列各组物态变化过程中，都放出热量的是（　　）

A. 液化和凝华　　B. 熔化和汽化　　C. 凝固和升华　　D. 凝固和熔化

（4）下列现象中属于凝华的是（　　）

A. 冰棍周围冒“白气”

B. 玻璃窗上结的冰花

C. 冰冻的衣服上的冰没融化也会变干

D. 放在火炉上的冰一会不见了

（5）用飞机向云层喷洒干冰（固态的 CO_2）是一种人工降雨的方法。以下列出几个物态变化过程：a 干冰迅速吸热升华；b 干冰吸热熔化；c 云层中水蒸气遇冷液化成雨滴；d 云层中水蒸气遇冷凝华成小冰晶；e 水蒸气以干冰为核心凝结成雨滴；f 小冰晶下落遇暖气流熔化成雨滴。在这种人工降雨的过程中，发生的物态变化过程排序为____________。

教学反思

这节课通过碘的升华凝华实验说明两个概念，吸热和放热情况。实验器材的选取和分析很重要。实验效果明显直观抓住了孩子们的学习兴趣，高效完成了主要知识目标。人工降雨实验视频将理论与生活紧密相连，让深奥的知识应用到实践当中，达到学以致用的效果，让学生领悟物理课的魅力。

但现在学生普遍生活实践较少，缺乏主动学习意识，要想让学生有创造力，依旧任重道远，物理课要不断改进。

《灯泡的电功率》教学案例

梁　旭

教学目标

知识与技能

①知道额定功率和实际功率。

②会测量小灯泡的额定功率和实际功率。

过程与方法

①通过实验探究，让学生知道灯泡亮度与电功率的关系。

②通过实验探究，学会测量小灯泡额定功率和实际功率的方法，加深对电功率的理解。

情感、态度与价值观

①通过实验探究，让学生知道用电器正常工作与不正常工作的区别，培养学生科学使用电器和安全用电的意识。

②通过小组合作，培养学生勇于探究的科学精神和团队合作意识。

教学重点

测量小灯泡的额定功率和实际功率。

教学难点

设计测量小灯泡额定功率和实际功率的方法，分析实验数据，能区分小灯泡的实际功率与额定功率。

学情分析

“伏安法测小灯泡的电功率”和“伏安法测小灯泡的电阻”两个实验的电路图以及要测的物理量是完全一样的，都是 U 和 I，只是实验原理发生了变化，由 $R=U/I$ 变成了 $P=UI$。因此，只要稍加引导，设计电路和记录实验数据的表格还是没有什么大问题的。学生最大的问题在于如何区分用电器额定功率与实际功率，因此本节课教学重点是通过实验探究，让学生弄清额定功率和实际功率。

教学过程

一、检测回顾引入

1. 前提测评（共 10 分）

①电功率表示_________的物理量，计算公式为______ 和__________。

②“220 V 100 W”的灯泡，220 V 就是该灯泡的______，即该灯泡只有在______ V 的电压下才能正常工作；而 100 W 是它的______，这个灯泡只有在_________ V 的电压下，电功率才是 100 W，它正常工作的电流是 ______ A，此时的电阻是 ______ Ω。

（设计意图：回顾旧知识，引出测量 U、I 两个物理量，从而迁移到电功率。）

2. 创设情境，导入新课

同学们猜想一下，额定功率分别为 60 W 和 40 W 的灯泡接在电路中，哪只灯泡会更亮一些？

演示：220 V 60 W 和 40 W 的灯泡串联接在 220 V 的电源上，闭合开关。（发现 40 W 亮）

为什么会出现这种现象呢？带着这个问题我们一起学习——6.4 灯泡的电功率。

（设计意图：颠覆认知，激发学生的求知欲。）

二、明确学习目标（学生大声朗读）

①知道额定功率和实际功率。

②会测量小灯泡的额定功率和实际功率。

（设计意图：让学生对本节课的学习有明确的目的性，提高学习效率。）

三、引导自主学习 1

阅读教材第 98~99 页第一段课文思考：灯泡上标有“220 V 40 W”，那它的电功率总是 40 W 吗？

四、组织交流展示 1

用电器都有自己的额定电压和额定功率，刚才提到的 220 V 40 W 的灯泡，只有它两端的电压等于额定电压（220 V）时，它的功率才是 40 W，否则就不是 40 W，可能大于 40 W，也可能小于 40 W。因此，用电器的额定电压和额定功率只有一个，但实际电压和实际功率却有多个。

板书——额定电压：用电器正常工作时两端的电压。额定功率：用电器在额定电压下的实际功率。

（设计意图：明确额定电压和额定功率的概念。）

五、引导自主学习 2

手电筒里的小灯泡上往往只标有“2.5 V”字样的，“2.5 V”是什么意思？我想知道它的额定功率怎么办？如果小灯泡两端的电压不是 2.5 V 了，比如是 3 V 或 2 V，要想准确知道它的实际功率又怎么办？我们做实验来测量小灯泡的电功率。

①本实验的任务是测量小灯泡的额定功率和不在额定电压下的实际功率，请同学们说一说实验原理。

②根据实验原理，本实验要测量的物理量分别是什么？这和伏安法测电阻的一样，那用伏安法测电阻的电路图，可以吗？

③选择的实验器材有：一只 2.5 V 的小灯泡，电源（三节新干电池），一个开关，若干导线，一只电压表，一只电流表和一个滑动变阻器。

④先用笔划线代替导线，连接电路图（完成快的学生帮助有困难的学生）。

⑤实验过程中还应注意哪些问题？（多媒体展示）

A. 在连接电路时，开关应处于什么状态？

B. 如何选择电压表和电流表的量程？

C. 闭合开关前滑动变阻器的滑片应置于哪一端？

六、组织交流展示 2

①不同学生的实验设计（投影展示），对比一下，你认为谁的设计更合理？

②不同学生的实验记录数据，这些数据说明了什么？

（设计意图：分组实验，既能培养学生的动手能力，又能培养合作意识。利用投影展示，由学生展示实验成果，更加具有说服力。）

七、师生质疑点拨

质疑问题设计：分析实验数据，你能获得哪些信息？

师生共同总结得出实验结论：

①实际电压等于额定电压，实际功率______ 额定功率，用电器正常工作。

②实际电压高于额定电压，实际功率______ 额定功率，用电器不能正常工作。

③实际电压低于额定电压，实际功率______ 额定功率，用电器也不能正常工作。

（设计意图：通过质疑答疑这一环节，突破难点，提高学生分析数据，总结结论的能力。）

八、小结回顾目标

再次演示“220 V 40 W”的灯泡在额定电压、高于额定电压、低于额定电压下的发光情况，总结实际功率与额定功率的关系。

通过本节课的学习，让学生理解用电器消耗的电功率与实际电压有关，两端的电压不同，消耗的电功率也不同。

（设计意图：通过引导学生回忆知识、方法、能力等方面的收获，帮助学生巩固本节所学内容，并树立正确的情感态度和价值观念。）

九、当堂检测考试

(1) 一只灯泡铭牌上标有“PZ220-100”，先在室温下用伏安法测得它的灯丝电阻为 R_1，后在正常工作时，再用伏安法测得它的灯丝电阻为 $R_2=484\ \Omega$，发现 R_2 比 R_1 大 10 倍以上，这是因为（　　）。

A. 前一次测得的阻值是错的

B. 后一次测得的阻值是错的

C. 灯丝电阻受温度影响，温度越高，电阻越大

D. 主要是测量误差造成的

(2) 两盏电灯分别标有“36 V 40 W”和“220 V 40 W”的字样，当它们都正常发光时，比较它们的亮度，可知（　　）。

A. “36 V 40 W”灯较亮　　B. “220 V 40 W”灯较亮

C. 两盏灯一样亮　　D. 条件不足无法比较

(3) 在“测定小灯泡额定功率”实验中，用三节新电池做电源，小灯泡额定电压为 2.5 V，灯丝电阻约为 10 Ω。

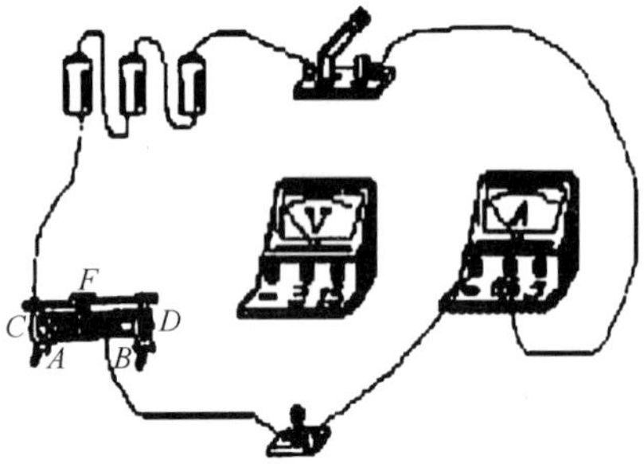

图 1

①图 1 中所示是未接完的实验电路，请你用笔代线完成其连线。

②闭合开关前，应使滑动变阻器的滑片 P 置于 ________ 端。若闭合开关，灯不亮，电压表指针摆到右端没有刻度处，电流表示数几乎为零，出现这种现象的可能原因是 ________。

③闭合开关，电压表示数为 1.3 V，应将滑片向 ________ 端移动，直至电压表示数为 ______ V 时，记录电流表示数为 0.3 A，那么，小灯泡的额定功率是 ________ W；通电 5 min，小灯泡消耗的电能是 ________。

教学反思

新课引入从学生生活经验中创设问题情景，从学生思维冲突中引出课题。让学生观看灯泡名牌，说出它的电功率并用生活体验判断 60 W 的与 40 W 的灯泡，哪个会更亮？然后演示实验，引起学生的质疑：60 W 的灯泡一定比 40 W 的灯泡亮吗？引导学生思考如何测量电功率。考虑到学生的实际学情，在引导学生设计实验时，我先和学生一起回顾了伏安法测灯泡电阻的实验，那么测量电功率能用伏安法吗？通过对测量灯泡电阻实验的回顾，展开测量电功率实验教学，它们的实验器材、电路图、连接方式都是一样的。课堂教学理顺了实验原理、实验器材、电路图、滑动

变阻器的作用、连接电路图时应注意的事项、电压表和电流表的量程的选择、表格的设计，为学生探究实验清理了障碍。实验中通过对比实际电压和额定电压、实际功率和额定功率的不同，明确了电压与电功率的关系，让学生理解用电器两端的电压不同时，消耗的电功率也不同。在课堂教学中，因为从学生的实际情况出发，由学生的生活体验及前置知识做铺垫，逐步深入，层层递进地展开实验探究活动，所以取得了很好的教学效果。

《燃烧和灭火》教学案例

王树青

教学目标

知识与技能

①认识燃烧发生的条件和灭火原理。

②了解防火灭火措施和火灾自护、自救常识。

过程与方法

①认识科学探究的意义和基本过程，进行初步的探究活动。

②通过实验的观察与分析，学习对事实进行分析得出结论的科学方法。

情感、态度与价值观

①通过对燃烧的条件和灭火原理的探究活动，体验科学探究的过程和乐趣，激起对化学学习的乐趣。

②学会用辩证的观点去认识事物，用发展的眼光看待事物。体会“科学是把双刃剑”，只有掌握其规律，才能趋利避害。

教学重点

燃烧的条件和灭火的原理。

教学难点

通过实验得出燃烧条件。

学情分析

学习本课之前，学生对燃烧的现象有一定的了解，对实验探究有较浓厚的兴趣。其中学生已有的知识是了解燃烧，知道一些物质在空气或氧气中燃烧的现象，生活中关于燃烧的常识。学生欠缺的是对“着火点”的概念的理解和运用比较模糊；知道灭火的方法，但不知道原理。

教材分析

《燃烧和灭火》是义务教育课程标准实验教科书（人教版）上册第七单元课题

1 的内容，上承我们身边的物质，物质构成的奥秘等知识，下接第八单元金属与矿物，对于前面学过的知识是一种补充和完善，对于后面的知识起铺垫的作用，是知识逐步向能力转换的一座桥梁。

教学过程

一、检测回顾引入（5 分钟）

分别写出下列化学方程式。（每空 2 分，共 10 分）

①硫在空气中燃烧__________________现象______________________。

②红磷在空气中燃烧__________________现象______________________。

③铁丝在氧气中燃烧__________________现象______________________。

④镁条在空气中燃烧__________________现象______________________。

⑤氢气在氧气中燃烧__________________现象______________________。

（设计意图：前测的目的是让学生尽快进入学习状态，复习巩固旧知识。）

二、明确学习目标

1. 情景引入

教师魔术表演：烧不坏的手帕，看到手帕燃起熊熊火焰，为什么最终手帕却完好无损？

（设计意图：通过魔术引入，设置悬念，引起学生的观察并思考，激发学生学习兴趣和探究欲望。）

2. 展示目标

多媒体展示：了解常见的灭火方法及燃烧的现象。掌握燃烧的条件和灭火的原理。

（设计意图：让学生有明确的学习目标，学有方向和动力，有利于调动学生学习积极性。）

三、引导自主学习 1

学生阅读教材第 128~129 页，首先让学生举出燃烧的实例，描述燃烧的现象。最后归纳一下燃烧有什么共同特征？

实验指导：利用所给的实验器材及药品，小组合作设计实验，探究物质燃烧的条件，并且描述出实验过程及现象，分析出实验结论。

（设计意图：通过学生自学，把握教材内容，培养独立思考的习惯。通过学生自主设计实验，总结出燃烧的条件。）

四、组织交流展示 1

小组内交流研讨，交流结束，1~3 小组各安排好一名学生展示燃烧的条件成果：①酒精能够被点燃而水不能被点燃，证明不是所有物质都能燃烧，燃烧与物质自身性质有关。找出燃烧的首要条件——可燃物。②蜡烛在空气中能燃烧，罩上烧杯后不能继续燃烧，证明可燃物燃烧需要与空气接触。找出燃烧的必要条件——氧气。③木条容易被点燃而煤块不易被点燃，说明可燃物燃烧所需的温度不同。找出燃烧的必要条件——温度达到一定的温度，即着火点。

（设计意图：通过学生自学，得到燃烧的概念。通过自主探究，设计实验，培养学生动手能力。）

五、师生质疑点拨1

针对学生自学中的知识反馈以及教师掌握的知识易错点，指导学生质疑。①白磷能燃烧，水为什么不能燃烧？大烧杯中水的作用是什么？烧杯中纸圈的作用是什么？②怎样让水中白磷燃烧？③平常我们燃烧的煤块总是制成蜂窝状，而不制成球状，为什么？④室内起火时，如果打开门窗，火反而烧得更旺，为什么？

（设计意图：让学生表达自己设计的燃烧条件的方法。通过学生动口、动手、动脑来展示自主学习的效果，调动更多学生的学习热情。）

六、引导自主学习2

学生阅读教材第129~130页，了解灭火的原理和方法。

实验指导：学生自己完成第130页熄灭三只蜡烛实验，各组学生讨论并进行实验验证、得出结论。

（设计意图：通过学生自学，自己完成实验，归纳总结灭火的方法和原理，培养学生自主学习的能力，培养学生动手能力。）

七、组织交流展示2

小组内交流研讨，交流结束，4~6小组各安排好一名学生展示灭火的原理和方法成果：①燃烧需要同时满足三个条件，所以我们只要破坏其中的一个条件，就能达到灭火的目的。②灭火的方法有移走可燃物、隔绝空气（或氧气）、降温至着火点以下。③举例生活中的灭火方法，说明根据以上哪种方法灭的火。

（设计意图：通过学生自己对生活中燃烧的认识，得到灭火的原理和方法。）

八、师生质疑点拨2

针对学生自学中的知识反馈以及教师掌握的知识易错点，指导学生质疑：①炒菜时油锅中油不慎着火，如何处理？为什么？②扑灭森林火灾时有效方法是什么，原理是什么？③用扇子扇炉火，为什么越扇越旺？烛火为什么一扇就灭？

（设计意图：提出疑问，引发思考，培养学生思维能力；突破重点，解决难点，对易错和易混的知识当堂消化。）

九、小结回顾目标

让学生谈谈这节课的学习有什么收获？请与同学们交流。培养学生善于对所学的知识总结归纳，以加深理解。小组内交流，比较归纳总结本节课的收获。

（设计意图：教师根据学生学习的效果，回顾目标，总结收获，引导学生归纳概括知识。）

十、当堂检测考试（选择题每题 2 分，填空每空 1 分，共 20 分）

（1）夜间发现液化石油气泄漏时，应采取的紧急措施是（　　）。

A. 向室内喷水，溶解液化石油气，防止其燃烧

B. 开灯，仔细检查泄漏源

C. 打开所有门窗通风，关闭气源阀门

D. 打电话报警，并请维修人员前来维修

（2）图书档案室或存放精密仪器的工作室失火，应使用的灭火器为（　　）。

A. 泡沫灭火器　　B. 干粉灭火器

C. 二氧化碳灭火器　　D. 水

（3）下列自救措施中，不合理的是（　　）。

A. 遇到意外情况，可用掌握的知识进行有效的处理，同时拨打电话求救

B. 室内起火，不要急于打开门窗

C. 烟雾较浓时，应用湿毛巾捂住鼻子，并尽量贴近地面逃离

D. 在山林中遇火灾时，向顺风方向奔跑，脱离火灾区

（4）列因素与可燃物燃烧的剧烈程度无关的是（　　）。

A. 可燃物本身是不是易燃物

B. 大气层中二氧化碳的含量

C. 周围氧气的浓度

D. 可燃物与空气的接触面积

（5）日常生活中有①酒精；②味精；③液化石油气；④食糖；⑤汽油；⑥柴油。其中属于易燃易爆物的是（　　）。

A. ①②③　　B. ④⑤⑥

C. ①③⑤⑥　　D. ②④⑤

（6）燃烧的条件是__________ ______________ __________________。

（7）灭火的方法是__________ ________________ ________________。

（8）用灯帽盖灭酒精灯的灭火原理是________________。

（9）扑灭森林大火时通常会砍出隔离带，采用的灭火原理是__________。

（10）硫在空气中燃烧发出淡蓝色火焰，在纯氧中燃烧发出______火焰，说明燃烧现象与__________有关。

教学反思

通过课题 1“燃烧和灭火”的教学，让我体会到联系生活实际，把握学生已有

经验，利用课件、视频等手段的确可以帮助学生加深理解，能有效激发学生创新潜能、提高实践能力。课堂充分调动了学生学习的能动性，激发了学生探索知识的兴趣。本节课的设计始终把学生放在主体地位，通过引导学生归纳燃烧的概念、自主设计实验研究燃烧条件、合作探究灭火的原理等，层层深入，让学生学习了从化学现象中归纳简单规律的方法，构建了关于燃烧的知识体系。效果不错。

《有关相对分子质量的计算》教学案例

宋士杰

教学目标

知识与技能

①能用化学式计算组成各元素之间的质量比和某元素的质量分数。

②能看懂某些商品标签或说明书上所示的物质成分和含量，并会进行相关计算。

过程与方法

①通过学生自主学习与探究，初步建立纯净物元素之间的质量关系。

②通过学生小组之间的交流研讨，初步学会用化学的思维解决实际问题。

情感、态度与价值观

①通过识别生活中各种商品标签、说明书上标示的物质成分及其含量，感受化学就在我们身边，增强学生对化学的热爱之情。

②通过解决标签中问题，体会化学学科的价值，树立化学源于生活、服务生活的理念。

教学重点、难点

①根据化学式进行元素质量比和元素质量分数的计算。

②能根据化学式的相关计算解决商品标签中的问题。

学情分析

初中三年级学生已经学习了一部分化学知识，对化学有了一定的认识和理解。学生能够从定性的方面对物质的组成进行分析，初步从量的角度认识物质，认识相对原子质量和相对分子质量的计算，所以学生对纯净物中元素之间的质量关系的理解和计算应该能够接受的。相信学生通过学习，能够学会掌握运用化学式进行元素之间的质量比、某元素的质量分数的计算，以及根据物质含量计算混合物中纯净物的质量的方法。

教学过程

一、检测回顾引入（总分 10 分，3 分钟完成）

（相对原子质量 H：1　O：16　C：12　N：14　S：32　Fe：56　Ca：40）

①写出下列物质的化学式：水______，二氧化碳______，四氧化三铁______，碳酸钙。

②根据硫酸（H_2SO_4）的化学式回答。硫酸的组成元素为：_______（填元素符号）等______种元素；硫酸中 H、S 和 O 三种元素原子个数比为______；一个硫酸分子中有______个原子；硫酸的相对分子质量=____________=______。

（设计意图：强化重点知识的夯实，通过限时、赋分、评价和激励，调动学生的学习积极性。为引出这节课创设问题情景做好铺垫。）

教学引言：我们把相对分子质量计算中的“+”改为“:”，大家看这可以给我们什么信息？把某元素的相对原子质量与原子个数乘积除以相对分子质量，看又能解决什么问题？

板书：有关相对分子质量的计算

二、明确学习目标

①能根据化学式计算各元素之间的质量比和物质中组成元素的质量分数。

②能看懂某些商品标签或说明书上所示的物质成分和含量，并会进行相关计算。

（设计意图：让学生有明确的学习目标，学有方向、学有动力，变被动接受为主动探索，有的放矢，有利于调动学生自主学习的积极性。）

三、引导自主学习

看书第 87 页的三，结合前侧题的 2 小题的计算，小组讨论下面的思考题：

①硫酸相对分子质量计算中，把“+”改为“:”时，根据化学式计算的是什么？

②16×4÷98×100%表示的又是什么？计算公式是怎样的？

（设计意图：引导学生自主学习，变被动为主动，使全体同学积极主动参与，让学生真正成为学习的主人，从而高效完成学习任务，通过自主学习，培养学生阅读和理解能力。）

四、组织交流展示（小组内学生讨论，班级展示交流形成结论）

①把计算相对分子质量中“+”改为“:”就是计算物质中各元素之间的质量比。

②16×4÷98 即用氧元素相对原子质量×氧原子个数÷硫酸的相对分子质量，这表示的是硫酸中氧元素的质量分数，计算公式为：元素的质量分数=

$$\frac{\text{元素的相对原子质量}\times\text{原子个数}}{\text{物质的相对分子质量}}\times 100\%$$

（设计意图：通过学生间的交流讨论与展示，培养学生分析问题能力和归纳能力。）

③完成导学案中的巩固练习（表1）。

表1　巩固练习

物质（化学式）	二氧化硫	硫酸铵［$(NH_4)_2SO_4$］
组成元素		
原子个数比		
相对分子质量		
各元素质量比	S、O元素的质量比为：	N、H、S、O元素的质量比为：
某元素质量分数	O元素的质量分数为：	N元素的质量分数为：

④投影展示答案：二氧化硫：S　O；1∶2；64；1∶1；50%。

硫酸铵：N　H　S　O；2∶8∶1∶4；132；7∶2∶8∶16；21.2%

⑤活动探究：大家结合上面计算，小组讨论下面的2个小题。

A. 6.4g二氧化硫中含多少克氧元素？

B. 多少克硫酸铵中含有氮元素质量是14g？

⑥展示交流：学生上黑板上板演，并讲解，由学生归纳总结出——物质中某元素的质量=物质的质量×该元素的质量分数。

（设计意图：通过巩固训练和学生们的探究活动，使学生学会解题的方法，培养学生的计算能力，能把学到的元素的质量分数计算和具体物质的质量计算结合起来，形成解决实际问题的能力，为后面商品标签问题的学习做好铺垫。）

五、师生质疑点拨

钙是人体必需的常量元素，每日必须摄入足量的钙元素，目前市场上的补钙药剂很多，如图1是某种品牌的补钙剂药品的部分说明书。如果按用量服用，每天摄入钙元素质量是多少克？

> *****钙片
>
> 【药品规格】
>
> 每片含$CaCO_3$0.625g
>
> 【用法用量】
>
> 每次一片，每天2次

图1

①展示交流：学生讲解先求出碳酸钙的相对分子质量为100，然后求出碳酸钙中钙元素的质量分数为40%，在用0.625 g×1×2×40%=0.5 g。

②教师评价：解题条理清晰，计算准确。看好标签说明，把知识运用到实际中就行。

（设计意图：通过老师的质疑和学生的答疑，增进师生情感，消除疑惑，达到理解概念突破重点、难点的目的。教师的激励使学生体验学习的快乐。）

六、小结回顾目标

由学生谈这节课的收获，然后教师板书知识结构（图 2），学生整理知识点并记笔记。

（设计意图：通过学生思考和知识回顾，回归教学目标，通过教师的知识网快的形成，使学生对本节内容更加清晰，记忆会更牢固。）

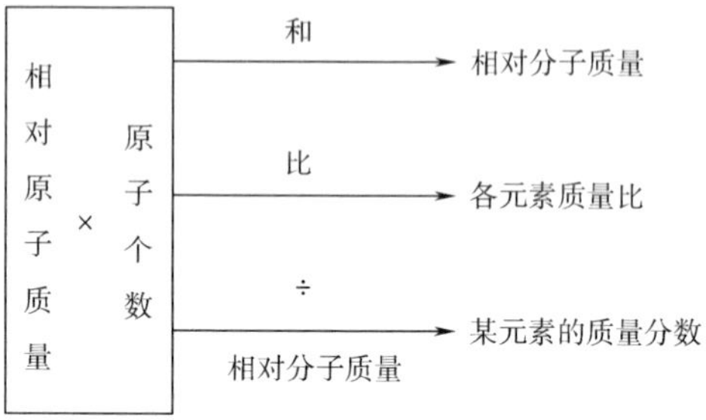

图 2

七、当堂检测考试（总分 10 分，时间 8 分钟）

（1）苯酚（化学式为 C_6H_6O）是一种重要的有机化合物，是生产某些树脂，杀菌剂、防腐剂以及药物（如阿司匹林）的重要原料。下列关于苯酚的叙述正确的是（　　）。

A. 苯酚是由 6 个碳原子、6 个氢原子和 1 个氧原子构成的

B. 苯酚的相对分子质量为 94

C. 苯酚中碳、氢、氧元素的质量比是 6∶6∶1

D. 苯酚中氧元素的质量分数最小

（2）汉黄芩素（$C_{16}H_{12}O_5$）是传统的中草药黄芩的有效成分之一，对肿瘤细胞的杀伤有独特作用。下列有关汉黄芩素的叙述不正确的是（　　）。

A. 汉黄芩素是由碳元素、氢元素和氧元素组成的

B. 汉黄芩素属于氧化物

C. 汉黄芩素中碳、氢元素的质量比是 16∶1

D. 一个汉黄芩素分子由 16 个碳原子、12 个氢原子和 5 个氧原子构成的

（3）帕拉米韦注射液是治疗 H7N9 禽流感的有效药物之一。如图 3 是怕粒米韦注射液的说明书的部分内容，因保存不当，该说明书上部分内容被污损了。请回答：①治疗成人 H7N9 禽流感患者，每天应注射帕拉米韦注射液支______。②根据帕拉米韦的相对分子质量为 328，可计算出说明书上帕拉米韦的化学式中被污损处的数字应为______。③计算 32. 8 g 的帕拉米韦中所含氧元

药品名：帕拉米韦注射液
化学式：$C_{15}H_{28}N_4O_4$
相对分子质量：328
适应症　H7N9 禽流感
成人用量：75mg/次，2 次/日
帕拉米韦含量：25mg/支

图 3

素的质量是多少？（结果精确到 0.1）

（4）能力提升题：血液中血红蛋白，它的相对分子质量为 68000，经测定其中铁元素的质量分数为 0.335%，则每个血红蛋白分子中铁原子的个数为（　　）。

A. 3　　B. 4　　C. 5　　D. 6

（5）投影答案：（1）D。（2）B。（3）①6。②4。③32.8 g 的帕拉米韦中所含氧元素的质量为 $32.8\text{g}\times\frac{16\times4}{328}\times100\%=6.4\text{ g}$。（4）能力提升：B。

（设计意图：通过对学生限时赋分评价的测试方法，检查教学效果的完成度和学生的掌握程度。这样的安排有利于激发和调动学生的学习积极性，也有利于培养学生认真求实的良好习惯的养成。针对能力比较强的学生，又设置能力提升题，便于分层教学。）

教学反思

这节课采用“测-学-考”三段七步教学模式进行教学，并完成预期目的。通过前侧诊断学情，限时赋分，强化答题效率。课堂抓住问题契机，创设情境，激发探求欲。这节课利用自学、互学、讨论交流、教师的质疑答疑和教师的激励评价等有效方法，激发学生学习的兴趣，又充分调动了学生学习的积极性，使教学在和谐、有序、积极、热烈中完成教学任务，达到了教学目标。最后课堂利用课后达标检测，有效检查了这节课的教学，学生答题成绩不错。

《硫酸》的探究式教学设计

李黎明

美国教育心理学家布鲁纳认为：任何学科主要是学生掌握该学科的基本结构，同时掌握研究这门学科的基本态度和基本方法。设计《硫酸》这节课的目的是通过探究活动、化学实验、化学故事，使学生不仅学习浓硫酸的知识与技能，而且感受获得该知识的过程与方法，并体验学化学的情感态度与价值观。

设计思想：针对目前教育形式的发展，在本节课的教学过程中，教师奉行先进的教学理念，贯彻新课标的精神。在教学活动中，教师与学生交流，积极互动，共同发展，目的是培养学生的创新精神、实践能力及科学的探究精神。学生的学习过程从结论性学习向过程性学习转变，体现了学生的主体作用，目的是让学生不仅掌握有关硫酸的基本知识，并且获得终身学习的科学素养。

课堂构思：以学生为中心自主性学习，探索性学习，合作性学习；教师是组织者、合作者、指导者。

硫酸这节课是现行苏教版高中教材必修第一册专题四第二单元的内容，先将教材简析如下：

内容特点：以稀硫酸为基础，学习浓硫酸的特性，实验较多以激发学生的学习兴趣，概念较多对比性强，能很好地培养学生的辩证唯物主义的观点。

硫酸的性质是高中化学教材的重点，更是本专题的重点，而浓硫酸的性质，尤其是强氧化性更是本节的重中之重，且贯穿高中化学始终。

这节课的学习不仅复习巩固了氧化还原反应及其配平，并为以后学习氮族元素、氧族元素打好基础，更为后续学习硝酸的强氧化性起着重要的指导作用，故这一节课具有承上启下的重要作用。基于教材的分析和学生现有知识的状况，教学目标从以下几个角度定位：

知识目标：掌握浓硫酸的特性，尤其是强氧化性。

能力目标：搜集和处理信息的能力，设计实验的能力，探索新知识的能力，参加活动、交流合作的能力。

情感目标：培养学生学习兴趣和探索精神，理解现象到本质、量变到质变的辩证关系；培养关爱家园、关爱我们共同的生活环境，环境保护意识；关注化学发展，了解化学对人类文明做出的贡献。

学习的重点和难点：教学的重点是浓硫酸的特性，包括吸水性、脱水性、强氧化性。难点是浓硫酸的强氧化性。

可利用的教学资源：教材、实验仪器及药品，多媒体课件。

教学方法和学生的学法：教学方法是“引”“放”“扶”“评”。“引”是指引导学生自主学习，体现学生时仍是的主体。“扶”是指创造各种条件，如实验条件、搜集资料的条件。“放”是指学生在已有知识的基础之上放手让学生自己走路，自己尝试，培养学生独立自主的能力。“评”是指教师把在课堂上获得信息加以整理、评价，扬长补短。学习方法是课前预习采用自学法，新课导入采用激趣法，复习旧知使用创新实验法，学习新知使用问题探究法。

教学过程

一、课前检测（5 分钟）

1. 下列方法适用于实验室制备二氧化碳的是（　　）

A. 燃烧木炭　　　　B. 稀盐酸与大理石的

C. 煅烧石灰石　　　　D. 稀硫酸与大理石反应

2. 根据已有知识完成下列问题

问题 1：有两瓶失去标签的无色溶液，分别是碳酸钠溶液和氢氧化钠溶液，如何用稀硫酸将二者区分开？写出反应的方程式。

问题 2：讲台上有三瓶失去标签的无色溶液，分别是稀硫酸、食盐水、氢氧化钠溶液，如何用一种试剂进行区分？请各小组找出最佳试剂并上台完成实验。

问题 3：讲台上有三瓶失去标签的粉末，分别是铜粉、铁粉、氧化铜粉。如何用稀硫酸将它们区分开？请同学们写出化学方程式，并上台完成实验。

【归纳总结】（1）由学生归纳总结稀硫酸的化学通性。

（2）师生共同总结实验中出现的问题。

由稀硫酸的化学性质反问浓硫酸该有啥样的性质哪，引出本节课的教学重点内容——浓硫酸。

二、探究学习（30 分钟）

1. 浓硫酸的吸水性

【问题】如何用实验的方法证明浓硫酸能吸收空气的水分？请各小组设计实验方案。

交流探讨：各小组交流自己设计的实验方案，并确定可行的方案。

补充实验：取一支温度计（量程为 100℃），放到空气中约 2 分钟后，让学生观察温度计的读数。然后用温度计的水银球部分蘸取少量浓硫酸，放到空气中（温度计下方放一个干燥的小烧杯防止浓硫酸滴落），约 2 分钟后，让学生们观察温度计的读数。

由学生解释实验现象，并得出结论。

补充实验：取少量胆矾固体放入小烧杯中然后加入适量的浓硫酸，用玻璃棒搅拌，观察现象。

由学生解释实验现象，并得出结论。

2. 浓硫酸的脱水性

在三支试管中分别放入少量的纸屑、棉花、木屑，再分别滴入少量浓硫酸。观察现象。

由学生解释实验现象，并得出结论。

在 200 mL 烧杯中放入 20 g 蔗糖，加入几滴水，搅拌均匀然后加入 15 mL 浓硫酸，迅速搅拌观察现象。

由学生解释实验现象，并得出结论。

此时，师生共同比较浓硫酸的吸水性和脱水性。

3. 浓硫酸的强氧化性

演示铜和浓硫酸的实验，并讨论该实验的不合理性，得出实验的改进方案。

由学生解释实验现象，并得出结论。

补充实验：稀硫酸与铁，浓硫酸与铁的反应。

结论：稀硫酸放出氢气，浓硫酸与铁无明显现象，这就是我们常说的钝化现象，也表现了浓硫酸的强氧化性。

硫酸的用途很广泛，被誉为“化学工业之母”。

4. 本课小结

稀硫酸的通性。

浓硫酸的特性：吸水性；脱水性（$C+H_2SO_4$（浓）$\xlongequal{\triangle}CO_2\uparrow+2SO_2\uparrow+2H_2O$）；强氧化性（$Cu+H_2SO_4$（浓）$\xlongequal{\triangle}CuSO_4\uparrow+SO_2\uparrow+2H_2O$）。

硫酸的用途由学生总结。

师生共同总结本节课的教学内容。

三、当堂检测（10 分钟）

1. 下列现象分别体现了浓硫酸的什么性质

（1）浓硫酸作为气体干燥剂。

（2）棉衣被硫酸烧出洞。

（3）浓硫酸滴入浓盐酸中会产生大量白雾。

（4）胆矾遇浓硫酸会变白。

（5）铜溶于浓硫酸中。

2. 选择题

（1）下列气体既能用浓硫酸干燥又能用 NaOH 干燥的是（　　）。

A. CO_2　　B. N_2　　C. SO_2　　D. NH_3

（2）下列金属中可用于制造常温下盛放浓硫酸的容器的是________。

A. Fe　　B. Cu　　C. Zn　　D. Mg

3. 讨论题

（1）一定量的 Cu 与足量的浓硫酸反应，被还原的浓硫酸的物质的量。

（2）一定量的浓硫酸与足量的 Cu 反应被还原的浓硫酸的物质。

教学反思

总之，我希望设计一节有人有事、有情有感、有声有色、有动有静、既有化学实验，又有化学故事和化学美感，并培养创新精神和实践能力的化学教学。设计旨在使学生在意志、理智、情感方面的素质全面提高，人格、个性、特长健全发展；使教师敬业爱生、探美求实、厚德载物、人文日新的人格得以体现。这也算是我的追求吧。

《摩擦力（一）》课堂实录

李海冰

师：上课！

生：青春似火，超越自我，青春飞扬，一四最强。老师好！

师：同学们好！我们先来检查一下上节课重力知识的掌握情况。

一、检测回顾引入

有一辆货车总重为 1.4×10^5 N。到达一座桥的桥头时，司机看到桥头有一块如图 1 所示的警示牌，试通过计算说明该车过桥是否安全？（$g=9.8$ N/kg）

图 1

学生做题，3 分钟后，找学生用展台展示自己的答案。学生根据给的正确答案，三个人互相判，根据每步的得分，给出成绩，错误的更正。

二、明确学习目标

思考：找两本薄厚相同的书，你能否想办法把这两本书连在一起，拉也拉不动呢？

生 1：把两本书一页叠一页的方式结合在一起。

师：你真聪明！你是怎么知道的啊？

生 2：电视里看到的。

师：你们都看到过这个电视吗？现在我把这个电视节目重新放一遍。思考：视频中什么力发挥着巨大的作用呢？播放视频。

生：摩擦力。

师：我们这节课学习摩擦力。这节课我们学习目标是：（多媒体展示，大家齐读）

（1）能说出滑动摩擦力的概念，能判断滑动摩擦力的方向，会用弹簧测力计测量滑动摩擦力。

（2）通过观察与实验，探究滑动摩擦力与接触面受到压力及接触面粗糙程度的关系，理解在研究多因素问题中怎样运用“控制变量”的方法。

三、引导自主学习 1

2 分钟认真看课本第 18 页，总结什么是滑动摩擦力？

四、组织交流展示 1

生 3：解释图 7-5-2。

生 4：解释图 7-5-3。

师：让所有学生体验将手掌压在桌面上，并在桌面上滑动，你是否感到桌面对手掌有阻碍作用呢？增大手掌对桌面的压力，继续在桌面上滑动，你又有什么感受呢？你感受的滑动摩擦力是什么样的力？

生 5：滑动摩擦力的定义，不全的教师补充。

师：手在桌面上滑动，桌面对手有滑动摩擦力，桌面看着很光滑，其实在显微镜下面看都是凹凸不平的。根据刚才的分析和体验，滑动摩擦力产生的条件是什么？

生 6：两个物体相互接触且有压力；有相对运动；接触面粗糙。

师：滑动摩擦力的方向是什么？根据日常生活经验，幻灯片出示人向前推箱子，分析地面给箱子的滑动摩擦力向后，我们就说滑动摩擦力的方向和物体运动的方向相反，可以吗？

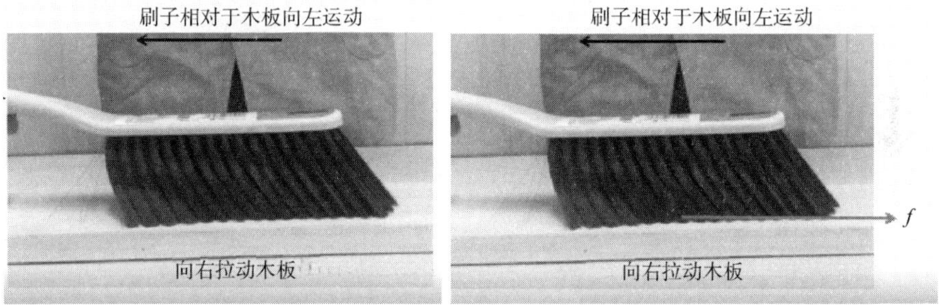

图 2

生 7：不可以。学生用刷子和木板做演示实验（图 2），刷子静止不动，向右拉动木板，刷子相对木板向左运动，木板就阻碍刷子向左运动，所以木板给刷子的滑动摩擦力向右。所以滑动摩擦力的方向是和物体相对运动方向相反。

学生填写学案上滑动摩擦力定义、产生条件、方向。

五、引导自主学习 2

2 分钟看书第 19 页，思考如何测量滑动摩擦力？滑动摩擦力可能与哪些因素有关？

六、组织交流展示 2

生 8：拉动木块匀速滑动，弹簧测力计的示数就等于滑动摩擦力的大小（转化法）。

师：测量滑动摩擦力的原理是什么？

生 9：二力平衡。

师：根据日常生活中推箱子的的经验，猜想影响滑动摩擦力的因素。

生 10：可能与压力、接触面粗糙程度、接触面积、运动速度有关。

师：实验中要用到什么研究方法？如何改变和控制压力和接触面的粗糙程度，接触面积？实验需要注意的问题？怎么样设计表格？

生 11：实验中要用到控制变量法。

生 12：改变压力用增减砝码；改变接触面的粗糙程度用木板，毛巾，棉布；用一个长方体平放、侧放、立放来控制接触面积。

生 13：实验中注意拉动木块要做匀速直线运动。

师：设计的表格展示在黑板上。

学生实验，一、二组实验探究滑动摩擦力与接触面粗糙程度的关系；三、四组探究滑动摩擦力大小与压力的关系；五组探究滑动摩擦力大小与接触面积的关系；六组探究滑动摩擦力大小与运动速度的关系。教师巡视指导。学生展示实验成果如下。

生 14：一组演示实验，说测出的实验数据，总结出：压力一定时，接触面越粗糙，滑动摩擦力越大。

生 14：三组演示实验，说测出的实验数据，总结出：接触面粗糙程度一定时，压力越大，滑动摩擦力越大。

生 15：五组演示实验，说测出的实验数据，总结出：滑动摩擦力与接触面积无关。

生 16：六组演示实验，说测出的实验数据，总结出：滑动摩擦力与速度无关。

学生一起记住自己得出来的结论。

七、师生质疑点拨

师：刚才我看有的组实验数据不是很准确，这个实验有啥改进的方案吗？

生：可以让弹簧测力计固定，拉动木块运动就行。

展示实验的改进装置（图 3）。

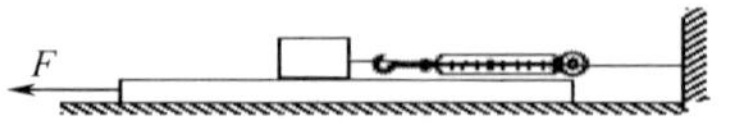

图 3

教师展示实验的改进装置：由于匀速很难控制，所以有些时候实验不能很准确。所以我用改进实验装置，木板不用做匀速直线运动，且弹簧测量计显示稳定方便读数。

八、小结回顾目标

学生说滑动摩擦力的定义，产生条件，方向，滑动摩擦力的因素大小的影响因素。

九、当堂检测考试

3 分钟做完共 5 分，把做好的学案收上来。

《摩擦力（一）》课堂实录　李海冰

《电能　电功》课堂实录（教科版）

王福文

师：上课！

生“志存高远，意志如钢，全力以赴，创造辉煌”！老师好。

师：同学们好。请坐

一、检测回顾引入（4 分钟）

①机械功用 ______ 表示，国际制单位是 ______，符号是______。

②导体的电阻与______，______，______有关。

③串联电路中，导体两端电压与______成正比，并联电路通过各支路的电流与______成反比。

学生完成后对答案，纠正错误，1 分钟记忆。

二、明确学习目标

出示目标（通过课件 APP 出示学习目标，学生齐读）：

①认识电能，结合实例分析能量转化。

②会读电能表并进行相关计算。

师：我们深知电能的应用无处不在。家里每月都交电费，电费是怎样计算的。（APP 出示电费通知单）学生回答得出那些信息？

学生回答：每月消耗 348 kW · h 电能。电能单位是 kW · h。

三、引导自主学习 1

自学指导：认真阅读第 86 ~ 87 页电能完成下列问题，知道其来源和应用及单位。

①电能的来源：各种各样的发电厂和各种各样的电池把______的能转化为电能。

②电能的应用：用电器工作时，将电能转化为其他形式的能。灯泡：电能转化为________和________；电风扇：电能主要转化为______。

③电能的国际单位是______，常用单位是______，它们的关系是：1 kW · h = __________J。

四、组织交流展示 1

师：通过消费 34 kW · h 这条信息，你知道电能从哪里来，又消耗到哪里去？

生：从发电厂来。

生：消耗到用电器去。

学生完成导学案后小组交流后，生一汇报，生二订正。

五、师生质疑点拨 1

①教师通过课件 APP 图片展示水电站、火电站、风力发电、核电站、太阳能电池板，各种电池提供电能及其能量的转化。

生：水电站，风力发电是机械能转化成电能。

生：核电站是核能转化成电能，太阳能电池板是太阳能转化成电能。

生：电池是化学能转化成电能。

师：归纳起来：电是其它形式的能转化来的。

②教师通过课件展示电饭锅、洗衣机、灯泡，说出他们的能量转化。

生：电饭锅是电能转化成内能。

生：洗衣机是电能转化成机械能。

生：灯泡电能转化成光能和内能。

师：电能输送给用电器，电就能为我们所用了。用电器将电能转化为其它形式的能，为人类提供服务。

③电能的单位。

师：电能的单位：度、千瓦时（kW·h）、焦（J）。1 度 = 1 kW·h = 3.6×10^6 J

生：为什么 1 kW·h = 3.6×10^6 J?

师：引导学生回答并板书：1 kW·h = 1 kW×1 h = 1000 W×3600 s = 3.6×10^6 J。

④单项训练。0.5 kW·h = ______ J；21.6×10^6 J = ______ kW·h。

六、引导自主学习 2

师：电费通知单 348 kW·h 是什么仪表测量的，348 kW·h 这个数据是怎么来的?

自学指导：认真研读课本第 87 页测量电功完成下列问题。

（1）电能的计量仪器是____________。

（2）电能表上几个参数的意义。(理解记忆)

①电能表的读数方法：电能表显示的最后一位是______，电能表前后两次之______ 表示这段时间内消耗的电能。

②220 V 表示：这个电能表应该在 ______ V 的电路中使用。

③10（20）A 表示：

10 A 表示这个电能表的______为 10 A。

20 A 表示这个电能表的______电流为 20。

电能表工作时的电流不应______ 额定最大电流。

④600 r/kW · h 表示：每消耗 ______的电能，电能表的转盘转______转。

七、组织交流展示 2（学生完成导学案后，小组交流）

生：汇报答案①小数，差。②220。③标定，额定，最大。④1 kW · h，600。

师：600 r/kW · h 的含义一定要理解和熟记。

八、师生质疑点拨 2

师：展示电能表工作的自制教具，让学生观察灯泡发光，电能表的转盘转动。

师：用课件展示电能表表盘，让学生观察。

生：电能表的读数方法：电能表显示的最后一位是小数，电能表前后两次读数之差表示这段时间内消耗的电能。

学生观察 APP 电费通知单，根据用电度数和电费数计算电费单价。

生：用电费数比上用电度数就是单价。

生：50 Hz 含义：表示这只电能表应该在频率 50 Hz 的交流电路中使用。

生：10（20）A 含义：表示这个电能表的标定电流为 20 A，额定最大电流 20 A。

生：600 revs/kW · h 含义：表示接在这个电能表上的用电器，每消耗 1 kW · h 的电能转盘转 600 转。

生：220 V 含义；表示这只电能表只能在 220 V 的电路中使用。

师：我再次强调各参数含义一定熟记，一定会用 600 revs/kW · h 含义解答转盘转多少转？消耗多少电能？消耗了电能，转盘转多少转？

学生单项练习

（1）如图 1 为电能表示数，读作____________________。

（2）电能表上标有的“2000 r/kW · h ”，物理意义是____________________________________。

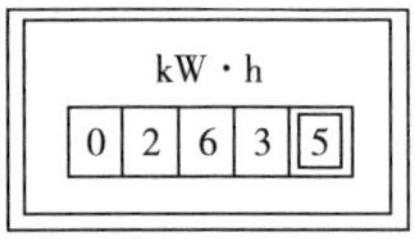

图 1

这块电能表所测的某用电器工作一段时间内，它的表盘转了 1000 转，那么该用电器在这段时间用电________kW · h。

完成后学生自主更正。

师：2 题 0.5 kW · h 是怎么得到的？

生：用 1000 转比上 2000 r/kW · h。

生：阅读教材后我认识 1 度电的作用很大。

师：东北拉闸限电警示我们要节约用电。

九、小结回顾目标

生：这节课我学到了发电机的能量转化，用电器的能量转换。

生：电能表各参数的意义。

师：这节课大家学习了电能在生活中的来源与应用。知道了电能表的作用、单位、各参数的物理意义、使用与读数，特别要理解电能表参数的含义。

十、当堂检测考试（学生 10 分钟完成）

（1）安装在家庭电路中的电能表，测量的是（　　）。

A. 电流　　　B. 电压　　　C. 电能（电功）　　D. 电功率

（2）0.2 kW·h=______J，7.2×10^6 J=__________kW·h。

（3）当电流通过一个电风扇时，消耗了 200 J 的电能，则在这个过程中电流做的功为________。

（4）电能表上标有的“3000 r/kW·h”，这块电能表所测的某用电器工作一段时间内它的表盘转了 600 转，那么该用电器在这段时间用电 ______kW·h，合______________ J。

（5）小明家电能表上标有的“600 r/kW·h”，十月初他家电能表表盘示数 2138.2 kW·h。本月他家共用 50 度电，电能表表盘共转______转，本月末他家表盘示数为 ________kW·h。

（学生做完了，把做完的题收上来，教师统一判，看其掌握的程度。）

【媒体展示】伴随乐曲声，在欣赏电能为我们创造的绚丽多彩的社会生活的夜景中结束本课。

师：同学们，本节课到此结束，下课！

《酸的化学性质》课堂实录

高素慧

师：同学们好！

生：老师好！

师：请同学们用3分钟时间完成课前检测。

一、检测回顾引入（每空2分，共16分）

① 稀盐酸、稀硫酸等能使紫色石蕊溶液变____色，使无色酚酞溶液______色。

②实验室制取二氧化碳是用稀盐酸与_________反应。不用浓盐酸原因是____________发生反应的化学方程式______________。

③实验室常用锌粒和_________反应制取氢气，发生反应的化学方程式是______________。

④金属镁与稀盐酸反应放出热量，发生反应的化学方程式是___________。

师：巡视检查学生做题，并用红笔评价，投影展示答案，并请同桌同学互相评价。

这几个题都是酸与某些物质的反应，属于酸的化学性质。除此之外，酸还能与哪些物质反应呢？这节课我们就来学习酸的化学性质。(板书课题)

二、明确学习目标

师：请同学们齐读本节课的学习目标。

①初步学会用探究的方法认识盐酸和稀硫酸的主要化学性质。

②认识常见的酸在生产、生活中的用途。

③从溶液的角度理解“为什么酸的水溶液有共同的化学性质”。

三、引导自主学习

师：同学们看这是一瓶水，一瓶稀盐酸，运用所学的知识，你如何区别水和稀盐酸，请同学们思考并写出你的方法，组内交流研讨。

生：用紫色石蕊溶液；用镁、锌等活泼金属；用石灰石、碳酸钠等。

师：还有补充吗？

生：氧化铁、氧化铜等。

师：接下来就让我们通过实验，验证这些方法是否可行，学会用探究的方法认识酸的主要化学性质。实验桌上已经摆放着同学们实验需要的部分仪器、药品，请同学们看实验指导，进行实验。

（1）实验指导1 用稀硫酸或稀盐酸做实验

①取少量稀盐酸（稀硫酸）于试管中，滴加两滴紫色石蕊溶液，观察现象。

②向装有镁条、锌粒、铜片的三只试管中加少量稀盐酸（稀硫酸），观察现象。

③向装有氧化铜、铁锈钉（氧化铁）的试管中加少量稀盐酸（稀硫酸），观察现象。

④向装有石灰石或碳酸钠的试管中加稀盐酸（稀硫酸），观察现象。

（2）填写表格（表1）

表1 实验表格

实验内容	现象	化学方程式
酸与紫色石蕊溶液作用		—
向镁条、锌粒、铜片的试管中分别加入稀硫酸（或稀盐酸）		$Mg+HCl=$ $Zn+H_2SO_4=$
向装有氧化铁（氧化铜）的试管中加入稀盐酸（稀硫酸）		$Fe_2O_3+HCl=$ $CuO+H_2SO_4=$
向装有石灰石的试管中加稀盐酸 向装有 Na_2CO_3 的试管中加稀硫酸		$CaCO_3+HCl=$ $Na_2CO_3+H_2SO_4=$

学生合作探究稀盐酸、稀硫酸的化学性质，完成表格内容。

老师巡视检查学生实验探究情况，并指导纠正个别学生的错误操作。

四、组织交流展示

师：实验结束，请宋好同学把你的导学案用投影展示，大家一起看看，尤其是化学方程式的书写。

生：盐酸与氧化铁反应化学方程式没配平，应该生成2个氯化铁，3个水，不是氯化亚铁。

师：请做稀硫酸与氧化铜反应实验的同学把这支试管举起来，同学们描述实验现象。

生：黑色粉末消失，溶液变为蓝色。（几名同学展示试管）

师：请做这个实验的同学把试管举起来，展示给大家看，同学们描述实验现象。

生：铁锈消失，铁钉变光亮，溶液由无色变为黄色。（几名同学展示试管）

五、师生质疑点拨

师：利用金属氧化物与酸的反应可以清除金属制品表面的锈，除锈时能否将金属制品长时间浸在酸中？为什么？请同学们观察酸与铁锈的反应的现象，你又有什么发现？

生：铁钉表面有气泡出现。

师：这对你有什么启示？

生：利用金属氧化物与酸的反应可以清除金属制品表面的锈，除锈时不能将金属制品长时间浸在酸中。

师：我们总结一下盐酸、稀硫酸有哪些相似的化学性质。

板书——盐酸（稀硫酸）的化学性质。

①与指示剂反应：使紫色石蕊试液变红，使无色酚酞试液不变色。

②活动性较强的金属+稀硫酸（盐酸）⟶盐+氢气。

③某些金属氧化物+稀硫酸（盐酸）⟶盐+水。

④碳酸盐+稀硫酸（盐酸）⟶盐+水+二氧化碳。

请同学们把这些内容背诵 2 分钟。

师：我们研究物质的性质，目的是知道物质的用途，那么学习了上述酸的性质，它们都有什么用途呢？大家说一说。

生：汽车用的铅蓄电池中就有硫酸。胃液里有盐酸，帮助消化食物的。另外洁厕液里也有盐酸，是用来清除污垢的。调味品食醋的主要成分是醋酸。大家爱喝的汽水、可口可乐和雪碧等，含有碳酸，也叫碳酸饮料。

师：盐酸、硫酸都可以除铁锈，实验室常用浓硫酸做某些气体的干燥剂。

师：为什么盐酸、稀硫酸的化学性质相似呢？我们试着从酸在溶液里的存在形式理解，请同学们组内交流。（课件展示酸在溶液里的离子形式）

生：（学生讨论并得出）酸的水溶液中都有氢离子，所以化学性质相似。

师：板书 H^+。

六、小结回顾目标

师：大家谈谈本节课的收获。

生：初步学会用探究的方法认识盐酸和稀硫酸的主要化学性质。认识常见的酸在生产、生活中的用途。酸的水溶液有共同的化学性质的原因是酸的水溶液中都有氢离子。

七、当堂检测考试（选择题每个 2 分，填空题每空 1 分，共 21 分）

1. 选择题（每小题只有一个正确答案）

（1）下列说法正确的是（　　）。

A. 盐酸能使紫色石蕊试液变蓝

B. 浓硫酸露置于空气中溶质的质量分数变大

C. 打开盛浓盐酸的试剂瓶，瓶口会产生白雾

D. 人体胃液中含硫酸帮助消化食物

(2) 下列物质露置在空气中一段时间后，质量增加的是（　　）。

A. 稀硫酸　　B. 盐酸　　C. 硝酸　　D. 浓硫酸

(3) 下列金属不能与酸反应生成氢气的是（　　）。

A. Mg　　B. Al　　C. Fe　　D. Cu

(4) 下列物质中不能与稀盐酸反应的是（　　）。

A. 铜　　B. 氧化铜　　C. 氧化铁　　D. 石灰石

(5) 下列叙述中不属于盐酸的化学性质的是（　　）。

A. 盐酸具有挥发性

B. 盐酸能除去铁锈

C. 盐酸能使紫色石蕊试液变红

D. 盐酸能与石灰石反应制取二氧化碳

(6) 下列方程式书写完全正确的是（　　）。

A. $Zn+2HCl = ZnCl_2+H_2\uparrow$

B. $2Fe+3H_2SO_4 = Fe_2(SO_4)_3+3H_2\uparrow$

C. $Al+HCl = AlCl_3+H_2\uparrow$

D. $Fe_2O_3+H_2SO_4 = FeSO_4+H_2O$

(7) 白蚁能分泌出蚁酸，其化学性质与盐酸相似，能腐蚀很多物质。下列最不容易被蚁酸腐蚀是（　　）。

A. 镀锌水管　　B. 铜制塑像　　C. 大理石栏杆　　D. 铝合金门窗

(8) 废旧计算机的某些部件含有 Zn、Fe、Cu、Ag、Au 等金属，经过物理方法初步处理后，与足量的稀盐酸充分反应，然后过滤。所得到的固体金属是（　　）。

A. Cu、Ag、Au　　B. Fe、Zn、Au

C. Au、Cu、Zn　　D. Ag、Au、Fe

2. 填空题

一枚带铁锈的铁钉（主要成分为 Fe_2O_3）放入稀盐酸中，可观察到______________，该反应的化学方程式为____________，反应一段时间后，又观察到________________，该反应的化学方程式为________________。所以用盐酸除铁制品表面的锈，____（能或不能）长时间浸在酸中。

师：做完后交上来，统一评价，看学生掌握情况。

《中国的担当》教学案例

李晓丛

教学目标

知识与技能

①知道中国在经济、政治、文化等方面对世界发展的担当与贡献。

②正确认识中国与世界的关系，提高辩证思维能力。

过程与方法

①采用“测-学-考”三段七步教学法开展教学活动，使学生学会、会学、形成能力。

②借助多媒体手段辅助教学。

情感、态度和价值观

①认同中国发展与世界发展紧密相连。

②感受我国的大国担当，增强国家认同感。

③培养全球意识和国际视野。

教学重点

中国担当积极有作为印证的道理。

教学难点

中国担当国际责任的同时应注意的问题。

学情分析

时下的青少年，在现实生活中对我国国情还缺乏较为全面的了解，对中国在促进世界发展，应对全球危机和挑战等方面做出的努力和贡献关注不多。部分学生比较关心国家的发展以及我国在国际舞台上的作为，但存在了解不够全面、理解不够深入、观点不够客观等问题。基于上述学情，设计本节课可以帮助学生理解中国的责任与担当，增强责任意识。

教学过程

一、检测回顾引入

时政背景：新冠肺炎疫情，属于一种重大传染性疾病。截至 2022 年 4 月 13 日 6 时全球累计新冠肺炎确诊病例逾 5 亿例，累计死亡病例 621 万例。这一疫情是当前人类面临的共同挑战，成为亟待解决的全球性问题。疫情来临，中国积极与世界各国分享抗疫经验，为众多国家特别是广大发展中国家提供医疗、药物、抗疫物资等各种援助。运用你的所知所学完成下列问题：

①面对这一挑战，中国积极而有作为的担当充分表明我国以实际行动践行哪一理念？（4 分）

②针对中国面对疫情的积极作为你有怎样的感触？（6 分）

（设计意图：一是检查所学知识的掌握与运用情况；二是选取学生较为关心的热点时政，引导学生迅速集中精力进入学习状态，为学习新课做好铺垫。）

导入新课：这一事例充分体现出我国面对全球性问题从不推诿、不逃避，而是积极承担相应的国际责任，在担当中展现了大国风范。

二、明确学习目标

①结合时政背景正确认识中国与世界的关系。

②知道中国在经济、政治、文化等方面对世界发展的担当与贡献。

③理解我国在担当国际责任时应注意的问题。

（设计意图：为学生展开学习提供明确的方向和依据，指明学习的侧重点，知道要达成的学习任务。集中注意力，抓住重难点，使下一步自主学习有的放矢。）

三、引导自主学习

自主学习指导：仔细阅读教材第 28～31 页文本内容，包括探究分享、拓展空间、运用经验等辅助材料，完成如下任务。

①重点知识红笔标注。

②在阅读理解的基础上提出相应问题。

③依据材料情景创设问题并能准确作答。

④无法独立完成的，组内互助完成。

（设计意图：一是培养学生自读、理解、分析提炼文本信息、归纳概括提出问题、解答问题、得出结论的能力，培养学生独立学习思考的习惯。二是引导学生认清基本国情，以增强学生的责任感和使命感，以利于达成情感目标。三是培养学生的合作意识，体验分享的快乐，以利于达成知识目标。）

四、组织交流展示

师：展讲要求。（此环节通过抽签的方式选出展讲的小组和讲评的小组）

①以小组为单位，组内代表主讲，组内成员补充矫正完善。

②其他小组进行评价。

③展示形式可以是口述、可以用板书、可以用展台，不拘一格。

（1）第一组借助展台展示本组的学习成果，提出并解答。

①依据教材第 28 页引言文本内容提出——中国与世界的关系是怎样的？

②依据教材第 29~31 页文本内容提出——中国的担当体现在哪些方面？

③依据教材第 29 页探究与分享一和二，两则事例创设——面对当今世界面临的各种灾难与危机，中国秉持怎样的态度？中国面对危机做出的担当展示了中国怎样的国际形象？

（2）第二组以口述的形式展示本组学习成果。

①依据教材第 30 页最后自然段内容提出——中国对世界发展的重大贡献是什么？

②依据教材第 31 页第一、二自然段提出——我国的基本国情是怎样的？面对国情，中国的担当应注意什么？

（3）第三组以板书的形式展示本组学习成果。

①事不避难，勇于担当，中国要树立一种怎样的国际形象？扮演怎样的角色？

②依据教材第 30 页探究与分享背景材料创设——到建党一百年时，我国胜利完成了哪一重大历史任务？对世界产生怎样的影响？

③我国参与维和、化解区域危机、对外经济援助，积极防控疫情，成功消除绝对贫困……中国以自己的实际行动推动着世界大势。那么材料中的“世界大势”指什么？

其余三个讲评组的评价客观中肯，既肯定了长处，也提出了存在的不足，并给出了改进意见，更为可贵的是还把本组的创新成果推介给全班同学，共同分享。这竞赛一样的场景，让学生们热情高涨，展讲热烈，参与度高，课堂氛围“动”感十足。最后大家在自主合作的基础上，对本节课应掌握的问题达成统一，明确了应重点掌握的知识。

师总结：这些问题的提出和创设既抓住了本节课的重点，又锻炼了思维，提升了学科素养。但是学生们意犹未尽，在厘清了这些问题的基础上还存在着一些模糊不清的问题，争论还在进行，求解的思维仍在跳动。

（设计意图：此环节为展示自主学习成果，主要考察学生对教材的把握，对重点知识的提炼和表达，对问题设计的创意，独立的自学能力，小组合作意识以及学生的参与度，创设“动”感课堂。）

五、师生质疑点拨

每个小组将本组存疑通过展台展示给全班。归纳起来质疑如下。

1. 生质疑

①质疑一：中国的国际影响力大幅提升，承担着众多的国际责任。这是否意味着我国是世界强国？是否意味着我国已站在世界舞台中央，在国际社会发挥领导或主导作用？

②质疑二：我国对世界经济的贡献率已超30%，是否意味着我国已主导世界经济发展，成为影响世界经济的唯一力量？

③质疑三：综合所学、所知，“改革开放四十多年来，我国各项事业取得辉煌成就，国力增强，所以我们应不遗余力地承担更多的国际责任。”对吗？

2. 生生活动解疑

①一组学生：改革开放四十多年来，我国综合国力大幅提升，在国际事务中发挥着重大作用，所以我们一组认为我国已是强国，应成为领导者。

②四组学生：我组不同意，我国还是世界上最大的发展中国家，自身发展中还存在众多问题，还不能列入强国之列……

3. 师质疑

学生之间展开激烈辩论，各抒己见，各执一词，对质疑中的观点趋同的占多数，而反对的占少数，争论的结果仍不甚明了。为了帮助学生彻底解疑，我先让他们帮我解疑，并引导学生在此基础上再回归学生的质疑，自然迎刃而解。

师质疑：根据你们的所学和所知，能描述一下当今世界舞台上的中国是怎样的吗？学生们激烈讨论。

点播解疑：甲——经济大国；乙——是一个负责任的大国；丙——是人口大国；丁——是发展中国家；……是贸易大国、是一个仍处于社会主义初级阶段的大国；等等。让学生对他们自身的答案进行研判，对这一问题进行定位，经过讨论。最后，学生们达成一致，从中提炼出最具代表性的解读：我们是一个负责任的大国，是世界上最大的发展中国家，仍处于社会主义初级阶段。

师：请大家用代入法把结论带入到你们的问题中，能否解答？课堂上的学生恍然大悟，明白了之所以存在上述疑惑，是因为自己思考问题时脱离了本国国情这一大前提。根源找到，疑惑迎刃而解，课堂充满解惑后的愉快笑声。每一个问题都在思维碰撞后得到完美的解答，师生互动、生生互动、课堂教学“动”感十足。

（设计意图：提出疑惑，辨析疑惑，澄清模糊认识；培养学生的求异思维和创造性思维；彰显个性风采，展现“动”感课堂，将课堂教学活动推向高潮。）

六、小结回顾目标

回顾反思：请以“作为国家的小主人，我知道了……，我要……，我认同……”谈谈自己本节课的收获和体会。

（设计意图：通过此方式检查学生对重点问题的理解和掌握情况，并能对所学进行提炼和整合，了解达标情况。)

附板书（图 1）：

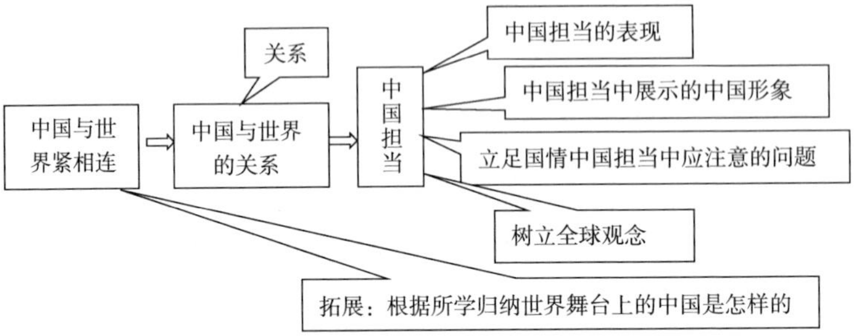

图 1

七、当堂检测考试

（1）从共建“一带一路”到举办进博会，从加入联合国维和行动到合作应对新冠疫情挑战，从支持其他发展中国家减贫到促进绿色低碳发展……为建设一个更加美好的世界，中国从不做观望者，始终是行动派。这说明中国（　　）。

①是维护国际和平与稳定的决定力量　②不逃避，积极主动承担起相应责任　③高举和平、发展、合作、共赢的旗帜　④致力于成为建设者、贡献者、维护者

A. ①②③　　B. ②③④　　C. ①③④　　D. ①②③④

（2）我国虽然取得了脱贫攻坚的全面胜利，进入了全面小康社会，但是我国仍然处于社会主义初级阶段的基本国情没有变，全国各地区经济发展不平衡的实际没有变，我国还是一个发展中国家的国情没有变。这就需要我们（　　）。

①全面深化改革，用改革激发发展活力　②统筹国际国内两个大局，走和平发展道路　③坚持以经济建设为中心，集中力量办好自己的事情　④更好地维护我国和广大发达国家的利益

A. ①②③　　B. ①②④　　C. ②③④　　D. ①③④

（3）材料分析题。(10 分)

材料：2021 年 7 月 16 日，在亚太经合组织领导人非正式会议上，习近平主席指出，中方一贯主张深化疫苗国际合作，确保疫苗在发展中国家的可及性和可负担性，让疫苗成为全球公共产品。中方向发展中国家提供了 5 亿多剂疫苗，用于支持发展中国家抗疫和恢复经济社会发展。综合上述材料运用所学知识完成下列问题：

①我国向发展中国家提供抗疫援助表明了什么？(4 分)

②全球抗疫需要各国共同践行哪一理念？(3 分)

③中国在承担上述国际责任时应做出哪些智慧的选择？(3 分)

（设计意图：测试题进行梯次设计，分基础测试和能力测试两部分。通过堂测

检查学生基础知识的掌握情况，知识的运用情况；理解、运用、提炼、概括能力的锻炼和培养，以此检查目标的达成情况。)

教学反思

道德法治课教而无法，就会使学生学之无趣，教师教而无味，课堂就是死水一潭。如果教而得法，学之有法，就会使课堂充满活力，异彩纷呈，生成“动”感课堂。而我校创设和推广的“测-学-考”三段七步教学法，实践证明具有化腐朽为神奇的功能，为创设“动”感课堂搭建了广阔的平台，为道德法治课堂教学注入了活力，让师生的思维不断碰撞出创造的火花，使学生学有所思、学有所得，让道德法治课堂更加鲜活，极大提高了课堂实效。

《国家权力机关》教学案例

樊宝媛

教学目标

知识目标

了解我国国家机构；理解国家权力机关的性质、职权，特别是在整个国家机关体系中的地位和作用。

能力目标

能够把学到的有关国家机构的知识运用到生活中，理解、分析相关的经济、政治现象，解决经济、政治问题。

情感、态度与价值观

感受国家机构的性质、职权，体会国家机构在维护人民当家做主中的作用；关注国家机构职权的依法行使，增强法治意识，形成法治思维。

教学重点

知道人民行使国家权力的机关、地位、职权。

教学难点

人民代表大会的职权。

学情分析

初中二年级下册的教材内容无论是容量上还是知识理解难度上都提升了一个度，而单单依靠生活常识和初中一年级的基本知识是不够的。单纯地记忆基础知识还好，学以致用恰恰是学生的弱点，因为宪法知识离学生生活比较远，接触的少。这就需要让他们知道道德与法治这门学科不单需要记忆一些基础知识，还需要灵活应用来解决一些实际生活中存在的问题。

教学过程

一、检测回顾引入

我国的根本政治制度是什么？我国的基本政治制度有哪些？

（设计意图：复习巩固旧知识，引出课题，承前启后。）

二、明确学习目标

（1）知道国家权力机关的构成，全国人民代表大会的性质和地位。

（2）掌握国家权力机关的职权。

（3）知道权力机关和其他国家机关的关系。

（设计意图：让学生总体上感知本节课要掌握的知识，并进行有意识、有目的的学习。）

三、引导自主学习 1

阅读教材第 77~78 页，自主独立在书上标划下列问题的答案并进行记忆。

（1）人民行使国家权力的机关是什么？

（2）国家最高权力机关是什么？全国人民代表大会的性质、地位是怎样的？

（设计意图：让学生能够掌握全国人民代表大会的构成、性质、地位，并能记住。）

四、组织交流展示 1

学生代表展示学习成果（背诵形式）

（1）人民行使国家权力的机关是人民代表大会，包括全国人民代表大会和地方各级人民代表大会。

（2）全国人民代表大会是最高国家权力机关，代表全国人民统一行使国家权力，在整个国家机关体系中居于最高地位。

教师易错易混点点拨（表 1）：

表 1　易错易混点点拨

人民代表大会	人民行使国家权力的机关
全国人民代表大会	最高国家权力机关
人民代表大会制度	国家根本政治制度

（设计意图：反馈学生的学习成果，激发学习兴趣，形成竞争学习的意识。）

五、师生质疑点拨 1

地方国家权力机关的性质及与地方其他国家机关的关系是怎样的？

教师总结：地方人民代表大会是地方国家权力机关，地方国家行政机关、监察机关、审判机关和检察机关对它负责，受它监督。

（设计意图：鼓励学生质疑，让学生养成勤于思考的习惯，培养并提高学生分析和解决问题的能力。）

六、引导自主学习 2

（1）合作探究一：第 78 页探究与分享（1、2、3 小组完成，4、5、6 小组评

价，补充，纠错）

①慈善法出台后，镇政府强制要求公职人员捐款的行为是否合法？请结合慈善法的相关内容说明理由。

②慈善法的出台，反映出全国人民代表大会在行使哪一职权？它还有哪些职权？

（2）合作探究二：（4、5、6小组完成，1、2、3小组评价，补充，纠错）

第79页探究与分享，关于全国人民代表大会的任免权，他们的说法是否正确？

（设计意图：培养并提高学生合作学习的能力，能够灵活运用人民代表大会的职权的基础知识解决实际问题。）

七、组织交流展示2

每组学生代表展示合作学习成果，小组互评，补充，纠错。

合作探究一答案提示：不合法，根据《中华人民共和国慈善法》第101条的规定，该镇政府的行为不合法；在行使立法权，除此以外还有决定权、监督权、任免权。

合作探究二答案提示：各级人大和县级以上各级人大常委会依据宪法和法律享有对相关国家机关领导人员及其他组成人员进行选举、决定、罢免的权力。

（设计意图：反馈学生的学习成果，激发学习兴趣，形成竞争学习、合作学习的意识，提高分析的解决问题的能力。）

八、师生质疑点拨2

（1）人民代表大会与人民的关系是怎样的？

提示：在我国，国家的一切权力属于人民。人民代表大会是人民行使国家权力的机关。我国宪法第三条规定：“全国人民代表大会和地方各级人民代表大会都是由民主选举产生，对人民负责，受人民监督。”

（2）全国人民代表大会和地方各级人民代表大会行使的监督权一样吗？

提示：全国人民代表大会及其常务委员会有权监督宪法和法律的实施，县级以上人大及其常委会有权监督本级国家行政机关、监察机关、审判机关、检察机关的工作。

教师易错易混点点拨（表2）：

表2 易混点点拨

人民代表大会的职权	人大代表的职权
立法权	审议权
决定权	提案权
任免权	表决权
监督权	质询权

教师总结：在人民代表大会的职权中，立法权是指制定、修改、完善、废除法律；决定权是决定的国家重大事务；任免权指的是对相关国家机关领导人员及其他组成人员进行选举、决定、罢免的权力。监督权监督的是宪法和法律的实施、监督其他国家机关的工作。

跟踪训练：请你将与人大职权相关的时事政治连线：

①全国人大代表表决兴建长江三峡工程　　A. 立法权

②全国人大通过《民法典》　　B. 任免权

③全国人大表决通过 李克强总理的国务院 组成人员名单　　C. 决定权

④全国人大审议并通过本年度《政府工作报告》　　D. 监督权

（设计意图：鼓励学生质疑，让学生养成勤于思考的习惯，培养并提高学生分析和解决问题的能力，让学生准确记忆、理解和运用人民代表大会的职权，并能区分人民代表大会的职权和人大代表的职权。）

九、小结回顾目标

回归学习目标，学生在教材本框题的相应位置绘制本节课的知识树。

教师总结：

（1）人民行使国家权力的机关是人民代表大会，包括全国人民代表大会和地方各级人民代表大会。

（2）全国人民代表大会是最高国家权力机关，代表全国人民统一行使国家权力，在整个国家机关体系中居于最高地位。

（3）人民代表大会有立法权、决定权、任免权、监督权等职权。

（设计意图：让学生对本节课的知识有一个整体的把握，能够让知识形成体系，成为一个简单的课堂笔记，学有所获。）

十、当堂检测考试

第十三届全国人民代表大会第一次会议通过了关于政府工作报告的决议草案；通过了关于最高人民法院工作报告的决议草案；通过了关于最高人民检察院工作报告的决议草案；表决通过了《中华人民共和国宪法修正案》《中华人民共和国监察法》等。

思考：材料体现了教材中的哪些观点？（4 分）

（设计意图：对本节课知识进行综合运用，有梯度的训练。每节课的小考有赋分，能及时反馈学生的学习成果，以便教师对教学进行及时的查漏补缺。）

教学反思

通过本节课的教学，运用“测-学-考”三段七步教学模式，学生对国家权力机关的相关知识有了初步的认识和了解。学生能够准确地区分人民代表大会、全国人民代表大会、人民代表大会制度。学生对人民代表大会的职权能够准确地识记。大多数学生能够对人民代表大会的职权进行灵活应用。还有极少数学生对人民代表大会的职权，特别是监督权的应用还有所欠缺，需要通过做题训练或者课下辅导来弥补。

《守望精神家园——延续文化血脉》教学案例

杨树泉

教学目标

知识与技能

知道中华文化的产生、内容和特点，知道如何弘扬中华文化。

过程与方法

认识中华文化的内涵，理解中华文化的价值。

情感、态度价值观

感受中华文化的力量，增强对中华文化的认同感，增强对民族文化的自尊心、自信心和自豪感。

教学重点

中华文化的价值。

教学难点

如何弘扬中华文化。

学情分析

新时期，学生对于文化的认识和理解较浅，对于中华优秀传统文化的理解还停留在表面，对于中华文化血脉的延续理念还没有形成完整的印象。教师需要有意识地引导学生了解认识中华文化，增强学生对中华文化的认同感，以实际行动弘扬中华文化和中华传统美德。

教学过程

一、检测回顾引入（5 分钟，共 8 分）

多媒体展示节日图片：六幅图片分别展示的是哪些民族的节日？（3 分）你还知道哪些民族的传统节日？（2 分）这些传统节日为什么能够传承至今？（3 分）（检测回顾引入）

这些节日是中华传统文化的集中体现，包含着丰富的文化内涵和民族认同。作为青少年的我们，更有责任和义务延续文化血脉。这节课我们一起学习延续文化血脉——中华文化根。

（设计意图：复习巩固旧知识，引出课题，承前启后。）

二、明确学习目标

①了解中华文化的内容和特点。

②理解中华文化的价值。

③明确如何弘扬中华文化、坚定文化自信。

（设计意图：让学生总体上感知本节课要掌握的知识，并进行有意识、有目的的学习。）

三、引导自主学习 1

仔细阅读教材第 59 页文本内容，5 分钟完成下列自学任务，要求学生认真在书中进行标划，做好笔记。

①中华文化是怎样形成的，其内容、特点分别是什么？

②中华文化薪火相传、历久弥新的原因？

③弘扬传承中华优秀传统文化的意义？

（设计意图：导学过程学生一定要带着问题学习；教师在布置学生自学的过程中一定要明确学生自学要达到的要求和学习效果；同时要限定自学时间，养成规范学生学习时间和学习内容的习惯；针对必要的难点、重点，可以给学生一定时间以组为单位进行讨论。）

四、组织交流展示 1

要求：以小组为单位交流学习成果，对答案。没有完成自学任务的同学组内互助。教师根据学生小组交流学习情况确定展讲小组，教师鼓励其他小组学生发表不同看法，教师对回答正确的小组学生加分。

跟踪训练：多媒体播放二十四节气歌。

春雨惊春清谷天，夏满芒夏暑相连；

秋处露秋寒霜降，冬雪雪冬小大寒。

每月两节不变更，最多相差一两天；

上半年来六廿一，下半年是八廿三。

①二十四节气歌是怎么形成的？

②请说说你还了解哪些中华文化遗产？这些文化具有什么特点？这些优秀文化为什么能够传承至今？

③有人说：这些文化遗产在现代生活中没有实用价值，没有必要保护，你怎么看？

学生探究思考，师总结。

（设计意图：通过阅读材料，思考问题，解决中华文化的形成、内容、特点、作用，培养学生运用所学知识解决实际问题的能力。）

五、师生质疑点拨 1

学生探究思考，师总结；国家保护这些文化遗产具有什么意义？

（设计意图：鼓励学生质疑，激发学习兴趣，形成竞争学习的意识；让学生养成勤于思考的习惯，培养并提高学生分析和解决问题的能力。）

六、引导自主学习 2

仔细阅读教材第 60~62 页文本内容，5 分钟完成下列自学任务，要求学生认真在书中进行标划，做好笔记。

①中国特色社会主义文化的内涵？

②中华文化的价值？

③如何弘扬传承中华优秀传统文化，坚定文化自信？

（设计意图：学生带着问题看书，熟悉教材。学生先自主学习完成自学任务，疑难问题小组互助合作解决或求助老师帮助。教师要限定自学时间，做好点拨。）

七、组织交流展示 2

要求：以小组为单位交流学习成果，对答案。没有完成自学任务的同学组内互助。教师根据学生小组交流学习情况确定展讲小组，教师鼓励其他小组学生发表不同看法，教师对回答正确的小组学生加分。

学生代表展示学习成果，其他学生补充、纠错。

（设计意图：反馈学生的学习成果，激发学习兴趣，形成竞争学习、合作学习的意识；提高分析和解决问题的能力。）

八、师生质疑点拨 2

教师提出质疑，引导学生深入思考：青少年学生在日常学习生活中如何弘扬传承中华优秀传统文化？

（设计意图：激发学生学习兴趣，形成竞争学习合作学习的意识，提高分析和解决问题的能力，最终达到升华课堂的目的。）

（1）跟踪训练 1

为了帮助学生深入了解中华文化，学校决定组织一次“文化之旅”研学活动，并向全校同学征集活动方案。请你设计一条路线，使学生沿途能够学习和感受中华文化。提问：请你向同学们介绍你设计的研学方案所蕴含的精神内涵和时代价值。

教师抽选任一小组学生展示设计方案，教师对此次活动总结。

（设计意图：通过参与实践活动，感受文化内涵，体会中华文化的价值。）

（2）跟踪训练 2

多媒体展示：中国风服饰亮相巴黎时装周，孔子学院遍布全球，中国话风靡世界，中餐越来越受到外国人的青睐等等图片。通过欣赏图片思考解决下列问题。

①中华文化越来越多地走向世界，你如何看待这一现象？

②从国家和公民角度，上述现象给我们怎样的启迪？

学生探究思考，教师总结。

（设计意图：分析中外文化交流，坚定文化自信，并思考中学生能够为文化传承做什么。）

九、小结回顾目标

①学生从知识和情感态度价值两方面谈本节课的收获。

②教师总结。

（设计意图：让学生对本节课的知识有一个整体的把握，能够让知识形成体系，学会运用所学知识解决实际问题。教师要充分放权给你学生，让学生自主总结本节课的收获。学生无法达到的高度，教师施以点睛之笔。）

十、当堂检测考试

传承中华文化（9 分，8 分钟）

材料一：她叫张佳琦，只有 11 岁，在央视演讲《易经》走红。除《易经》外，张佳琦还分享了《宋词》和《李煜词传》，从书籍脉络到分享理由，说得头头是道。在回答评委的刁钻提问时，各种经典故事信手拈来，对答如行云流水，没有任何迟疑和慌张。少年读书会的评委会主席高洪波称她有一种很特别的“气定神闲”的气质，举手投足中显露着端庄大气的姿态。

材料二：《经典咏流传》用“和诗以歌”的形式，将传统经典诗词与现代流行歌曲及科技手段相融合，深度挖掘诗词背后内涵，讲述文化知识、阐释人文价值、解读思想观念，一经播出就好评如潮，强势刷屏。

①从张佳琦的表现可见，在中华文化的滋养中，她收获了什么？（4 分）

②透过两则材料，从特点角度，你能得出什么结论？（2 分）

③材料一和材料二对我们弘扬中华文化有何启示？（3 分）

（设计意图：对本节课知识进行综合运用，有梯度的训练。及时反馈学生的学习成果，以便教师对教学进行及时的查漏补缺。当堂检测的题量一定要适中，同时紧扣本节课的学习内容和学习目标，提前做完的同学教师在巡视过程中要面批面改，当堂出分。）

教学反思

优点：本节课以学生真实的生活经验为案例，如歌唱二十四节气歌，激发学生学习兴趣，并在感性认识的基础上引导学生学习，效果很好。教师在导学和检测环节注重对学生的方法引领。教师激励学生自主学习，积极参与小组交流探究，发挥小组合作作用。

不足：教师课堂说得多，占用了学生自主学习和探究的时间，今后要把学习的主动权还给学生。教师对学生回答问题要及时点评。

《冷战后的世界格局》教学案例

田文波

教学目标

知识与技能

了解世界格局的多极化发展趋势，了解各国为建立新的国际秩序做出的努力，学生从背景分析世界格局的发展趋势。

过程与方法

联系时政热点，分析当前世界整体形势，理解经济全球化对世界政治格局起决定作用。

情感、态度与价值观

认识到世界格局是由经济实力决定，和平与发展是当前时代主题。中国作为大国在国际新秩序中发挥重要作用，增强民族自信心。

教学重点

重点：世界多极化趋势、霸权主义。

教学难点

难点：理解世界格局多极化的原因。

学情分析

第 21 课《冷战后的世界格局》是初中三年级下册第六单元，主要内容是冷战后世界格局的发展特点，需要一课时。初中三年级学生经过初中两年多历史课程的学习已经具备一定的自主学习和解析课文的能力，对历史事件的产生的原因和结果，大部分学生能归纳分析，所以课程设计以学生自学为主。

教学过程

一、检测回顾引入

第一次世界大战后和第二次世界大战后的世界格局分别是什么？（4 分，3 分钟内完成）

（设计意图：在前测中设计这个问题是为了回顾已学知识，导入新课，加强历史知识的纵向联系，对相同知识点进行归纳总结。学生拿出红笔对照大屏幕答案自己判出分来，教师通过得分了解学生对历史知识掌握情况。）

在前测的基础上，老师进一步提问苏联解体后两极格局结束，世界格局会向哪个方向发展呢？今天我们一起走进第 21 课《冷战后的世界格局》一起了解当今世界的发展。

二、明确学习目标

①了解冷战结束后，世界政治格局朝着多极化方向发展，分析苏联解体后世界形势特点，认识地区冲突、民族矛盾等成为威胁当今世界安全的因素。

②认识到综合实力决定各国在世界格局中的地位，我们要抓住时机，发展经济。

（设计意图：学习目标分两层，目标一是学生了解掌握的历史基础知识，目标二是为了提升学生的对历史认识能力，是对本课基础学习上的能力提升。）

三、引导自主学习 1

霸权主义与地区冲突（学生自学教材第 97 页，4 分钟完成下列问题并在课本中勾画出来，要有自学痕迹。2 分钟小组交流讨论。4 分钟小组展示）

①冷战结束后国际关系格局有哪些变化？

②影响世界和平稳定的因素有哪些？

③展示自己课前搜集美国推行霸权主义的表现的事例并说出霸权主义的危害？(重点讨论和展示的问题)

四、组织交流展示 1

美国在参加和尊重国际人权公约方面一直保持着很差的纪录。美国是除索马里之外唯一没有加入《儿童权利公约》的国家，也是世界上少数几个没有加入《消除对妇女一切形式公约》的国家之一。美国签署《经济、社会及文化权利国际公约》已经 23 年，但至今仍未批准该公约。1999 年 6 月 8 日美洲国家组织成员国签署了《美洲消除对残疾人一切形式视的公约》，而美国是没有在公约上签字的个别国家之一。

——国务院新闻办公宣《1999 年美国的人权纪录》

有资料显示，美国在海湾战争中向伊拉克数以万计的贫铀弹，总重量约 320 吨，对伊拉克的环境和人民的生命康造成了严重破坏伊拉克卫生部发布报告指出，伊拉克的癌症患者在海湾战争后大量增加，由 1989 年的 655 人、1991 年的 4341 人增加到 1997 年的 10931 人。

——国务院新闻办公室《2001 年美国人权纪录》

多媒体展示两则材料，分别说明了什么？美国“人权主义”的实质是什么？

（设计意图：用多媒体向学生展示，深刻体会霸权主义给世界带来的危害，树立反对霸权主义意识。）

五、引导自主学习2

世界多极化趋势的发展（学生自学教材第98~100页，结合幻灯片，5分钟完成下列问题并在课本中勾画出来要有自学痕迹。2分钟小组展示。）

①世界出现多极化趋势的原因是什么？冷战结束后，美国建立一个“单极世界”的野心能否实现？为什么？

②在新的世界格局形成中起决定作用的是什么？

③不结盟运动正式成立于哪年？起到了怎样的作用？

④大多数国家对建立世界新秩序的态度？中国如何应对复杂多变的国际形势？（冷战结束后，中国作为最大的发展中国家，在国际舞台上提出了怎样的主张？奉行怎样的外交政策？坚决反对什么？积极参与发展的国际目标是什么？）

六、组织交流展示2

图1

幻灯片展示两幅图片（图1）：下面漫画体现美国怎样的野心和世界发展形势？

（设计意图：依据课文划分的三个框题分三部分设计自学内容，关注学生自学情况，注重学生参与人数，教师对学生的答题要积极引导点播，有利于学生学习方式的转变，树立以学生为主体的教学观念，倡导学生积极的参与教学过程。通过师生互动，引导学生积极参与教学过程，养成自觉的探究性自主学习习惯。）

七、师生质疑点拨

根据课堂问题生成和学生有疑问的地方设置在三个自主学习环节的后面，提升学生能力，对有疑问的问题进行深入交流，教师进行点播引导，是课堂的高潮部分，也是最精彩的。

（设计意图：通过整节课的学习，学生根据自己对知识理解提出有疑问的问题。问题不固定，增强课程的灵活性，更符合学生的学习规律，如新的国际秩序中，中国和美国怎样合作？）

八、小结回顾目标

- 一、霸权主义与地区冲突
  - 1. 和平与发展成为时代主题
  - 2. 霸权主义——科索沃战争
  - 3. 地区冲突、民族、宗教矛盾、恐怖活动
- 二、世界多极化趋势的发展
  - 一超（美国）多强（欧盟、日本、中国和俄罗斯）
- 三、建立国际新秩序的努力
  - 1. 不结盟运动
  - 2. 中国的努力

（设计意图：利用课堂小结梳理，掌握重点知识，找学生代表进行总结展示，回归目标。）

九、当堂检测考试

1. 1991 年底，苏联解体，冷战随之结束，这使世界形势发展的总趋势走向缓和。当今世界的两大主题是（　　）

A. 和平与发展　　B. 改革与开放　　C. 战争与和平　　D. 革命与竞争

2. 冷战结束后，美国推行霸权主义并介入地区冲突的典型事例是（　　）

①朝鲜战争　②越南战争　③美军轰炸“南联盟”④伊拉克战争

A. ①②　　B. ②③　　C. ①④　　D. ③④

3. 法里德·扎卡里亚的《后美国时代》一书认为：“我们目前正在经历的则是现代史上的第三次权力转变，或可称群雄竞起的时代。”“群雄竞起”指的是（　　）

A. 两极格局形成　　B. 经济全球化趋势

C. 美国成为全球霸主　　D. 世界格局多极化趋势

4. 尼克松 1971 年在堪萨斯城假日旅馆的讲话中说：“现在，美国不再是从经济角度来说的世界头号强国，超群的世界强国，也不再仅仅是两个超级大国，当我们从经济角度和经济潜力来考虑问题时，今天世界上有五大力量……”这“五大力量”除了美国、西欧、苏联、中国之外，还包括（　　）

A. 英国　　B. 法国　　C. 日本　　D. 印度

5. 当今世界政治格局呈现多极化趋势，根源在于（　　）

A. 各国强大的军事实力　　B. 各国稳定的政局

C. 各国发达的科技和教育　　D. 世界经济力量结构的多极化

（设计意图：巩固知识的最佳方法就是做有效的习题。根据本课的教学重难点，设计针对性的练习题，以检验学习情况、夯实基础和巩固新知。）

教学反思

这节课我以多媒体技术为手段，运用地图、图片和视频资料等，提高学生对历

史学习文本的解读能力。我在教学方法中使用了学生自主学习、小组合作探究、教师讲授、学生讲述、师生互动等多种方法，让课堂教学生动起来。课后，我也在想学生学习历史的过程中有没有体会到历史的味道呢？希望在以后的教学中能有所改进。

《美国内战》教学案例

杨晓红

教学目标

知识与技能

了解林肯在美国内战中的主要活动；知道《解放黑人奴隶宣言》的主要内容；理解美国内战在美国历史发展中的作用。

过程与方法

引导学生阅读《解放黑人奴隶宣言》，认识这部法律文件在内战中的作用；结合林肯的历史活动，学会评价历史人物的方法。

情感、态度与价值观

通过战争中林肯扭转战局的措施和人民的反应，使学生认识到人心向背是战争胜利与否的关键，同时个人作用也是不可忽视的。

教学重点

内战爆发的原因及历史意义。

教学难点

理解内战在美国历史发展中的作用。

学情分析

初中三年级学生已经有了成熟的历史学习方法，抽象思维能力大幅提升，理解、分析、概括、比较等能力也都有了不同程度的提高，学习本课会比较轻松。但由于历史久远，再加上一些历史人物的伟大性和历史事件的复杂性，教学也是不易的。因此，教师教学时应多补充史料，鼓励学生自主、合作、探究式学习，倡导教师教学方式和教学评价方式的创新，使全体学生都得到发展。

教学过程

一、检测回顾引入

①美国诞生于何时？美国诞生的标志是什么？（2 分）

②美国历史上第一次资产阶级革命指的是什么？结果如何？（3分）

（设计意图：前测要限时赋分，规定5分钟内完成检测，一是复习巩固与本节相关的基础知识，做到温故知新；二是让学生对美国历史有个整体把握，形成知识体系；三是引导学生收心，迅速集中精力进入课堂学习状态。）

多媒体展示华盛顿、罗斯福、林肯三位总统的图片，向学生提问美国人民心目中最伟大的总统是哪一位吗？学生回答后，教师指出林肯是美国历史上最受美国人民爱戴的总统。为什么呢？今天就让我们走近林肯传奇的一生，进而了解一下美国内战。板书课题：美国内战。

（设计意图，让学生从人物入手，利用学生的好奇心，激发学生的学习兴趣，另外让学生初步了解美国历史上这三位伟大的总统为了美国人民所做出的贡献。）

二、明确学习目标

多媒体展示目标，学生齐读。

①分析并理解美国内战爆发的原因。

②了解美国内战的大致过程，掌握《宅地法》《解放黑人奴隶宣言》这两部法律文件在内战中的作用。

③理解内战在美国历史发展中的作用。

（设计意图：为学生设立明确的目标，让学生自主学习有明确的目的性，不盲目，从而大大提高学习效率。）

三、引导自主学习1

学生认真阅读教材第10~11页的内容，包括图文，用红笔勾划出美国内战爆发都与哪些因素有关？

（设计意图：指导学生自学，充分阅读，把握教材内容，培养独立思考的习惯，提高阅读和分析能力。）

四、组织交流展示1

学生自己认真读过教材后，小组内共同讨论交流自学成果，有不会的问题可以请教同伴。学生讨论后形成结论，并以小组为单位展示讨论结果。

（设计意图：培养学生积极参与合作的意识，体会交流分享的乐趣，也有利于学习目标的达成。）

五、师生质疑点拨1

学生回答：原料，市场，关税，劳动力等因素。教师肯定学生答案后，进一步提问南北两种经济制度之间矛盾的焦点是什么？学生回答后总结南北战争爆发的根本原因是南北两种经济制度之间有矛盾，集中表现为黑人奴隶制的存废问题。那什么事件使南北矛盾激化导致战争了呢？学生回答林肯当选总统激化了矛盾，成为内战导火线后，让学生归纳出内战爆发的根本原因和直接原因。

（设计意图：提出疑问，引发思考，培养学生思维能力，从而解决本课难点问题。）

六、引导自主学习 2

①学生认真阅读教材第 11~13 页的内容，包括图文，用红笔勾划出内战爆发的时间、标志、初期形势、转折、结果等基本知识点。

②依据教材指出内战是什么性质的？有什么历史意义？如何评价林肯？

七、组织交流展示 2

学生认真阅读教材后，小组内讨论上述问题，教师可以加入讨论并质疑，讨论后得出结论并以小组为单位展示。

①爆发：1861 年南方挑起内战。交流中，老师可以质疑，如多媒体展示《南北实力对比》表格，让学生观察表格，明确北方实力强、经济先进；南方实力弱，经济落后。更为重要的是，北方主张废奴，是为正义而战，而南方却在为维护一种罪恶的奴隶制度而战。然而，战争一开始，是不是形势就有利于北方呢？

②初期形势：北方节节失利。教师提问，为什么实力强大的北方却在打败仗？学生思考作答，南方奴隶主蓄谋已久，准备充分，而北方林肯政府幻想妥协，战备松懈。林肯在初期虽反对奴隶制，但他因担心南北分裂而反对立即取消奴隶制，因此总想与南方奴隶主妥协。北方节节败退，华盛顿险些失守，面对如此严峻形势，林肯政府怎么办？

③转折：1862 年林肯政府颁布《宅地法》和《解放黑人奴隶宣言》。老师带领学生精读课本，了解这两部文件的内容和作用。学生回答：《宅地法》和《解放黑人奴隶宣言》深得人心，调动了农民尤其是黑人的积极性，他们踊跃参军作战，扭转了战场上的被动局面。

④结束：1865 年内战以北方的胜利而告终。

⑤内战的性质：美国内战实际上是美国历史上第二次资产阶级革命。

⑥内战的历史意义：经过这场战争，美国维护了国家统一，废除了奴隶制，清除了资本主义发展的最大障碍，为以后经济的迅速发展创造了条件。

八、师生质疑点拨 2

多媒体展示马克思的话："在美国历史和人类历史上，林肯必将与华盛顿齐名。"教师质疑：华盛顿的主要功绩是什么？林肯在美国历史上有何贡献？

学生回答后，老师强调林肯的贡献是维护了国家统一和解放黑人奴隶，深受美国人民的尊敬和爱戴，成为美国历史上的著名总统。

（设计意图：让学生对美国这两位总统的功绩有充分的认识，强化记忆。）

九、拓展提升

学生回顾美国独立战争的内容，并与美国内战作比较（图 1）（教师多媒体出

示简表)

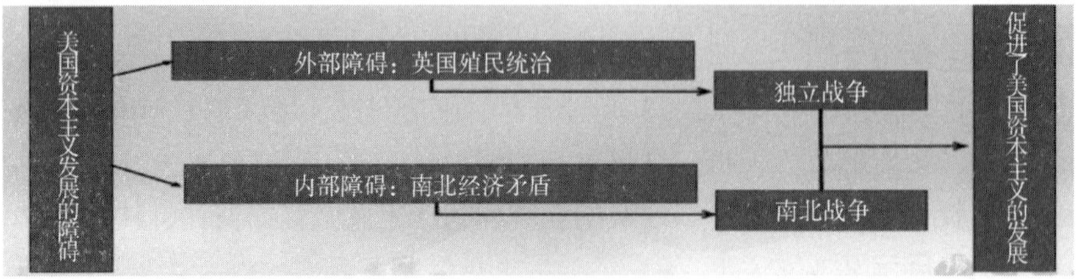

图1　战争比较

(设计意图：比较是学习历史最好的方法，可以强化学生对知识的记忆，形成历史知识体系。)

十、小结回顾目标

让学生归纳美国内战爆发的原因、经过、结果及历史意义，回顾目标，记忆知识点。

十一、当堂检测考试

请同学们独立完成后面材料题，10分钟后交给老师批阅。

材料一　"1863年元月一日起，凡在当地人民尚在反抗合众国的任何一州之内或一州的指明的地区之内，为人占有而做奴隶的人们都应在那时及以后永远获得自由。"

材料二　"分裂之家不能持久"。我相信我们的政府不能永远忍受一半奴役一半自由的状况。我不期望联邦解散，我不期望房子崩溃，但我却期望它停止分裂。它或者变成一种东西或者全部变成另一种东西。

——林肯1858年的一次演说

①说出材料一的文件名称及所起的作用？(2分)

②材料二中"房子"指什么？"一半奴役一半自由"分别是指什么？(3分)

③美国是怎样解决这一问题的？谈谈这一事件的历史意义？(3分)

④根据上述材料并结合你所学的知识，谈谈你对林肯的看法。(2分)

(设计意图：后测题设计要有梯度，既能检查基础知识，又能测试学生运用知识的能力，从而使师生都能清楚本节学习目标是否达成。)

教学反思

我在讲授《美国内战》一课时基本体现了新课标的理念，在教学中打破了传统历课堂的教学模式，树立以学生为本的观念，采用"测-学-考"三段七步课堂教学模式，注重师生的共知、共享和共进，体现学生的自主、合作和探究。将课堂交给学生，老师从旁引导，依据不同教学目标设计了各类教学问题，培养学生阅读、归纳、概括等各方面能力。本课不足之处在于设计的问题难度较低，没能充分训练学生的思维能力，教师在设问上还需要精益求精。另外，教学过程中也有拖沓，教师语言不够精准，需要在以后的教学中不断改进。

《独立自主的和平外交》教学案例

刘淑彤

教学目标

知识与技能

了解独立自主的和平外交政策、和平共处五项原则、万隆会议概况；认识求同存异方针；归纳周恩来总理在中华人民共和国成立初期的外交活动。

过程与方法

通过自主探究问题，培养学生分析问题、解决问题及交流合作的能力；通过阅读各类素材，培养学生处理信息和获取新知识的能力；养成学生论从史出的学习习惯，在归纳知识的同时提升认识。

情感、态度与价值观

通过学习，使学生认识到新中国在国际上自主形象的确立，是与国际帝国主义的干涉和破坏进行坚决斗争的结果，表现了中国共产党把民族利益、国家利益放在首位的非凡气度。通过了解周恩来总理在外交上的成绩，认识一个人要有远大的理想和抱负，并一生为之努力奋斗。

教学重点

重点：和平共处五项原则的提出和周恩来总理出席万隆会议。

教学难点

难点：新中国外交政策制定的背景；为什么说“求同存异”方针促进万隆会议圆满成功？

学情分析

认识到本课面对的是初中二年级学生，他们虽对杰出外交家与外交趣事方面的学习具有学习热情，但历史知识与经验积累不足，历史价值观不够完善，分析与探究问题不应太难。可以展现杰出外交家的风采，激发学生学习的兴趣，树立学习榜样，进行爱国主义教育。

教学过程

一、检测回顾引入

检测题：

①1840—1949 年，中国遭受了哪些国家的侵略？被迫签订了哪些不平等条约？

②你能用几个词概括近代中国外交的基本特征吗？

学生回答后教师引入新中国成立以后，我国奉行什么样的外交政策呢？这节课我们就带着这些问题进入本课的学习。

（设计意图：引导学生回顾近代中国的屈辱外交，从而引出新中国成立以后中国人民站起来了，新中国的外交政策是独立自主和平的外交政策，引导学生对建国初期的外交产生兴趣，进入本课学习。）

二、明确学习目标

①了解独立自主的和平外交政策、和平共处五项原则、万隆会议概况。

②认识求同存异方针。

③归纳周恩来总理在新中国成立初期的外交活动。

三、引导自主学习 1

同学们带着问题阅读课本第 79 页，思考：新中国成立初期中国外交面临什么样的国内、国际环境？实现新中国和平外交的前提是什么？（给学生 2~3 分钟阅读时间）

（设计意图：明确探究问题，鼓励学生都参与到主动学习的过程中去。在探究活动中培养学生基本的提炼历史信息的能力、分析问题的能力、归纳概括能力及合作精神。）

四、组织交流展示 1

①播放视频《周恩来外交风云》看完视频后，给 2~3 分钟的时间，各个小组自我探究、讨论问题。

回忆中国近代屈辱的历程，及在外交上的频频受挫，总结得出当时的外交特征：不平等性——由于中国的半殖民地的地位，不独立性，导致外交上无自主权，是屈辱外交。最后上升到认知高度，得出结论：落后就要挨打，弱国无外交。

②实现独立自主和平外交的前提。

请第一小组的同学回答：实现新时期和平外交的前提。（民族独立）

第一小组的同学根据视频、教材、所学归纳出新中国成立初期面临的国际形势，并简单回答。

教师提问：假如你是当时的国家领导人，你会怎样去改变这种状况呢？

引导学生认识：立足于当时的现实，新中国刚刚获得独立，要改变以前的国际形象，同旧中国的屈辱外交一刀两断。面对美国的孤立封锁，西方的干涉，要维护中国的独立与主权，中国必须确立独立自主的外交政策，并为此展开和平外交。积极主动地走出去，走向世界，才能改变当时的困局，才能为中国国内建设提供良好的国际环境。

（设计意图：用多媒体独有的优势，给学生带来视觉、听觉上直接的刺激，营造生动、直观的学习情境，让学生身临其境。在多样化教学手段刺激学生学习兴趣的同时，培养学生在不同类型素材中，提炼信息，归纳知识的能力。）

五、引导自主学习 2

同学们带着问题“新中国奉行什么样的外交政策？取得了哪些外交成就？”阅读课本 80、81 页。（给学生 2~3 分钟阅读时间）

六、组织交流展示 2

①请第二小组的同学明确指出，新中国制定的外交政策。（独立自主的和平外交政策）

②请第二小组的同学回答独立自主的和平外交的成就。（中苏建交，和平共处五项基本原则，万隆会议）

教师指出：为了进一步打破美国封锁，团结更多的朋友，新中国积极参加一些重要的国际会议，加强同亚非国家的联系。

PPT 资料展示：万隆会议召开的背景。

教师归纳总结：中国需要进一步打破美国封锁，为发展经济提供一个和平安全的国际环境。刚独立的亚非国家需要彼此相互帮助、支持、合作，以维护国家主权，发展民族经济。和平共处五项原则逐渐成为亚非国家的共识。

学生回答万隆会议的概况：召开时间？地点？来参加会议的主要是哪些国家？参加会议的国家对中国的态度怎样？中国代表是谁，提出怎样的方针？

议一议：假如你是中国代表团成员，在会议中面对帝国主义国家挑拨，你是直接反驳，置之不理，还是……？

展示资料，指出：周恩来不打算改变任何一个坚持反共立场的领导人的态度，但是他提出的“求同存异”，却改变了会议的航向。周恩来的发言，揭穿了美国企图制造与会国与中国不和的阴谋，深深打动了与会代表的心弦，而他所展现出的个人魅力深深为与会各国代表所折服。

（设计意图：通过视觉冲击，激发学生兴趣，明确基本史实；引导学生了解中国代表团在万隆会议中的困境，认识周恩来总理提出“求同存异”方针的背景，为理解该方针带来的影响奠定基础；认识周恩来总理杰出的外交才能，把民族利益、国家利益放在首位的崇高品质。）

七、师生质疑点拨

①根据所学，请你说出“求同存异”的“同”和“异”各指什么？

同——指亚非国家团结一致，共同反对殖民主义，谋求发展等。

异——指亚非国家的社会制度和建设道路不同。

②新中国成立初期的外交政策与成就带来的影响。请第三组同学回答。（因前面已经探究过了，不用留太多时间。学生回答后，教师总结。）

总结：赢得了世界的尊重与认可；提高了中国的国际地位；创造了良好的外部环境；为以后外交成就的获得奠定良好的基础。

（设计意图：让学生理解外交与政治、经济等各方面的关系；理解外交局面的打开对本国带来的巨大影响，而政权的稳定，经济的发展，正确的外交政策又为外交局面提供有力的支撑与保障。）

八、小结回顾目标

教师与学生共同完成，回忆并归纳 3 块内容。

①外交政策——独立自主的和平外交政策。

②外交成就：与苏联等国建交，和平共处五项原则，万隆会议提出“求同存异”的方针。

③外交影响：赢得了世界的尊重与认可；提高了中国的国际地位；创造了良好的外部环境；为以后外交成就的获得奠定良好的基础。

九、当堂检测考试

2018 年是周恩来诞辰 120 周年。阅读材料（图 1），结合所学，回答问题。

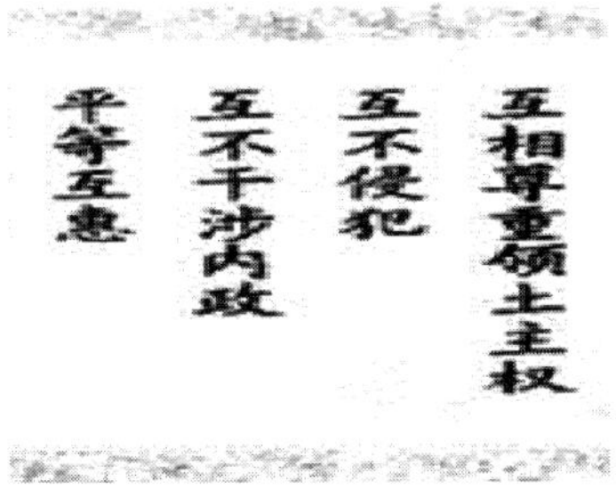

图 1

材料一反映了周恩来同志参加哪次国际会议？他提出了什么方针促进会议圆满成功？

根据材料二，周恩来同志提出的处理国与国之间关系的基本准则是什么？

归纳周恩来在新中国成立初期的外交活动。确定一个缅怀周恩来同志的纪念活动主题。

中苏建交，和平共处五项基本原则，万隆会议等。

（设计意图：加强印象，巩固新知。）

教学反思

从教学效果来看，重点的落实是比较有效的，而且线索也很清晰。不足之处在感受周恩来出色的外交才能和智慧方面，这节课的设计还不够，应该多增加一点课外的故事、知识，让学生明白在新中国外交中，周恩来扮演了一个非常重要的角色。

《汉武帝巩固大一统王朝》课堂实录

张丽娟

师：上课，同学们好！

生：青春正当，扬帆远航，七年九班，一路辉煌。老师好！

一、检测回顾引入

师：同学们完成学案上的前测题。

材料：毛主席诗词《沁园春·雪》节选。

江山如此多娇，

引无数英雄竞折腰。

惜秦皇汉武，略输文采；

唐宗宋祖，稍逊风骚。

①毛主席词中的“秦皇”指谁？(2 分)

②“秦皇”有何历史功绩？(8 分)

学生在学案上书写，选取一名同学的学案用展台展示并给予订正，其他同学用红笔修改。

师：毛主席词中提到的“汉武”又是谁？他有什么历史功绩？今天我们从第 12 课《汉武帝巩固大一统王朝》中寻找答案。

二、明确学习目标

师：齐声朗读我们这节课的学习目标。(PPT 出示学习目标)

①掌握汉武帝巩固大一统王朝的措施。

②知道汉武帝大一统王朝的形成。

三、引导自主学习 1

师：汉武帝刘彻是西汉第七位皇帝，他把西汉王朝推向鼎盛。我们今天就从汉武帝大一统王朝的形成和巩固大一统的措施两个目标着手，进行新课学习。

(PPT 出示自学问题和要求，学生阅读教材自学。)

自学指导 1：阅读教材第 57~58 页的第一子目题和相关史事，用情景剧的形式展示出汉武帝继位之初面临什么问题？汉武帝又是如何解决的？结果如何？(5 分钟)

四、组织交流展示 1

学生进行情景剧表演。

大臣甲：陛下，臣有事启奏。昨日探子来报，梁王刘武（诸侯王）出行所带车马成千上万，自制弓箭数十万，府库的珠宝玉器比京城库藏还要多。长此以往，陛下的天威何在？

大臣主父偃：启奏圣上，臣有一策。可用“推恩”，诸侯王除嫡长子继承王位外，可将封地再次分封给其子弟作为侯国，由陛下制定封号。由此一来，诸侯的封地和势力就会越来越小，并失去对中央的威胁。

汉武帝：爱卿此计甚好，准奏。另外，朕决定把全国划分 13 个州郡，每州派出刺史一人，代表朝廷监管地方，严禁豪强和官员为非作歹。

五、师生质疑点拨 1

师：刚才几位同学的表演非常到位，既有汉武帝面临的问题，又有解决措施和结果，语言模仿得绘声绘色，同学们给几位小演员掌声鼓励。但是刚才他们遗漏了一点，汉武帝除了接受董仲舒的“推恩令”，还对诸侯王采取什么措施？

生：汉武帝还找借口削爵，夺地，除国，镇压叛乱。

师：如此一来，诸侯王和豪强一蹶不振，中央加强了对地方的控制。同学们想一想汉武帝和秦始皇在政治方面的做法目的相同吗？

生：我认为是相同的。都是为了巩固统治，加强中央集权。

师：总结非常准确。历代王朝统治者的目的都是为了巩固自己的统治。

六、引导自主学习 2

PPT 出示自学问题和要求，学生阅读教材自学。

自学指导 2：阅读第 58~61 页的第二、三、四子目题，回答以下问题。（8 分钟，在课本上找到答案并做出标记）

①汉武帝在思想、经济和军事方面分别面临什么问题？

②汉武帝是如何解决的？影响如何？

七、组织交流展示 2

各组板书展示答案。

1 组答案展示。汉武帝时期在思想上面临的问题：诸子百家学说流行，读书人常常批评皇帝的政策。措施：汉武帝接受董仲舒的建议“罢黜百家，尊崇儒术”。影响：儒学为历代王朝推崇。

2 组答案展示。经济方面面临的问题：富商控制国家经济命脉。汉武帝的解决措施：把铸币权收归中央，统一铸五铢钱；设盐铁官，实行盐铁官营专卖；全国范围内统一调配物资，平抑物价。影响：使国家的财政状况有了很大改善，为汉武帝许多政策的推行奠定了基础。

3 组答案展示。军事方面面临的问题：汉朝初年北方边境经常面临匈奴的袭扰。解决措施：汉武帝派遣卫青霍去病与匈奴进行大战，公元前 119 年漠北战役。影响：使匈奴受到沉重打击，无力与西汉对抗，部分匈奴人开始西迁。

八、师生质疑点拨 2

师生共同对学生板书的内容进行修改，多媒体展示标准答案和书写格式。

师：下面同学们结合秦始皇时期的政策和本节所学内容思考：汉武帝对待读书人的做法和秦始皇有什么区别？结果一样吗？

生：汉武帝利用提高儒学的地位并让儒士当官，吸引读书人信奉儒学。但是秦始皇焚书坑儒，用暴力镇压读书人，结果秦朝灭亡了。

师：秦始皇和汉武帝都是为了实现思想的统一，但是秦始皇的暴力方式适得其反，加速了秦朝的灭亡。而汉武帝提高儒学地位的做法实现了思想的统一，儒家学说成为历代王朝的正统思想。同学们再结合之前学过的内容想一下我们还学过什么货币政策？

生：秦始皇建立秦朝后统一货币，使用圆形方孔半两钱。

师：汉武帝和汉初皇帝对待匈奴的态度有什么不同？为什么？

生：汉初西汉政府对匈奴实行和亲政策，因为汉初时期，经济凋敝，无力与匈奴对抗。

生：汉武帝对匈奴进行反击，因为经过文景之治，汉朝国力强盛，为汉武帝反击匈奴奠定了基础。

师：非常准确，他的回答用到了我们第 10 课学习的汉初经济状况和文景之治的结果，这就是历史知识的融会贯通。

九、小结回顾目标

师：本节课的基础知识我们已经完成，这节课的课题是《汉武帝巩固大一统王朝》，同学们能用本节所学知识回答“大一统”含义吗？

生 1：大一统就是实现了统一。

师：“大一统”和“大统一”含义一样吗？

生 2：我认为这节我们是从政治、经济、军事、思想这几方面学习的，“大一统”指的是中央在政治、经济、思想、军事等各方面进行统一的领导。

师：回答得非常好。“大统一”更多的指的是在地域上，例如秦始皇消灭六国，统一天下。“大一统”指的是政治、经济、思想上的高度统一。

这节课我们主要学习了两方面内容。

①汉武帝从政治、思想、经济和军事方面加强了中央集权。

②大一统局面的形成，使西汉王朝进入鼎盛时期。

下面同学们结合幻灯片的内容，对本节所学知识加强记忆。（出示 PPT，展示本节知识）

十、当堂检测考试

选择题每题 2 分，共 4 分；材料理解题 6 分；时间 10 分钟。

（1）汉武帝下诏规定诸侯王除嫡长子继承王位外，可将封地再次分封给其子弟作为侯国。这使侯国的数量越来越多，诸侯王的封地越来越小。汉武帝这样做是为了（　　）。

A. 推行休养生息　　B. 实施盐铁专卖

C. 确立正统思想　　D. 削弱诸侯实力

（2）西汉在汉武帝在位时达到最盛，以下属于汉武帝加强中央集权思想措施是（　　）。

A. 焚书坑儒　　B. 实施“推恩令”

C. “罢黜百家，独尊儒术”　　D. 大兴文字狱

（3）阅读材料，回答问题。

材料：汉武帝在开发利用资源方面最重要的还是新经济政策的实施，包括……新货币的发行以及盐、铁、酒的专利等，这套新经济政策的设计者是桑弘羊、孔仅等。

——傅乐成《中国通史》

问题：根据材料并结合所学知识指出“新货币”所指货币名称。写出“盐、铁、酒的专利”所指的措施。概括上述措施的作用。（6分）

（学生完成后把试卷收上教师统一评判。）

教学反思

本节课教学能充分发挥学生的主观能动性，把学生充分地调动起来。例如，小组内分角色扮演汉武帝、大臣。我就在课下给孩子们看了几分钟大臣和皇帝在朝堂上的对话，结果孩子们的表现出乎我的意料。他们不仅能把看到的电视剧中人物说话的常用语言和说话的语气描述得惟妙惟肖，而且还能读懂教材，把答案蕴含其中，用大臣和汉武帝朝堂上的对话的形式表现出来，效果非常好。孩子们对于课本知识的融会贯通也非常快。通过对当堂检测题的评判，也能看出来孩子们对知识的掌握比较好。通过这节课的学习可以看出，孩子们的潜力是巨大的，他们需要的是自主学习的时间和自我展示的机会，给他们一块土壤，孩子们就会茁壮成长。

但是本节课的教学也有不足之处。例如，个别学生学习的欲望不强，在组内浑水摸鱼，不能自己动脑筋思考。对学生的启发不够，很多质疑的问题都是我提出来，学生被动地思考。如果能让学生提出质疑，让学生主动把前后知识衔接会更好。这是我以后教学需要改进的地方。

《秦末农民大起义》课堂实录

陈晓平

教学目标

①了解和掌握秦的暴政的主要表现，陈胜、吴广起义以及秦朝灭亡的基本历史知识，并了解楚汉之争的简单情况。

②通过对秦末农民起义原因的分析，增强学生初步运用历史唯物主义观点分析问题的能力；通过对楚汉之争具体史实的讲述，分析秦亡前后项羽、刘邦所领导的战争性质的变化，培养学生分析比较历史问题的能力。

教学重点

秦的暴政；陈胜、吴广起义。

教学难点

秦的暴政是秦末农民大起义爆发的根本原因。

教学过程

一、检测回顾引入

师：上课，同学们好！

生：老师好！

师：上节课，我们学习了我国历史上第一个统一的多民族的封建国家——秦朝的建立。而这个国家的缔造者秦始皇为了巩固统治，采取了一系列措施，有政治、文化、经济、军事各方面。下面进行课堂前测：请同学背写秦始皇为巩固统治采取了哪些具体措施？

（学生做检测题，老师在教室巡视，找一做题有问题的孩子的题放在展台上讲解，其他孩子互换判题，判完更正。）

二、明确学习目标

师：秦朝建立后，秦始皇认为他开创的帝业能世代相继，传之万世。他的愿望实现了吗？今天我们来学习第 10 课《秦末农民大起义》，从这里寻找答案。

师：请同学们齐声朗读我们这节课的学习目标。（PPT 出示学习目标）

学习目标：

①掌握秦朝暴政的主要表现；了解陈胜、吴广起义过程以及秦朝灭亡、楚汉之争的基本历史知识。

②探究秦末农民起义爆发的原因。

三、引导自主学习 1

师：请同学们快速通读教材第 50 ~ 51 页的内容。大字部分细读，小字部分略读。按照教师提供的自学提纲，专心致志地自学 6 分钟，进行勾划。6 分钟后比一比哪一组能又快又准确地回答教师的问题：秦的暴政具体表现在哪些方面？

学生默读课本，找出问题答案，请然后小组交流，小组派代表班上展示。

四、组织交流展示 1

师：请同学们来展示你们的学习成果。看看哪个小组答案更好。

学生组内交流，举手回答：沉重的赋税；繁重的徭役、兵役；刑法残酷；秦二世的统治更加残酷。

师：大家回答得很好。在秦朝残暴的统治下，如果你是当时的老百姓，你打算怎么办？

生 1：逃跑。

生 2：起义。

师：对，面对秦的暴政，只有起义。哪里有压迫，哪里就有反抗。到秦二世时，我国历史上第一次大规模的农民起义爆发了。咱们请 4 位学生表演《陈胜吴广商谈起义》。

生 1：咱们怎么办啊？

生 2（陈胜）：如果不能按时到达地点，我们都要死。反正横竖都是死，还不如去反抗，这样或许还有一条活路。

生 3（吴广）：对，我愿意起义，跟着陈胜走。

生 2（陈胜）：王侯将相宁有种乎？

生 4：我们都豁出去了，反正横竖都得死，还不如反了。

师：刚才同学们的表演很出色！哪里有压迫，哪里就有反抗。小品中发生了什么大事？

生：陈胜吴广起义。

五、引导自主学习 2

师：请大家阅读阅读陈胜、吴广起义部分，想一想下面 5 个问题。

①陈胜、吴广起义发生在哪一年？是谁发动的？地点在哪？他们的口号是什么？

②发动起义的原因是什么？

③建立什么政权？结果怎样？

④陈胜吴广起义失败原因是什么？

⑤秦朝在哪一年灭亡？

六、组织交流展示 2

学生小组内根据课本和材料解决问题，找出答案。选一小组展讲。

1 组代表 1 题：公元前 209 年陈胜吴广在大泽乡起义，口号是：王侯将相宁有种乎？

2 组代表 2 题：原因是戍边、遇雨、误期。

3 组代表 3 题：建立张楚政权，起义最后失败。

4 组代表 4 题：失败原因有 2 个：秦军强大，起义军没有后援。

5 组学生 5 题：秦朝在公元前 207 年灭亡。

七、师生质疑点拨 2

陈胜吴广起义有什么史意义？

生：中国历史上第一次大规模农民起义。

师：老师来补充一下，中国历史上第一次大规模农民起义，沉重打击了秦朝统治，他们的革命首创精神，鼓舞了后世千百万劳动人民起来反抗残暴的统治。

师：如果没有那场大雨，没有误期，农民起义会不会爆发？为什么？

学生小组内讨论。

生 1：不会。按期到达就没有违反秦律，不会被斩首。

生 2：会。陈胜吴广的队伍不起义，还可能有其他的队伍起义，因为秦朝施行暴政。

师：同学们看问题很到位，也很深入。这正反映了这场农民起义爆发的根本原因：秦的暴政。由于秦朝实行暴政，即使陈胜、吴广不起义，肯定也会有他人起义，因为是秦朝的暴政最终导致了秦末农民大起义。所以，陈胜吴广起义的根本原因是：秦的暴政。

师引出小组讨论：秦朝灭亡能得到什么启示与教训？

生：哪里有压迫，哪里就有反抗；得道者多助，失道者寡助；得民心者得天下，失民心者失天下；成由勤俭败由奢……

八、引导自主学习 3

师：请同学们阅读课本第 52 页楚汉之争部分，回答以下 3 个问题。

①秦朝灭亡天下太平了吗？

②楚、汉分别指哪一方？

③楚汉之争“争”什么？

九、组织交流展示 3

学生阅读课文内容，找出答案。选一小组展讲。

生：没有。楚：项羽；汉：刘邦。争帝位。

十、师生质疑点拨 2

师：请小组内讨论以下 2 个问题。

①项羽、刘邦先后进行的秦末农民战争和楚汉战争性质是否相同，为什么？

师：秦亡之前，刘邦、项羽所领导的战争属于推翻秦朝残暴统治的农民起义；秦亡之后，楚汉之争的目的是争做皇帝，故其性质属于统治阶级争夺帝位的斗争。性质不同。

②刘邦战胜项羽有哪些重要原因？

生：刘邦注重收揽民心；刘邦善于用人。

十一、小结回顾目标

秦始皇所创建的一套专制主义集权统治对后世产生了深远的影响。但是秦过激过暴的统治，激起了中国历史上第一次大规模的农民战争，陈胜、吴广的革命首创精神在历史上永放光芒。农民战争推翻了秦朝统治，为争夺新的统治权，刘邦和项羽又进行了四年的楚汉之争。最终刘邦获胜，建立汉王朝。历史上称为“西汉”。我们将在下节课学习西汉的历史。

十二、当堂检测考试（选择题每题 1 分，材料题 6 分）

（1）秦的暴政主要有（　　）。

①沉重的徭役　②沉重的赋税　③严酷的刑罚　④连年的征战

A. ①②③　　B. ①②④　　C. ②③④　　D. ①③④

（2）成语“揭竿而起”出自于中国历史上第一次大规模的农民起义，这次起义是（　　）。

A. 刘邦、项羽起义　　B. 义和团运动

C. 太平天国运动　　D. 陈胜、吴广起义

（3）对推翻秦朝统治起决定性作用的战役是（　　）。

A. 城濮之战　　B. 巨鹿之战　　C. 垓下之战　　D. 牧野之战

（4）秦朝灭亡的标志是（　　）。

A. 陈胜、吴广起义　　B. 巨鹿之战

C. 刘邦包围咸阳，秦朝统治者投降　　D. 西汉建立

（5）阅读下列材料，回答问题。

材料一　秦朝农民要将收获物的三分之二交给国家。长年在外服役的，有两三百万人。那时候，所有壮年男子都去打仗或服劳役，妇女也被迫转运军粮。

材料二　秦朝的刑罚极其残酷。单是死刑就有腰斩、车裂等十多种，还有“族诛”和“连坐”等。人民动不动就要受到严刑酷法的处罚。

材料三　王侯将相宁有种乎？

①材料一、材料二反映了什么社会现象？
②材料三中事件的主要人物是谁？他们为什么讲这句话？
③材料一、材料二和材料三之间有必然联系吗？为什么？
检查答案，学生展讲。教师讲解学生不明白的题。

《农业》教学案例

安智尊

教学目标

知识与技能

①了解农业的概念、农业的五部门及其主要产品。

②了解建国以来我国农业发展的主要成就，我国农业在世界上的地位及目前存在的问题。

③掌握我国主要粮食作物和经济作物及分布。

过程与方法

了解种植业是我国最重要的农业部门，并掌握我国主要粮食作物和经济作物的分布，主要农业区与商品粮基地的分布，初步学会分析农业生产与自然条件的关系。

情感、态度与价值观

通过了解农业发展的成就，认识社会主义制度的优越性。

教学重点

主要农作物的分布。

教学难点

初步学会分析农业生产与自然条件的关系。

学情分析

本课时教材上有两个框题，一是农业及其重要性，二是我国农业的地区分布特点。要充分利用生产生活经验引导学生认识农业。通常我们所学习的知识，既包括前人经过实践总结出来的间接知识（或课本知识），也包括自己亲身体验得出的经验（直接知识）。直接知识丰富多彩，利用它们来印证理论知识是一个重要的学习方法。例如：学习我国北方和南方的主要粮食作物时，可从当地居民的饮食习惯入手；介绍商品粮基地时，可从城市居民消费的粮食来源说起。

教学过程

一、检测回顾引入

①写出我国的三大平原、四大盆地。

②我国土地资源的分布特点是________。其中，耕地主要分布在________，林地主要分布在________。

二、明确学习目标

①认识农业的基本概念。

②了解我国农业的发展状况。

③运用资料，说出我国主要粮食作物的分布特点。

三、引导自主学习

阅读教材，完成下列问题。

①农业的含义是什么？主要包括哪些部门？

②我国农业取得了哪些方面的成就？

③我国主要有哪些粮食作物种类？它们主要分布在哪里？我国主要的商品粮基地有哪些？分布在哪里？

④我国南北方的农业差异有哪些？

（设计意图：培养学生观察能力和分析问题的能力，在脑海建立起相关概念图式。培养学生自学能力，通过归纳总结，锻炼学生的语言表达能力。）

四、组织交流展示

自主学习结束后，学生以小组为单位交流学习成果，对答案并进行组内互助。教师注意巡视，检查各个小组交流状态，确保人人参与，并发现各小组有争议的共性问题。

教师根据学生交流情况提出展示要求，确定展讲小组。学生按自学指导题目逐题展讲。

①农业是一种直接利用土地资源、气候资源和水资源所从事的生产活动，一种让“土地奉献”的产业。广义的农业包括种植业、畜牧业、林业、渔业等；狭义的农业单指种植业。

②我国农业历史悠久，是目前世界上最早种植水稻和粟的国家，也是最早栽桑养蚕、栽培茶树的国家。新中国成立后，农业产量迅速增长。目前中国的谷物、肉类、籽棉、油菜籽、茶叶等农产品产量居世界第一。

③我国主要粮食作物有水稻、小麦、玉米、豆类、薯类等。其中，水稻产区集中分布在南方，小麦产区集中分布在北方。东北平原、华北平原、长江中下游平原、四川盆地等是重要的粮食产区，它们分布在东部季风区的平原、盆地和低缓丘

陵地区。

④我国北方的主要粮食作物是小麦，耕地类型以旱地为主，作物一年一熟或两年三熟；南方地区主要粮食作物是水稻，耕地类型多为水田，作物熟制为一年两熟或一年三熟。这主要由于受纬度因素影响导致的气候差异。

教师用激励性语言鼓励展示学生，重视对合作探究、语言表达能力等方面的评价，给予优秀学生加分奖励。另外，还要注意评价方法的多样性，鼓励自评和学生相互评价。

评价完成后鼓励其他学生发表质疑。

五、师生质疑点拨

教师质疑：如果让你一个星期处于饥饿、半饥饿状态，你会怎样？但是你们是否知道，在非洲，还有不少的居民长期处在饥饿之中，甚至死于饥饿。这是什么原因造成的呢？

教师质疑：我们都知道，中华人民共和国成立以来，我国的耕地面积没有增加，甚至还有所减少，为什么农产品的产量能大幅度增长呢？

学生讨论交流。

（设计意图：解难答疑，激发思维。）

六、小结回顾目标

①农业的概念与含义。

②中国农业的发展特点。

③中国主要粮食作物的分布。

七、当堂检测考试

（1）关于我国农业分布说法错误的是（　　）。

A. 在西部，种植业分布在有灌溉水源的平原、河谷、绿洲

B. 半湿润和湿润的平原地区以种植业为主

C. 林业集中分布在西北和西南的天然林区，以及东南部的人工林区

D. 沿海地区是我国渔业基地，南方地区淡水渔业发达

（2）与珠江三角洲相比，东北平原种植粮食的主要劣势条件是（　　）。

A. 平原面积狭小　　B. 雨热不同期

C. 热量条件较差　　D. 不利于机械化生产

（3）下列农业发展符合因地制宜原则的是（　　）。

A. 新疆大力发展种植业

B. 长江中下游平原大力发展小麦种植业

C. 长江中下游地区发展淡水养殖业

D. 青藏高原大力发展水稻种植业

《滚滚长江》教学案例

李瑞莲

教学目标

知识与技能

①记住长江源地、注入海洋、长度、流经主要省区、地形区等概况。

②记住长江上、中、下游划分的城市及各河段自然特征。

③知道长江在水能、灌溉、“黄金水道”的航运价值。

过程与方法

通过阅读“长江水系图”“干流剖面图”分析其水文特征和总结其各河段自然特征。

情感、态度与价值观

通过本课的学习，使学生形成利用资源和保护资源的意识。

教学重点

记住长江的源地、长度、注入海洋、流经省区、地形区等自然概况。

教学难点

分析长江各河段的自然特征。

学情分析

针对学生已有知识基础分析，了解河流特征的方法已掌握，学习长江概况的部分比较简单，可以通过自学指导让学生独立学习。长江水利资源丰富的原因及利用是个难点，应通过读图训练和小组合作交流共同完成。

教学过程

一、检测回顾引入

1. 课前检测

①《长江之歌》赞美的是 ______ （河流名称）。

②长江全长________千米。最后注入________海。

③长江长度居世界第______位。

（设计意图：通过题目检测学生预习情况，简单了解学生学习情况。）

2. 导入新课

播放《长江之歌》。同学们，歌曲对长江充满了赞美之情，想不想了解长江的巨大贡献呢？那么这节课，就让我们一起来走近长江吧！

（设计意图：利用歌曲的优美旋律，激发了解长江的兴趣，进而去探究长江的相关知识。）

二、明确学习目标

①记住长江源流概况和各河段自然特征。

②了解长江在水能、灌溉、航运方面的巨大作用及其开发利用的现状。

（设计意图：围绕三维目标确定本课学习重点。）

三、引导自主学习1

请同学们仔细阅读课本第50页正文并结合课本上图2-46长江水系图，完成下列问题。

①玲玲将长江干流的形状描绘为“V+W”，请你在图2-46中沿长江的河源、流经的省（自治区、直辖市）到入海口描绘出长江的形状。

②找出长江河源、干流流经的主要省级行政单位及注入的海洋。

③宜昌与湖口分别是长江上、中、下游的划分地点。请你在图中圈出这两个地点。并说出长江上、中、下游的主要支流名称。

④对照课本第24页图2-8中国地形图，找出长江流经的主要地形区和三峡的位置。

（设计意图：通过阅读地图，训练学生读图获取知识的能力。）

四、组织交流展示1

教师关注各小组学习情况，小组合作交流后每组确定一人展讲长江概况（表1）。

①发源地：青海省唐古拉山的沱沱河；全长6300千米。

②流经省区：青海、四川、西藏、云南、重庆、湖北、湖南、江西、安徽、江苏、上海共11个省，自治区和直辖市；注入东海。

③上游的支流：雅砻江、岷江、嘉陵江、乌江；中游的支流：汉江、湘江、赣江。

④经过地形区：青藏高原、四川盆地、长江中下游平原。

（设计意图：学生通过讲解知识，锻炼学生把地图知识转化为文本知识的能力。）

表1　长江与世界著名大河比较

河流名称	长度/千米	位次	多年平均径流总量/亿立方米	位次	水能蕴藏量/万千瓦	位次
尼罗河	6670	1	840	5	5000	4

续表

河流名称	长度/千米	位次	多年平均径流总量/亿立方米	位次	水能蕴藏量/万千瓦	位次
亚马孙河	6480	2	69300	1	27900	2
长江	6300	3	9600	3	26800	3
密西西比河	6020	4	5800	4	4900	5
刚果河	4370	5	14140	2	39000	1

（设计意图：通过表格比较法简单直接明确长江的特点。）

五、引导自主学习 2

请同学们仔细阅读课本第 52~53 页正文，结合课本第 52 页图 2-47“长江干流纵剖面图”，阅读材料“长江各河段名称”“长江水能资源开发”解决下面问题，然后确定小组展讲人员。

①长江流至四川盆地以东，深切巫山，形成由瞿塘峡、巫峡、西陵峡组成的长江三峡。这里正在兴建举世瞩目的三峡工程。对照课本图 2-8、图 2-50，从地形的角度谈一谈在长江三峡段修建大型水利工程的优势条件。

②读课本图 2-46、图 2-47 完成下列问题。

A. 从上、中、下游来看，长江干流落差最大的是哪一河段？从地形和气候两个方面，说一说长江流域水能资源丰富的原因。

B. 议一议荆江河段多曲流的原因，以及容易发生的自然灾害。

C. 试从“水能”和“水运”两个方面，阐述长江对中国社会经济发展的影响。

③读第 54 页“洞庭湖”，比较课本图 2-51、图 2-52，说说洞庭湖有什么变化，你能解释原因吗？

（设计意图：这部分内容开放性较强，通过交流合作，训练学生利用地图来分析问题和解决问题的能力以及概括总结的能力。）

六、组织交流展示 2

学生交流研讨，教师巡视各组学习进展，鼓励人人发表见解，然后确定展讲人员。

①长江上游的特点是：落差大。从地形上说：地势高、多峡谷，多急流，多水能。从气候上说：长江汛期长、降水丰沛、水量大。因此长江水能资源丰富。

②荆江河段地势低平，水流速度锐减，形成曲流。这样容易发生洪灾。

③长江水能资源丰富，可以灌溉、供水发电、水产养殖、旅游等；航运价值巨大。

（设计意图：通过展示课件，学生更清楚长江的航运价值大，便于学生理解“黄金水道”。通过组间合作，拓展课本知识，加深学生对长江的认识，从而有效地突破难点。）

七、师生质疑点拨

①怎样保护洞庭湖的生态环境？

保护自然的淡水资源，充分发挥淡水养殖业优势；做好防洪措施；做好清理淤泥工程，不围湖造田等。

②为什么长江被称为“黄金水道”呢？它有什么有利条件？

师生交流总结：长江流域位于湿润地区，降水丰富，江阔水深，终年不冻，宜宾以下四季通航。通航里程长，长江干、支流通航里程达7万千米。干流横贯东西，支流连通南北，形成纵横广阔、江海联运的水运网。

（设计意图：通过质疑，训练学生总结归纳所学知识的能力，并认识到利用资源和保护资源的重要性。）

八、小结回顾目标

①长江地理概况。

②长江被人们誉为“黄金水道”。

九、当堂检测考试

看图1完成下列问题。（每空1分，共16分）

（1）长江发源于青海省________山，注入________海，自西向东依次流经________、________、________、________四大地形区。

（2）长江上、中、下游划分的界线名称：③________，④________。

（3）湖泊名称：⑤________，⑥________。

支流：⑦________，⑧________，⑨________。

（4）水利枢纽工程：⑩________。

（5）沿江城市：①________，②________。

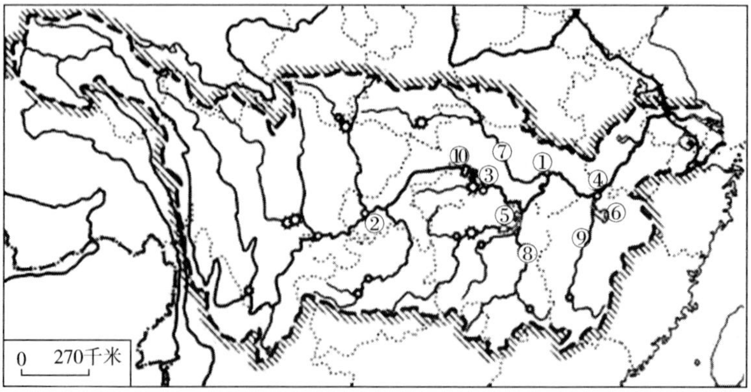

图1 长江水系示意图

《昆虫的生殖和发育》教学案例

孟庆平

教学目标

知识目标

①举例说出昆虫的生殖和发育过程。

②区别完全变态和不完全变态。

③举例说出昆虫在人类生产生活中的作用。

能力目标

①通过观察和分析家蚕和蝗虫的生殖和发育过程，提高学生观察思考、分析归纳及表达交流的能力。

②探讨蝗虫的防治问题，培养学生应用知识解决实际问题的能力。

情感、态度与价值观

①通过家蚕与人类的关系，树立保护昆虫多样性的意识。

②通过史诗，激发学习热情。

③介绍我国丝绸之路，进行爱国主义教育。

确定目标依据：根据新课标的要求和教材的具体内容，结合学生已有的知识水平，拟定了上述三个教学目标。

教学重点

完全变态与不完全变态的区别。

教学难点

学生观察和讨论家蚕和蝗虫的生殖发育过程及特点。

学情分析

学生对昆虫比较熟悉，但对它们是怎样生殖和发育的却知之甚少，所以教师要注意多从生活实际出发，通过直观教学加强感性认识，使学生便于理解、掌握。

一、检测回顾引入（5 分钟）

①无性生殖的四种方式______、______、______、______。

②适于扦插的植物有________________________________。

③嫁接成活的关键是________________________________。

二、明确学习目标

1. 引入新课

从生活实际引入，如“毛毛虫会变成蝴蝶，蚕宝宝会变成蛾子”，为什么呢？下面我们就以家蚕的生殖和发育为例来揭开这个秘密！

（设计意图：利用身边常见的现象引入，既能使学生很快进入学习状态，又能激发学生的学习兴趣，一举两得。）

2. 展示知识目标

①举例说出昆虫的生殖和发育过程。

②区别完全变态和不完全变态。

③举例说出昆虫在人类生产生活中的作用。

三、引导自主学习 1

第一轮自学（家蚕）

引言：我们同学中有谁了解家蚕？你能大概描述一下它的养殖过程吗？

（设计意图：通过学生介绍，使学生明白知识源于生活，应用于生活。）

生答：我亲戚家养过家蚕。在养殖过程中，幼虫吃桑叶，再后来就不吃了，开始吐丝。

①学生阅读教材第 14~15 页第二自然段及图 6-1-14，熟悉教材。

（设计意图：通过阅读，使学生对教材有了大致的了解，有些学生还能获得更深刻的理解。）

②播放“家蚕的生殖和发育过程”的动画视频，提出以下几个问题。

A. 家蚕是通过哪种生殖方式繁殖后代的？

B. 家蚕的生殖发育经历了哪几个时期？

C. 比较家蚕的幼虫和成虫在形态结构和生活习性上有差异吗？差异大吗？

D. 家蚕为什么要蜕皮？

（设计意图：通过观察，找出问题答案，学会归纳、总结、提炼知识点，从而达到提升自我能力的目的。）

四、组织交流展示 1

1. 生答

①家蚕是通过有性生殖方式繁殖后代的。

②家蚕的生殖发育经历了卵、幼虫、蛹、成虫四个时期。

③家蚕的幼虫和成虫在形态结构和生活习性上有很大差异。

④外骨骼限制幼虫的生长发育，所以要脱掉外骨骼，即蜕皮。

2. 教师评价与补充

回答正确。像家蚕这样，变态发育过程中经过卵、幼虫、蛹、成虫四个时期的，叫完全变态发育。外骨骼是由几丁质构成的，它不会随着幼虫的生长而长大。

3. 师生总结家蚕的生殖和发育特点

边归纳边板书，学生记忆，教师抽查，夯实基础。

①生殖方式为有性生殖。

②发育过程为完全变态（经过卵、幼虫、蛹、成虫四个时期）。

五、师生质疑点拨 1

从家蚕的发育过程来分析，“春蚕到死丝方尽”这句诗是否正确？根据所学知识，如何改正更好一些？

学生讨论，得出正确结论：不正确。应改为“幼蚕化蛹丝方尽”。

教师启发学生：作为一个文人，不但要上知天文，下知地理，还要学好生物学，从而激发学习热情。

教师补充：介绍丝绸之路。让学生知道，自古以来，新疆就是我国领土不可分割的一部分。因此，无论何时何地我们都要有加强民族团结的意识，坚决抵制和打击任何形式的各族分裂活动，只有这样才能保证我们新疆经济的繁荣和稳定发展，保证各族人民安居乐业。

六、引导自主学习 2

第二轮自学（蝗虫）

①学生阅读教材第 15 页第三自然段至第 16 页文本，图 6-1-15，熟悉教材。

②播放蝗虫的生殖和发育过程的动画视频，让学生观看。并思考下列问题。

①蝗虫的发育与家蚕的发育过程一样吗？有何不同？

②你能用自己的话概括出不完全变态的概念吗？

（设计意图：通过观看视频，学会用对比法和综合归纳法，找出问题答案，培养概述能力。）

七、组织交流展示 2

①生答：蝗虫的发育与家蚕的发育过程不全一样。蝗虫的发育经历了卵、若虫、成虫三个时期，比家蚕的发育过程少了蛹期。

②生答：不完全变态是指发育过程经过卵、若虫和成虫三个时期，称为不完全变态。

③教师评价与补充：不完全变态的若虫形态结构和生活习性与成虫相似。

④师生共同总结蝗虫的生殖与发育特点：生殖方式为有性生殖；发育过程为不完全变态（经过卵、若虫、成虫三个时期的发育）。

八、师生质疑点拨 2

①播放蝗灾视频，讨论什么时期防治好？用什么方法最好？

生答：在若虫时期防治好，因为若虫的翅没有发育完全，活动范围小。

生答：草原上用鸭子捕捉蝗虫最好。

教师评价：回答的非常准确。利用鸡、鸭消灭蝗虫，属于生物防治，既减少了环境污染，又增加了经济收入，一举两得。

②完全变态和不完全变态有何异同？

生答：相同点——都是有性生殖。

生答：不同点——完全变态经历了卵、幼虫、蛹、成虫四个时期，具有蛹期；不完全变态经历了卵、若虫、成虫三个时期，没有蛹期。

教师补充：二者都是变态发育，发育起点都是卵。

九、小结回顾目标

生答：生殖方式为有性生殖。

生答：家蚕的发育过程经过卵、幼虫、蛹、成虫四个时期。幼虫的形态结构和生活习性与成虫有明显的区别，属于完全变态。蝗虫的发育过程经过卵、若虫、成虫三个时期，属于不完全变态。

教师评价：同学们总结得非常好。

十、当堂检测考试（10 分钟，共 15 分。要求优生达到满分，学困生正确率达到 80%）

1. 下列各组昆虫的发育过程为完全变态的是（　　）

A. 苍蝇、蚊　　B. 金龟子、蟋蟀　　C. 蝼蛄、蚊　　D. 蝗虫、蚂蚁

2. 下列昆虫的发育过程属于不完全变态的是（　　）

A. 蚂蚁　　B. 蝇　　C. 蝼蛄　　D. 金龟子

3. 请观察下面家蚕的发育过程图 1，并回答下列问题（［ ］内填数字）：

（1）家蚕的发育过程包括______、_______、_______、_______四个阶段。幼虫的______和______与成虫有明显的差别，是完全变态。

（2）雌雄成虫交尾后，_______性个体产卵，_______经过孵化形成幼虫。要想得到更多的蚕丝，应对家蚕发育的______阶段进行关注和研究。

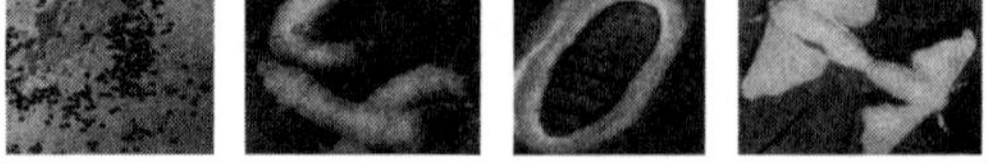

①　　②　　③　　④

图 1

（3）与蝗虫相比，家蚕的发育过程多了［　］_______期。

（4）从家蚕发育过程分析，“春蚕到死丝方尽”这句诗是否正确？你认为如何

改更好些？

______，__________________________。

板书设计

一、昆虫的生殖和发育

（一）生殖方式：有性生殖

（二）发育过程

完全变态（卵、幼虫、蛹、成虫）

不完全变态（卵、若虫、成虫）

教学反思

本节按照学校要求的“测-学-考”三段七步教学法进行设计，前测后考内容紧扣基础知识，测试后当堂评价赋分。教师对于错题及时纠正，学生当堂掌握，多数学生掌握得比较好，完成了本节的教学目标。总之，本节课基本按照学校的“测-学-考”三段七步教学法进行教学，教学效果比较好，是一节比较成功的课。

《两栖类、鸟类的生殖与发育》教学案例

侯淑芳

教学目标

知识与技能

①描述两栖类动物的生殖发育过程及鸟类的生殖和发育过程。

②识记鸟卵的结构和各部分的作用。

过程与方法

自主学习、交流展示、质疑点拨。

情感、态度与价值观

培养学生养成保护益虫，爱护鸟类的习惯意识。

教学重点

①鸟卵的结构。

②青蛙、鸡的个体发育。

教学难点

小鸡是由卵的哪一部分发育而来的。

学情分析

本课教学的对象是初中二年级学生，他们有初一生物知识的积累和学法的指导，基本功较扎实，求知欲强，思维活跃，喜欢有趣和感性的事物；但同时也存在自主意识不够强，分析能力稍欠缺的问题。

教学过程

一、检测回顾引入（3 分钟完成，共 20 分）

①家蚕的发育过程经过______、______、______、和______四个阶段。幼虫的____和 ______与成虫有明显的差别，这样的发育过程叫作______。进行完全变态的昆虫还有______、______、______、______。

②蝗虫的发育只经过了 ______、______ 、______ 三个阶段，若虫和成虫的

______差别不大，这样的发育过程叫作______。进行不完全变态发育的昆虫还有______、_______、_______、_______。

（设计意图：根据遗忘曲线规律，及时回顾旧知，增加对旧知识的巩固。）

二、明确学习目标

1. 激情导入

大家都知道小鸡是怎样来的吗？是不是每个鸡蛋都能孵化出小鸡呢？让我们走进今天的课堂去寻找答案吧！

（设计意图：激发学生的兴趣。）

2. 板书课题，出示目标（课件）

①描述两栖类动物的生殖发育过程及描述鸟类的生殖和发育过程。

②识记鸟卵的结构和各部分的作用。

（设计意图：找学生读目标，同时教师板书目标，使学生对本节学习目标一目了然。）

三、引导自主学习1（两栖类）

师：请同学们认真阅读课本，结合图6-1-16青蛙的发育过程示意图，在书中圈点勾画，分析归纳，完成下列问题。

①雌雄蛙抱对时，进行的受精方式叫作________，受精场所是________。

②青蛙的个体发育过程经历了（　　）。

A. 卵—胚胎—幼蛙—成蛙　　B. 卵—胚胎—蝌蚪—成蛙

C. 受精卵—蝌蚪—成蛙　　D. 受精卵—蝌蚪—幼蛙—成蛙

③蛙的发育称为（　　）。

A. 完全变态发育　　B. 变态发育

C. 不完全变态发育　　D. 两栖发育

（设计意图：使学生真正成为学习的主人，学生主动掌握整个学习过程，自发、自觉投身学习，学习的主动性大大增强。在自学的过程中，学生对教材有一定的了解，这比学生在教师的强迫下学多少知识更可贵。）

四、组织交流展示1

学生展示1：雌雄蛙抱对时，进行的受精方式叫做体内受精，受精场所是水中。

老师追问1：春天来了，池塘边，高声鸣叫的蛙是雄蛙还是雌蛙？鸣叫的目的是什么？

学生展示2：鸣叫的是雄蛙，这是个求偶行为，吸引雌蛙，雌雄蛙抱对。

老师追问2：青蛙的个体发育过程经历了哪些阶段？

学生展示3：青蛙的个体发育过程经历了受精卵、蝌蚪、幼蛙、成蛙。

老师追问3：蝌蚪阶段用什么呼吸？青蛙阶段用什么呼吸？

学生展示 4：蝌蚪阶段用鳃呼吸，蛙主要用肺呼吸皮肤辅助呼吸。

教师补充：青蛙的肺不发达，靠裸露的皮肤辅助呼吸，但冬眠的青蛙几乎靠皮肤呼吸。

学生展示 5：蝌蚪和青蛙相比，形态结构和生活习性有很大差别，属于变态发育。

（设计意图：通过交流展示，老师可以及时发现学生自学的漏洞，及时更正并补充相应知识点，使学生更加系统、透彻掌握知识。）

五、引导自主学习 2（鸟类）

师：请同学们认真阅读课本，图 6-1-17 鸡卵结构及实物熟鸡蛋和图 6-1-18 鸟卵的发育过程示意图，在书中圈点勾画，分析归纳，完成下列问题。

①鸟的受精方式叫作______，发育方式是________。

② 据鸟卵的结构图（图 1）回答问题：

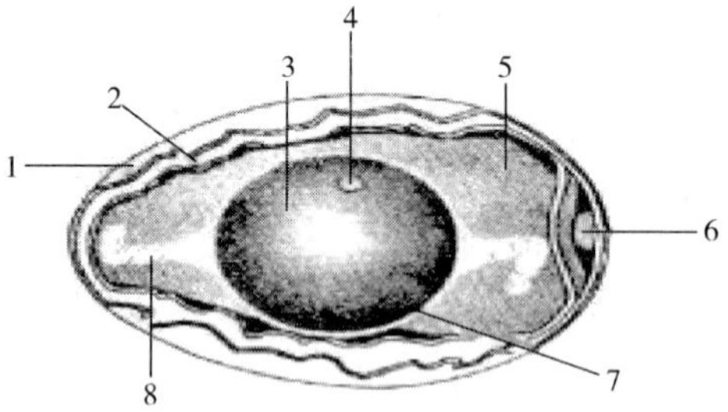

图 1　鸟卵的结构图

A. 请填出 1~8 所指各部分名称。

1______；2 ______；3 ______；4 ______；

5______；6______；7______；8 ______。

B. 含有细胞核的是［　］_______ 它与［　］__________和［　］_______构成卵细胞。

C.［　］_______和［　］_______含有营养物质和水分，可供胚胎发育。

D. 保护作用的是［　］_______。

E. 鸡的受精卵中，能够发育成胚胎的是［　］_______。

（设计意图：通过鸡卵结构示意图及实物熟鸡蛋的观察，让学生掌握鸟类结构，理解各部分功能，利于突破本节重难点。）

六、组织交流展示 2

学生展示 1：鸟的受精方式是体内受精，发育方式为不变态发育。

学生展示 2：1 是卵壳；2 是卵壳膜；3 是卵黄；4 是胚盘；5 是卵白；6 是气室；7 是卵黄膜；8 是卵黄系带。

学生展示 3：胚盘、卵黄和卵黄膜构成卵细胞。

教师补充：鸟卵的卵黄膜就是细胞膜。

学生展示 4：3 卵黄和 5 卵白含营养物质和水分。

学生展示 5：保护作用的是 1 卵壳。

教师补充：保护作用的还有内外卵壳膜。

学生展示 6：鸟卵胚胎发育的场所是 4 胚盘。

教师补充：大家回答得特别好，气室贮存的空气给胚盘呼吸提供了氧气。

七、师生质疑点拨

学生针对自主学习、交流展示环节质疑答疑。

教师对重点难点、易错题进行重点讲解，帮助学生解难答疑。

①分析青蛙与鸡的生殖和个体发育过程，比较哪种生殖方式的后代成活率更高？

②是不是所有的鸡蛋都能孵出小鸡？为什么？

各组展示时，鼓励其他学生发表质疑、挑错，并根据展示情况给出分数。

（设计意图：有效的质疑答疑，教师和学生可以产生互动，在这个过程中，不仅有教师的参与，还有学生的的参与。这样，不仅能使学生转动大脑思考问题，还能帮助学生及时回答教师的提问。让学生主动参与、分析和思考，真正做到让学生从“学会”到“会学、乐学”。）

八、小结回顾目标

学生结合板书谈收获。（3 分钟）

（设计意图：通过小结，既可以理顺知识、还培养学生学习的能力，使教学环节更完整、学生思路更清晰，圆满地完成教学任务。）

九、当堂检测考试（5 分钟完成，共 20 分）

1. 填空题

①青蛙的受精是在______中进行的，受精方式______，发育方式是______。

②青蛙的个体发育经历______、______、幼蛙、______。

③青蛙的幼体用______呼吸，成体主要用______呼吸，兼用皮肤辅助呼吸。

④鸟的受精是在______中进行，受精方式______，发育方式是______。

⑤在家鸽的卵中，真正的卵细胞所包括的结构是______、______、______。

2. 拓展题

将一只鸡蛋的卵壳膜剪破，把其中的内容物倒到培养皿内，你可以看到：

①有很多透明的凝胶状物体，这是______，它能为胚胎发育提供所需的___。

②在黄色球状凝胶物体上，有一个白色的小点，这是____________，是进行__________。

③人工孵化小鸡时，为保证能够孵化出体格健壮的雏鸡，所选用的卵应该是______，所提供的外界条件应该是______。

（设计意图：布置有梯度的作业，会减轻学困生的心理负担，为各层次学生的个性发展和潜能开发提供广阔的空间。）

板书设计

两栖类、鸟类的生殖与发育

一、两栖类动物的生殖与发育：　有性生殖　　变态发育

二、鸟类的生殖与发育：　1. 鸡卵的结构　2. 有性生殖　　不变态发育

教学反思

本节课运用“测-学-考”三段七步教学法，通过学生自学、合作、展示，师生质疑答疑等多种形式，让各个层次的学生都能参与到课堂的学习中，并有收获的成就感。教师的追问点拨可以让学生对这部分知识的理解更透彻，这样利于提高课堂效率，使学生的成绩得到全面提高。

《营养物质的吸收和利用》教学案例

孙　验

教学目标

知识目标

①说出吸收的概念。

②描述消化道的吸收部位。

③通过观察小肠结构，说出小肠适于吸收的结构特点。

④了解营养物质的利用。

能力目标

①通过观看小肠结构视频，提高学生观察、分析归纳及表达交流的能力。

②通过小组讨论，培养合作能力。

情感目标

①通过观看视频，体验探究学习的快乐。

②通过小组合作、展示交流，体验与人交流和合作。

确定目标依据

根据新课标的要求、教材的内容和学生已有的认知水平，确定了上述教学目标。

教学重点

吸收的概念、消化道的吸收部位和小肠适于吸收的结构特点。

教学难点

小肠适于吸收的结构特点。

学情分析

学生已经具有了食物消化的知识，进一步学习营养物质的吸收和利用应该是容易接受的。由于学生还没有学习循环系统的知识，对于理解营养物质的吸收有一定的难度。

一、检测回顾引入（5分钟）

①消化系统由________和______组成。主要的消化器官是______。

②消化道包括______、______、______、______、______、______和______。

③淀粉被分解成________；蛋白质被分解成________；脂肪被分解成________和________。

二、明确学习目标

1. 引入新课

淀粉、蛋白质、脂肪最终分解的产物到哪儿去了？（学生尝试回答：被人体吸收利用了。）今天我们就来学习营养物质的吸收和利用的内容。（板书课题）

2. 展示知识目标

①说出吸收的概念。

②描述消化道的吸收部位。

③通过观察小肠结构，说出小肠适于吸收的结构特点。

④了解营养物质的利用。

三、引导自主学习1

（1）学生阅读教材第17页黑体字，理解吸收的概念，并加强记忆。（设计意图：简单的知识，通过阅读，学生能够自主获取，体现了自主学习的价值。）

（2）学生阅读教材第17页表格，回答下列问题。

①基本没有吸收功能的器官有哪些？有吸收功能的器官有哪些？

②胃、小肠、大肠各自吸收哪些物质？谁是主要的吸收器官？

③三个器官共同吸收的物质是什么？

四、组织交流展示1

（1）生答：食物中的营养成分通过消化道壁进入循环系统的过程，叫做吸收。

（2）生答：

①口腔、食道基本没有吸收功能。

②胃、小肠、大肠有吸收功能；小肠是主要的吸收器官。

③胃吸收少量水、无机盐和酒精；小肠吸收葡萄糖、氨基酸、甘油、脂肪酸、水、无机盐、维生素；大肠吸收少量水、无机盐和部分维生素。

（3）教师评价与补充：回答正确。咽也基本没有吸收功能。食物中的营养成分包括葡萄糖、氨基酸、甘油、脂肪酸、水、无机盐、维生素；循环系统包括血液循环系统和淋巴循环系统。

（4）师生总结吸收概念和吸收部位。（边归纳边板书，学生记忆，教师抽查，夯实基础。）

吸收：消化道壁、循环系统。吸收部位：胃、小肠、大肠。

五、师生质疑点拨1

①哪些器官既有消化功能又有吸收功能？哪些器官有消化无吸收功能？哪些器

官无消化有吸收功能？

②某人吃的鸡蛋炒饭，在他的血液中最早出现的是什么成分？

③结合大肠能吸收少量水、无机盐和维生素，分析有的同学不在学校解大便，有何害处？如何预防便秘？

小组讨论，得出正确结论：

①生答：胃和小肠既有消化功能又有吸收功能。口腔有消化功能无吸收功能。大肠有吸收功能无消化功能。

②生答：在血液中最早出现的是无机盐。因为胃能吸收少量的无机盐。

③生答：有的同学不在学校解大便，容易引起便秘。预防便秘应积极参加体育运动，多吃蔬菜和水果以及含纤维素丰富的食物，多喝水，还要养成定时排便的习惯。

教师补充：喝酒伤胃伤肝。原因是80%以上的酒精通过胃壁吸收进入血液，酒精有脱脂作用，直接伤害胃黏膜；酒精损伤胃壁内血管，引起出血；酒精还导致胆汁反流；酒精要经过肝脏处理，大量饮酒导致肝功能紊乱。所以，空腹或大量饮酒易引起胃炎、溃疡、肝炎、肝癌等疾病。

六、引导自主学习2

学生观察视频，回答下列问题。（播放视频：小肠的结构。）

①小肠是横切还是纵切？

②观察小肠壁时，放在空气中还是水中观察？

③小肠壁上哪些结构特点有利于增大吸收面积？

④小肠总面积相当于几个篮球场面积？

（设计意图：通过观看视频，学会用对比法归纳，找出问题答案，培养概述能力。）

七、组织交流展示2

①生答：小肠是横切。

②生答：观察小肠壁时，放在水中进行观察，利于小肠绒毛展开。

③生答：小肠内表面上的环形皱襞和小肠绒毛增大了吸收面积。

④生答：小肠总面积相当于一个篮球场的面积。

⑤教师评价：回答正确。

⑥师生活动：教师和学生一起撸起袖子，再展开，理解环形皱襞可以增大小肠吸收面积。（设计意图：加深理解，并书写易错字“皱襞、绒毛”）

⑦教师讲解：对照教材图1-9小肠绒毛结构，让学生理解小肠绒毛、内部毛细血管和毛细淋巴管管壁都只有一层上皮细胞，营养物质很容易通过。营养物质进入毛细血管和毛细淋巴管只经过两层细胞。小肠绒毛吸收的营养物质中，甘油和脂肪

酸由小肠绒毛的毛细淋巴管吸收，然后经过淋巴循环进入血液循环。其他营养物质由毛细血管直接吸收，进入血液循环。

⑧师生总结：小肠适于吸收的结构特点。（板书归纳）

小肠长；绒毛、皱襞→面积大；绒毛、毛细血管、毛细淋巴管等管壁薄→易通过。

八、师生质疑点拨 2

某些人一说到消化不好，常说是胃不好，真的是这样吗？

小组讨论后，生答：不全正确。因为消化吸收的主要器官不是胃，是小肠。

结合教材第 19 页第 2 自然段，总结营养物质的利用：葡萄糖→供能；氨基酸→蛋白质；甘油+脂肪酸→脂肪。

九、小结回顾目标

师生共同回顾本节所学。

十、当堂检测考试（10 分钟，共 10 分）

（1）能被小肠直接吸收的一组营养物质是（　　）。

A. 无机盐、葡萄糖、蛋白质　　B. 脂肪、维生素、蛋白质

C. 淀粉、维生素、蛋白质　　D. 葡萄糖、无机盐、维生素

（2）有吸收功能而没有消化功能的结构的是（　　）。

A. 食道　　B. 胃

C. 小肠　　D. 大肠

（3）图 1 是小肠绒毛结构模式图，请据图回答。

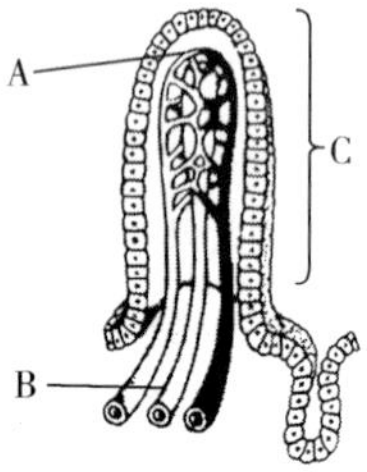

图 1

①填写各部名称：A________；B________；C________。

②C 的壁仅由______层上皮细胞构成，A 和 B 的管壁也是由______层上皮细胞构成的，这样的结构有利于________。

③肠腺由小肠壁向内凹陷而形成，开口于肠腔，能分泌________。

板书设计

第三节　营养物质的吸收和利用

一、吸收：消化道壁、循环系统　　二、吸收部位：胃、小肠、大肠

三、小肠适于吸收的结构特点：　　四、利用：葡萄糖→供能

1. 小肠长　　氨基酸→蛋白质

2. 绒毛、皱襞→面积大　　甘油+脂肪酸→脂肪

3. 绒毛、毛细血管、毛细淋巴管壁薄→易通过

教学反思

本节课运用视频实验、模拟演示和展台展示三种方法来加深学生对知识的认识和理解。按照学校要求的“测–学–考”三段七步教学法设计，前测后考内容紧扣基础知识，测试后当堂评价赋分，对于错题及时纠正，当堂掌握。多数学生掌握的比较好，完成了本节的教学目标。总之，本节课基本按照学校的“测–学–考”三段七步教学法进行教学，教学效果比较好，是一节比较成功的课。

《影响气候的因素》课堂实录

高继莲

师：上课!

班长：起立。

生齐：乘风破浪，斗志昂扬，七班有我，共创辉煌。

师：同学们好，请坐。请同学们拿出检测本，独立完成大屏幕上的检测题。

一、检测回顾引入

（1）气候包含的两个必要因素是______和______。

（2）世界降水量由赤道向两极逐渐______。

师：同学们，做完了吗？请拿出红笔，我们来对答案。谁来展示答案？

生 1：气候包含的两个必要因素是气温和降水。

生 2：世界降水量由赤道向两极逐渐减少。

师：同学们回答都很好，我看同学们掌握的不错，希望大家再接再厉。今天我们继续学习新课。

二、明确学习目标

1. 导入新课

师：同学们请看课件（图 1），大家想一想，是什么原因造成了世界气候的千差万别呢？

图 1

生齐：是太阳辐射的差异造成的。

师：对，今天我们就来学习影响气候的因素。

教师板书课题。

2. 展示目标

师：请看大屏幕，大家共同读一读本节课的学习目标。

生：齐读教学目标。

（1）分析地球形状对气候的影响。

（2）了解地球运动对天气、气候的影响。

三、引导自主学习 1

一轮自学：学习地球的形状与气候

自学指导：请同学们认真阅读教材第 78 页活动题（图 2），猜测哪个盒子的温度计的读数大？为什么？

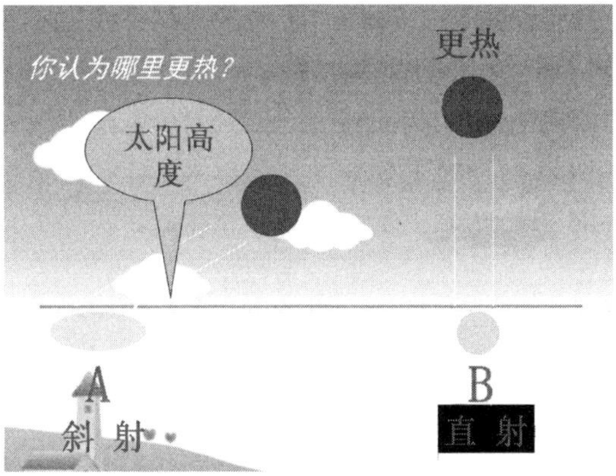

图 2

四、组织交流展示 1

生 1：第一个温度计读数大，因为斜射。

生 2：第二个温度计读数大，因为直射。

师：到底是哪一个呢？我们用实验来证实。用手电筒照射到黑板上，第一种直射，第二种斜射，比较直射与斜射照射面积的大小和明亮程度。

生 1：直射时照射的面积小但明亮度大。

师：亮度大说明什么？

生 2：太阳辐射强。

师：辐射强说明什么？

生 3：温度高。

师：由此我们得出什么结论？

生 4：太阳直射，辐射最强，获得太阳光热最多，温度最高。

师：直射角度最大，这个角就是太阳高度。那什么是太阳高度呢？

生 3：太阳光线与地平面的夹角就是太阳高度。

师：太阳高度是一个角，而不是距离。

五、师生质疑点拨 1

师：展示课件（图 3），平行光线照到地球上 A、B、C、D、E 各处的温度一样吗？

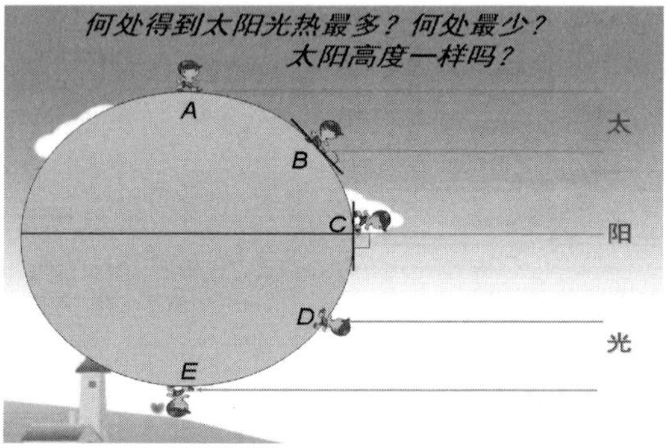

图 3

生 1：不一样，C 处温度最高，A、E 处最低。

师：为什么 C 处最高？

生 2：C 处是直射，A、B、D、E 是斜射。

师：假如地球不是球体而是平面，各地照射角度的大小有区别吗？各地的气温高低会有不同吗？

生：没有区别，各地气温一样，就没有冷热之分了。

六、小结回顾目标 1

师：太阳光线垂直照射的地方，太阳高度最大，太阳辐射最强。太阳光线垂直照射赤道时，随着纬度增高，太阳高度变小，太阳辐射强度逐渐降低。

师：不仅同一时间不同地点的气候有差异，而且同一地点不同时间的气候也有差异。

七、引导自主学习 2

二轮自学：学习地球的运动与气候。

自学指导：同学们阅读教材第 79~80 页内容，结合图 4-21，回答下面的问题，看谁回答的又对又好。

（1）地球有几种运动方式？各产生了什么现象？

（2）观察教材第 80 页图 4-21，说出春分、夏至、秋分、冬至四个节气的太阳的直射点在哪里？北半球的昼夜长短情况怎样？

八、组织交流展示 2

1. 自转

师：课件展示（图 4）：太阳光照射地球仪“昼夜交替现象”，你看到了什么？

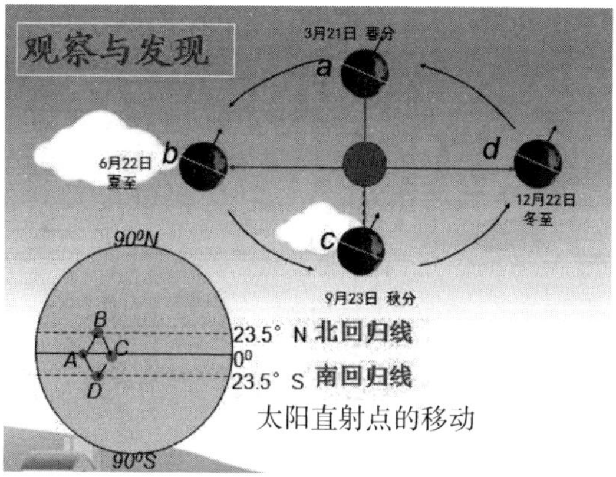

图 4

生 1：对着太阳的一面是白天，背着的一面是黑夜。

生：世界各地随地球自转出现昼夜交替，因而一天当中，彼此存在着差异。

2. 公转

师：演示：电脑多媒体课件--“地球的公转”

师：地球公转轨道是什么形状？

生：近似椭圆。

师：地球在公转时产生了什么现象？

生：四季更替。

师：观察“地轴与地球公转轨道面的夹角”多少度？

生：成 66.5 度夹角。

师：大家观察四个节气太阳的直射点分别是哪？昼夜长短是怎样？

生 1：春分，3 月 21 日前后，太阳直射赤道，昼夜平分。

生 2：秋分，9 月 23 日前后，太阳直射赤道，昼夜平分。

生 3：夏至，6 月 22 日前后，太阳直射北回归线，昼长夜短。

生4：冬至，9月22日前后，太阳直射南回归线，昼短夜长。

师：很好，我们要熟练记忆以上结论，并记在书中相应的位置。

九、师生质疑点拨2

师：太阳直射点总在什么范围之间来回移动？哪些地区会出现极昼、极夜现象？

生1：南北回归线之间。

生2：南北极圈以内会出现极昼。

（拓展）师：你能说出承德10月1日昼夜长短的情况吗？

生：10月1日昼短夜长。

十、小结目标回顾2

师：这节课我们学到了哪些知识，谁来总结？

生1：随着纬度的增高，太阳高度变小，太阳辐射的强度逐渐降低。

生2：太阳直射点在南北回归线之间移动；二分日太阳直射赤道，二至日太阳直射回归线，南北极圈内出现极昼极夜现象。

师：同学们总结得很好，我们回顾目标，看看大家都学会了吗？下面就来检测。（图5）

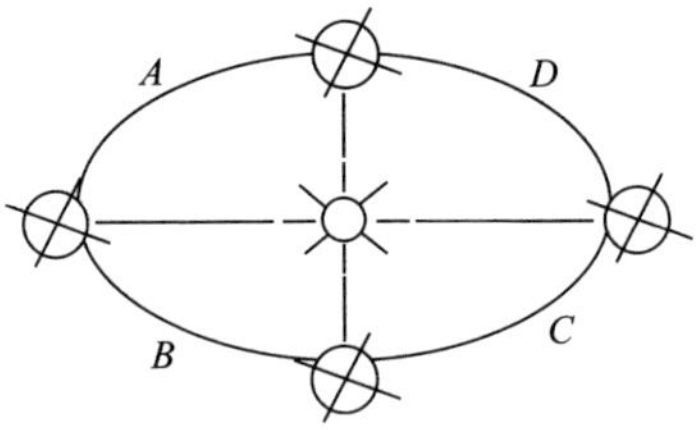

图5

十一、当堂检测考试

师：拿出检测题，独立完成。（5分钟完成，每空1分，共9分）

（1）青岛白昼时间最短的一天是：

A. 春分　　B. 夏至　　C. 秋分　　D. 冬至

（2）下列地区中有阳光直射现象的是：

A. 极圈之内　　B. 中纬度地带

C. 南北回归线之间　　D. 回归线与极圈之间

（3）地球自转产生的地理现象是：

A. 昼夜长短的变化　　B. 昼夜更替

C. 太阳高度的变化　　D. 四季的变化

（4）在地球公转示意图（图 5）上，A、B、C、D 分别表示二分二至 4 个节气之间的时段，读图填空。

①地球从春分日（北半球）运行至夏至日（北半球）的这段时间，在图中用字母________表示。

②太阳直射点向北移动的时段是________、________。(填字母)

③北半球昼短夜长的时段是________、________。(填字母)

④北极圈内极昼范围逐渐增大的时段是________。(填字母)

师：时间到，同学们都已经做完，我也判了一部分，同学们大多得了满分，但有部分同学对公转掌握不太好，需要加深记忆。没有判的同学，小组长收齐交上来。

师：下课，同学们再见。

生：老师再见。

《影响气候的因素》课堂实录　高继莲

《当那一天来临》课堂实录

王小利

师：上课！

生：齐喊班级口号：团结五班，豪情满天，众志成城，刻苦攻坚。老师好！

师：同学们好，请坐！我们生活在一个幸福的时代，享受着安定富足的生活，然而世界并不安宁。面对中国的强大，一些外来势力也想捣乱破坏，但是，我们强大的人民军队早已筑起了钢铁长城。今天我们就来学一首反映人民军队英勇担当的歌曲《当那一天来临》。我们先进行节奏和发声练习：

一、检测回顾引入

1. 节奏练习（图1）$\frac{4}{4}$

X X X X | X X X X X X | X X X X X X |
X X.X X X | X.X X X X X | X X.X X X |
X X X X — | X.X X X X X X | X — — — ‖

图1

（设计意图：提前将歌曲中的附点、切分等节奏分解练习。）

2. 发声练习（图2）1 =F $\frac{4}{4}$

6 6.5 6 3 | 7 7.7 6.3 2 | 2.2 22 22 22 | 3 5 6 – ‖

啦 啦 啦 啦 啦 啦 啦 啦 啦 啦 啦 啦 啦 啦 啦

图2

（设计意图：将歌曲高潮旋律做为发声练习，加深学生对歌曲的印象，要求声音坚定有力、有弹性。）

师：同学们的注意力很集中，刚才的前测和我们今天新内容是有关联的，就让我们一起走进新内容吧！

二、明确学习目标

（1）知识与技能：学习进行曲类型的歌曲，掌握歌曲演唱的强弱关系；认识单二部曲式结构。

（2）过程与方法：学会歌曲；用大军鼓、小军鼓为歌曲简单伴奏。

（3）情感、态度与价值观：加深学生对军人的认识，培养学生爱国情感。

三、自学指导

（1）请同学们观看一段视频，看完之后你要谈谈有何感受？

生：震撼、威武、大国的风采。

师：这就是我们大国的风采，在当前疫情肆虐的情况下，在这个看似和平的年代，我们要有居安思危的意识。

（2）请同学们欣赏歌曲《当那一天来临》，边听边想歌曲中当那一天来临指的是哪一天？

生：战争、灾难。

师：没有什么岁月静好，只是有人替我们负重前行，那就是他们（展示课件）。

（3）学生介绍作者及歌曲的创作背景。

师：同学们讲的很精彩，让我们再一次感受那军旗飞舞的地方，是如何展现中国军人风采的？（跟音乐用“da”学唱歌曲）

生：保家卫国、不怕牺牲、英勇无畏精神 ……

（4）战车，机群上面飘扬着我们的名字，让我们真正走进歌曲。请同学们跟音乐学唱歌曲并谈谈对歌曲的感受。

（提示：让学生从情绪、速度、力度等方面分析歌曲）

（师总结展示课件）情绪：激动、高亢
速度：稍快
力度：坚定有力、有气势

（5）这是一首 $\frac{4}{4}$ 进行曲风格的歌曲，适合于队伍行进时演奏，有明显的步伐性节奏，进行曲节奏清晰，强弱分明，节拍规整，根据歌曲旋律的变化，歌曲由几部分组成？它的曲式结构是什么？

生：两部分组成 ……

师：两部分组成，A+ B 二段体结构（展示课件）。

四、交流展示

（1）教师弹琴学生跟唱第一段歌词，学生自己发现问题并提出。

（2）教师弹琴学生跟唱第二段歌词，学生自己发现问题并提出。

（3）分小组演唱并进行小组之间的自评、互评，找出演唱过程中遇到的重、难

点乐句。

（解决方法：针对学生提出重、难点乐句，教师单独教唱（1~2 遍），重、难点乐段教唱（2~3 遍）强调音准和节奏的准确性。）

五、质疑答疑

（1）A 部分与 B 部分情绪有区别吗？"和平年代也有激荡的风云"又该如何演唱（图 3）？

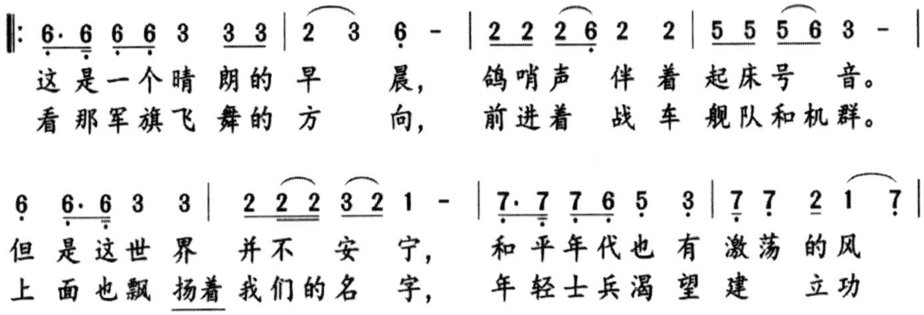
这是一个晴朗的早晨，鸽哨声伴着起床号音。
看那军旗飞舞的方向，前进着战车舰队和机群。
但是这世界并不安宁，和平年代也有激荡的风
上面也飘扬着我们的名字，年轻士兵渴望建立功

图 3

生：A 部分比 B 部分舒缓，内容上以叙述为主。

生：A 部分更应该注意声音的弹性，B 部分情绪更为高亢、激昂。

生："和平年代也有激荡的风云"应该有一个渐弱。

师：同学们体会的很到位，分析的也很准确。"和平年代"这里要稍稍弱一点，注意换气，强势进入 B 部分与 A 部分形成对比，A 部分情绪稍微有控制而 B 部分情绪达到了最高点，力度达到最强。

（2）B 部分"为了胜利我要勇敢前进"应该怎么唱？（提示：让学生从歌词上理解情感、力度的变化。）

生：要更加坚定，更加有力。

生："前进"两个字一定要保持好长音的时值。

师：我们的学生听的很仔细，B 部分要求情绪更饱满，最后一句"前进"注意换气要快，保持力度强拍结束，注意气息的下沉，打开口腔（教师示范 →学生模仿学习）（图 4）。

（3）教师弹琴学生完整演唱歌曲，整体把握歌曲情绪慷慨激昂、催人奋进，还要注意两乐段的对比。（对质疑部分解决后的展示）

生：评价

师：总结

（4）师、生评价完，再完整演唱歌曲。

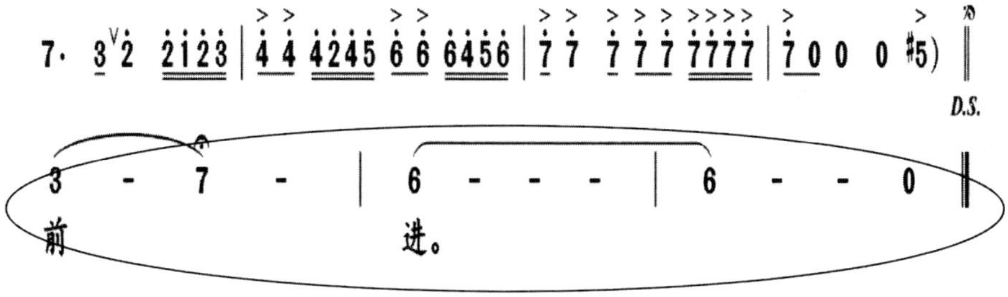
D.S.
前
进。

图 4

六、课堂小结，回顾目标

师：这节课你都学到了哪些知识，有谁愿意给大家分享一下？

生 1：分析歌曲要从旋律的变化和情绪的高低起伏来判断，这首歌是单二部曲式结构。

生 2：进行曲结构规整，节奏整齐。

生 3：进行曲风格音乐唱着比较有气势，听着让人想跟着踏步。

生 4：《当那一天来临》由两部分组成，A 部分较舒缓，有叙述性，B 部分更为激昂，把歌曲推向了高潮，更能体现中国军人保家卫国的决心。

生 5：最后一句“前进”力度要保持住，不能减弱，唱够时值，要强收。

师：同学们总结的很好！我们回顾目标，看看你学会了吗？（展示课件）

生：齐答学会了。

七、考—巩固拓展

（1）进行曲风格的音乐多用军乐队伴奏。你认为掌握节奏速度，烘托气氛的是什么乐器？

生：军鼓。

师：大军鼓、小军鼓→（教师展示实物，简单讲解大军鼓的演奏方法。）

（2）教师用大军鼓给歌曲加入伴奏，请同学们听听哪里加了鼓点？

生：每小节的第 1 拍，也就是强拍加入了鼓点

师：同学听得很认真，有哪位同学想模仿一下？

学生展示（放音乐模仿强拍鼓点教师出示课件如图 5）。

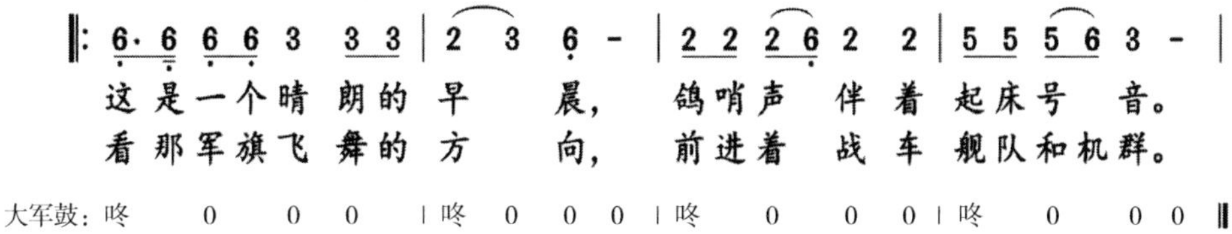
这是一个晴朗的早晨，鸽哨声伴着起床号音。
看那军旗飞舞的方向，前进着战车舰队和机群。
大军鼓：咚 0 0 0 | 咚 0 0 0 | 咚 0 0 0 | 咚 0 0 0

图 5

师：同学们的音乐素养真高，能准确为歌曲伴奏。

（3）老师把大军鼓的弟弟——小军鼓请上来，请同学们认真观察，老师是怎样用小军鼓为歌曲伴奏的？

生：每小节都打了 4 下 ……

师：对，每小节按强弱关系来伴奏，强 、弱、次强、弱，我们以小组的形式来表演。

（设计意图：稍有一点难度，小组表演可以强化节奏的强弱关系。）

学生展示（播放音乐模仿 $\frac{4}{4}$ X X X X | X X X X | ）。教师出示课件如图 6：

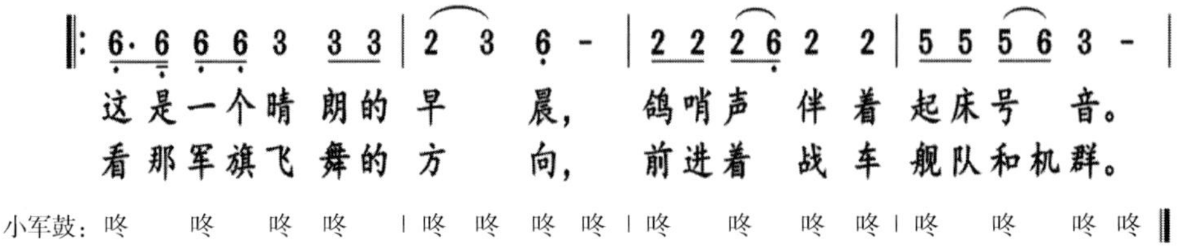
这是一个晴朗的早晨，鸽哨声伴着起床号音。
看那军旗飞舞的方向，前进着战车舰队和机群。
小军鼓：咚 咚 咚 咚 | 咚 咚 咚 咚 | 咚 咚 咚 咚 | 咚 咚 咚 咚

图 6

（4）教师引导学生还有哪种伴奏形式？

生：大军鼓、小军鼓一起为歌曲伴奏。

生：教师弹琴，1 名学生打大军鼓、1 名学生打小军鼓，其他学生演唱歌曲。

师：我们通过学唱歌曲《当那一天来临》，培养了学生的爱国情怀，了解了进行曲的特点，并能用大、小军鼓为歌曲加入简单的伴奏。军人的形象已经深入我们内心，军人为战争而生，为和平而存。他们有勇气、有担当，更有为国家献身的精神。中国需要这样的精神，少年强则中国强，强国大业你们责无旁贷。希望同学们脚踏实地学习，增长本领，立志为强国做出贡献。

体育与健康课《抖空竹》教学设计

肖晨林

本课依据《新课程标准》的精神和实施要求，遵循“以人为本，健康第一”的原则进行，以快乐体育思想为指导，根据初中生心理发展特点，促进学生终身体育意识的形成，为终身体育奠定良好的基础。

一、设计思路

民间游戏的种类繁多，又富有兴趣，形式简单，便于操作。抖空竹便是一个让孩子们深爱的民间体育游戏。抖空竹的动作看上去似乎是很简单的上肢运动，其实不然，它是全身的运动，靠四肢的巧妙配合完成。其能训练孩子们的动作灵敏度及协调能力，增加臂力；同时也增强了孩子的自信心，能够达到强身的目的；还能享受到其中的乐趣，容易养成终身体育的习惯。在初一阶段尝试开展抖空竹的活动，动作技能发展不是很强，以激发学生兴趣、终身体育和追求体形健美为目的，在锻炼身体的同时提高肢体灵活性和身体美感。活动引导他们积极主动地掌握抖空竹的正确方法和技巧，促进身体协调发展，从而达到增强体质的目的。在此基础上，我设计了这次活动。本课内容以抖空竹的基本动作和简单花样为主要内容，按照新课标进行教学。

二、教学目标

①学生熟练掌握抖空竹的基本技术和简单花样。

②锻炼学生手臂力量，进一步提高学生身体协调能力。

③培养自我创新能力，尝试一物多玩，培养学生对民间体育游戏的兴趣。

④培养良好的合作精神和尊重他人、关心他人的品质。

三、教材及学生分析

本课依据《新课程标准》的要求，利用空竹进行课堂活动。空竹小巧、轻便容易携带，而且不受场地等外界条件的限制。学生能利用空竹进行多种游戏，且便于在课余时间练习，从而达到锻炼身体协调性、柔韧性的目的。抖空竹有利于提高学生的反应、灵敏和动作协调的能力。抖空竹使上下肢的关节、肌肉、韧带都能得到很大的锻炼，同时也使腰部得到锻炼，由于抖空竹不但健体、塑身，还具有很强的观赏效果，学生的学习兴趣会很高，课堂状态和练习效果也会很好。

四、教法与策略

①示范法：教师示范，学生玩得好的展示。

②自主探究法：学生尝试一物多玩。

③生生互动（兵教兵），师生互动。

五、活动准备

①材料准备：空竹41付，录放机一台。

②经验准备：提前掌握了解会抖空竹的同学。

六、教学过程及策略

1. 热身运动

学生在老师的带领下，围成大圈做不同的跑动姿势和动作优美的热身操，活动手腕、手臂、腰等部位，在达到良好的热身的同时，营造轻松活跃的课堂气氛。

2. 介绍抖空竹的材料

空竹、线杆。为下一环节的一物多玩做铺垫。

3. 利用示范法教学生尝试学习抖空竹

①教抖空竹的玩法，学生进行观察、学习。

空竹的玩法：将空竹放在地上，双手各握一根抖杆。右手持杆，将杆线以逆时针方向在空竹凹沟处绕两圈。然后右手轻提，使空竹离地产生旋转，转一圈后，凹沟处仍有一圈线，便可以双手上下不停地抖动了。空竹会越转越快，转到一定程度，鸣响装置就会发出嗡嗡的声响。空竹的基本玩法简单易学，但要玩好却不容易。

②学生学习“抖空竹”的动作时，首先让空竹由静到转动起来。这需要学生手、眼、脚、腰配合，协调地做动作。老师让学生仔细观察演示示范，如何让空竹转起来，学生自己慢慢学。抖动时注意力要高度集中，因为稍一疏忽，空竹的两根绳子就缠在一起了。

③老师教学生抖空竹。重点掌握正确抖空竹的技巧：抖的力度要均匀。

④学生尝试，尝试后请抖得好的学生进行表演和示范，说一说自己是怎样抖空竹的，然后注意力要高度集中，因为稍一疏忽，空竹的两根绳子就缠在一起了。

重、难点解决：先将线绕好，两眼要盯牢。高低靠手腕，用力要均匀。双手要协调，手眼要配合，绳与围绕空竹点尽量在一个平面内。

4. 尝试空竹的一物多玩，发展基本动作

孩子们在轻松愉快的气氛中自由地玩“空竹”，尝试空竹的多种玩法。使学生在自发的情况下乐于游戏，让他们玩中有乐，乐中有学，玩中有得，玩中有创，更好地促进学生全面发展。

5. 学生示范表演空竹及线杆的多种玩法

例如：用空竹当拉车进行比赛；把空竹当成“响鼓”，敲出动听的节奏；用线杆平放在地上拼搭各种形状练习跳的动作；将一根线杆放在地上用另一根线杆赶着走等。

6. 基本动作学习与自我动作创新

教师先从辅助动作做起逐渐由浅入深将动作逐渐交给学生，然后再激励学生在所学基础上充分利用手中现有器材自行编排其他民族项目，从而增强学生的自我创新能力。

游戏："支援前线"以比赛的形式进行，用空竹充当比赛器械，既锻炼了学生的灵活性，又充分体现"团结、和平、友爱"的比赛精神，而且游戏就地取材，合理利用了器材。

七、放松

教师带领学生进行放松。布置课后作业。(熟练身体、空竹、绳之间的配合度，让空竹能在双手配合下能平稳转起来。)

收拾器材。

附件：①体育健康课《抖空竹》教案（表1）。

②课后反思。

表1　体育健康课《抖空竹》教案

学生人数：学生40人　　授课年级：初中一年级　　授课教师：肖晨林

本课内容	抖空竹：学习抖空竹的基本技术和技巧　　游戏："支援前线"			
教学目标（水平五）	1. 运动参与目标：通过抖空竹提升学生对民族体育的了解，激发学生参与体育运动的热情，达到健身的作用，提高同学参与体育运动的主动性、积极性 2. 技能及健康目标：通过言简意赅的介绍及讲解示范使学生能在短时间内能将空竹抖起来 3. 心理和社会适应目标：通过本节课的学习培养学生勇于克服困难、坚持不懈的精神，提高学生的自信心、集体荣誉感及组织能力			
教学程序	时间	教学内容	教师指导	学生活动与组织
身心准备阶段	4′	1. 体委整队报告人数 2. 师生问好 3. 宣布教学内容、目标	整好队后，师生问好，宣布本次课的教学内容	组织形式： ○○○☆☆☆ ○○○☆☆☆ ○○○☆☆☆ ○○○☆☆☆ △ ☆ 体委整队，要求学生精神面貌良好，精神饱满，认真听教师宣布本次课的内容和要求

续表

教学程序	时间	教学内容	教师指导	学生活动与组织
身心准备阶段	5′	“蛇行跑”和“兔子跳” 棒操（使用空竹杆进行）	组织好队形，放音乐和学生一起完成	体委整队，要求学生精神面貌良好，精神饱满，认真听教师宣布本次课的内容和要求 组织队形： 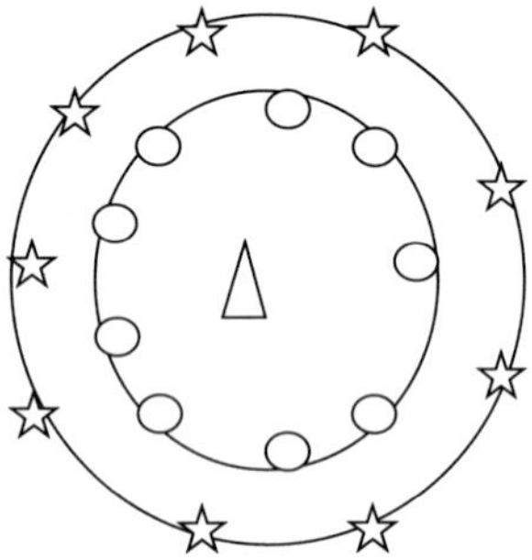 随音乐和教师一起练习 要求：表情轻松自然、动作舒缓大方，节奏准确清晰
	21′	1. 教师表演 2. 介绍空竹的启动 1）左手持抖杆的徒手动作 2）空竹的绕线方法 3）空竹启动后的双臂用力方向 3. 学习抖空竹花样“提花篮”	教师首先表演 1. 抖空竹的花样，从而激发学生学习的积极性 2. 教师讲解并示范空竹的启动过程 3. 讲解并示范花样“蝴蝶” 4. 教师将学生分成五组为成一个“葵花”的头图形进行练习，教师可用语言进行引导。同时进行巡回指导 5. 引导学生利用手中的器材自行编排其他民族项目	组织队形： 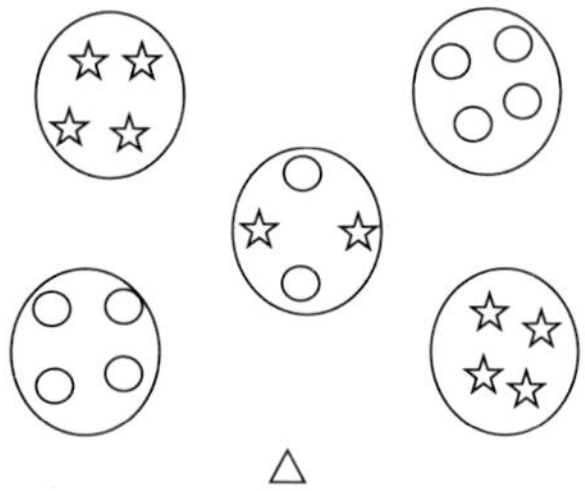 分组练习： 1. 熟练掌握空竹启动的全部过程 2. 空竹启动后的双臂用力方向要掌握同时学会调整空竹转动方向 3. 基本掌握空竹花样“提花篮” 4. 小组为单位推崇较好的学生进行表演，教师进行讲评 5. 以小组为单位将本组的设计进行表演
	6′	4. 自主学习和创新	教师讲解游戏规则学生进行练习	

续表

教学程序	时间	教学内容	教师指导	学生活动与组织
身心准备阶段	5′	5. 小游戏“支援前线”将学生分成四组进行比赛。要求每位学生用手中的空竹杆将空竹（物资）推到指定位置后再返回来交给下一个同学，以此类推直至结束，分出名次。在比赛过程中有严格的要求，教师赛前提醒		←○○○☆☆☆ ←○○○☆☆☆ ←○○○☆☆☆ ←○○○☆☆☆ 要求：学生按游戏规则进行 所有同学为比赛者加油、喝彩
	4′	6. 听轻松的音乐随教师进行伸展波浪练习 7. 教师点评，学生总结 8. 布置课后作业，师生道别		在音乐下随教师完成动作。动作舒展、优美。并通过音乐和呼吸的调整得到充分的放松

注：所需器材：空竹 41 付，录放机一台。预计练习密度：45%；预计平均心率：125%~135%。

教学反思

①空竹游戏是一种较简单且有情趣的体育活动，学生们学习兴趣很浓，课上气氛活跃，各环节时间不好把握，容易超时。这对教师把控时间能力要求很严。

②学生练习空竹过程中存在一定危险性，个别同学抖高抛空竹，由于技术不成熟，空竹落下接不住，场面乱，也容易砸伤同学。

③抖空竹活动深受学生喜爱，经常抖空竹可以促进四肢协调能力和智力发展，可以不断增加精神集中的能力，促进学生更快接受新事物，对提高学习成绩有帮助。

第四篇　特色教研——说题

记叙文标题的含义题说题案例

薛艳丽

原题：读记叙文《拾荒》，回答《拾荒》这个标题的含义。

①深秋的凌晨，天气已经转凉，离天亮还有一个多小时，大街上冷冷清清的，昏黄的路灯把王婆婆孤单的身影拉得又细又长，她沿街仔细翻找着每一个垃圾箱，将凡是能卖钱的东西统统装进那用了多年的破旧编织袋。

②她有些吃力地拖着那个鼓鼓囊囊沉重的袋子，从垃圾桶旁直起佝偻的身躯。这时隐隐约约听到一阵断断续续、细小而无力的哭声，她循着声音，目光不由自主地瞄到了不远处路灯杆下的一个小纸箱，以及被几件旧衣物包裹着只露出一个头的婴儿，环顾四周，除了阴冷的风吹着地上的落叶到处乱跑，鬼影子都没有一个。她小心翼翼地抱起来，发现婴儿脸色青紫，气若游丝，柔弱得像一只筋疲力尽的流浪猫。

③王婆婆解开自己的衣襟，把婴儿贴身捂在怀里，一股透心的凉从皮肤瞬间直达五脏六腑，她不禁打了一个寒战，内心涌起一丝悲凉。

④全家人的生活被这个从天而降的弃婴彻底打乱了，本来就过得十分拮据的日子更是雪上加霜。不到一周，儿媳就给她下最后通牒："这日子没法过了，要么你把婴儿扔了，要么我走，人家亲生父母都不愿养，你操哪门子心，说不定孩子有什么绝症。"

⑤好景不长，真应了儿媳的那句话，孩子患有先天性心脏病，得赶紧做手术。王婆婆摸了摸缝在贴身衣兜里的两千块钱，这可是她这些年来起早贪黑拾荒换来的棺材钱啊！可一看到孩子那清澈的眼神，她心一横牙一咬，撕开了衣兜，双手颤抖着揭开一个用塑料布一层又一层包裹着的小袋子，就像一层层剥开自己的心。

⑥倾其所有，只够三天。第四天，医院通知续费，说手术费还差得多。

⑦王婆婆抱着婴儿独自一人精神恍惚地坐在医院悠长的走廊上，不禁老泪纵横。一束阳光从窗户里斜射进来，像舞台上的追光灯，正好打在她蓬乱、花白的头发上。这一场景，引起了一个年轻人的注意，他悄悄举起相机，迎着走廊的侧逆光，按下了快门。

⑧第二天，当地晚报发出了一条《七旬拾荒老人拾弃婴身患疾病盼救助》的新闻报道。随后，电台记者来了，电视台也扛着摄像机来了，越来越多的陌生人来了……铺天盖地的爱心向老人和这个弃婴涌来。短短一周，30 多万元的爱心捐款就

送到了王婆婆的手上。

⑨然而，这浓浓的爱心并没有挽留住孩子幼小的生命。一个月后，在付出 10 多万元的医疗费之后，孩子还是走了。

⑩在王婆婆心痛欲绝的时候，儿子儿媳来医院找到她，态度诚恳地向她承认错误，还把她接回了家，破天荒地做了一大桌丰盛的菜肴。饭后，儿媳向她诉起苦来：“听说下月房租又要涨了，我看不如我们直接买一套 60 平方米的房子吧，首付也就 10 多万元，你那儿不是还剩……”

⑪王婆婆没有说话，苦笑了一下，然后头也不回地走出了家门。

⑫一年后，老家大山深处的那所乡村小学新教学楼落成，孩子们兴高采烈地从四面漏风的危房搬进了宽敞明亮的新教室。王婆婆依然在这个陌生的城市，拖着一个破旧的编织袋，捡拾垃圾以及人们在不经意间丢弃的某些东西……

一、命题立意

记叙文的标题是文本的有机组成部分，标题和文本的主题思想有着密切联系，作者常常借助标题提出主题帮助读者认识和理解文本的内容，好的标题可以引起读者阅读这篇作品的兴趣，因此，标题起到了画龙点睛的作用。

二、本题考查的主要知识点

标题含义包括表层含义和深层含义。表层含义指标题的字面含义+文中内容。深层含义指引申义、比喻义、象征义。

三、如何指导学生讲解本题

1. 讲如何审题

这针对学生不认真审题就匆忙作答，往往出现答非所问，针对性差、失分较多的情况。审题恰恰是答题最关键的一步：只有审清问题才能找到答题方向。注意本题考查的是标题含义而不是标题作用。给学生区分考题类型：什么时候答含义，什么时候答作用。

2. 如何讲清本题

（1）我要从课本的例子入手。

例 1：《走一步，再走一步》。这篇文章的标题的含义从文章内容方面很明显的看出：

表层含义是指父亲鼓励我走一步再走一步，就能走下悬崖，摆脱困境。结合文章的主旨，又会明白标题的含义不止于此，还表明了一个道理，在生活中，我们把大的目标化成小目标，就能一步步走向成功。怎么看出深层含义呢？请看本文主旨句：每当我感到前途茫茫而灰心丧气时，走了这一步，再走下一步，直到抵达我所想要到的地方。

方法提示：关注文中联系人生，蕴含哲理和深化主题的句子，结合标题理解深层含义。

例 2：《爸爸的花落了》。这篇文章的标题从文章内容来看，指的是爸爸养的花凋落了，同时也暗含天性爱花的爸爸去世了的意思，这二者之间的含义就是由浅入深的关系，是比喻象征。仅此而已吗？再看文末主旨句：走过院子，看那垂落的夹竹桃，我默念着爸爸的花儿落了，我已不再是小孩子。所以文章的标题还暗含着另一层含义：在爸爸去世时，我体会到自己不再是小孩子了，要更加坚强勇敢地面对生活。

方法指导：以某物为标题的时候，可以探寻其是否有比喻义或象征义，同时强调结合主题。

例 3：《心声》。小说写一位与万卡有着相似命运的小男孩，要求在语文公开课上朗读课文《万卡》，遭到老师拒绝的故事。

浅层：李京京在课堂上渴望读课文的心声。深层：渴望得到老师和同学的肯定、理解和尊重。

（2）共同来读《拾荒》一文（1）厘清文章的故事情节。

凌晨拾荒，捡养弃婴——婆媳争吵，妥协寄居——为救弃婴，倾其所有——无助之中，八方相助——子辈相求，决然离去——捐建学校，拾荒依旧。

小说最后一句写王婆婆“捡拾垃圾以及人们在不经意间丢弃的某些东西……”结合小说具体分析，文中的人们在不经意间丢弃了哪些不应该丢弃的东西。

A. 王婆婆的儿子、儿媳拒绝收养弃婴，丢弃了善良。

B. 王婆婆的儿子、儿媳想要用爱心款来买房，丢弃了淳朴。（“正确的金钱观”“纯真”。）

C. 王婆婆的儿子、儿媳与王婆婆争吵，让王婆婆寄居别处，丢弃了孝顺。

D. 婴儿的父母抛弃孩子，丢弃了责任。

由此不难看出《拾荒》这个标题的含义：表层含义：王婆婆捡拾生活中的垃圾。深层含义：在捡拾生活中人们不经意间丢失的善良、淳朴、孝顺等美好品质。

总之，标题的含义一般从表层含义和深层含义的两方面来分析。表层含义是标题的字面含义，文中内容深层含义就是引申义、比喻义、象征义如爸爸的花落了。表层含义就是夹竹桃凋谢，深层含义就是爸爸的去世。

标题如果是比喻句，文中往往不是围绕标题的字面含义来展开叙述，那么我们就应该联系文章的具体内容弄清比喻义，这样我们就可以领悟出标题的深刻含义。

四、拓展习题

能力立意是新课程中考命题不可逆转的方向。教师首先要在学科训练中培养学生能力，应该根据不同的教学内容选择不同题型，培养不同的能力；尤其注意培养学生提高语文的应用能力，要举一反三，同类型的题要拓展再训练。

①阅读记叙文《盲道上的爱》，揣摩题目的含义。
②阅读记叙文《母亲的心》，揣摩题目的含义。
③阅读记叙文《父亲的“城池”》，揣摩题目的含义。

《社戏》说题案例
——儿时的乐事　美好的回忆

冯国军

原题：人教版初中二年级下册第一单元第一课《社戏》课后思考探究第三题。

豆是很普通的豆，戏也是让“我”昏昏欲睡的戏，但是文章最后却说是“好豆”“好戏”，对此你是怎样理解的？

这是一道贯穿全文内容及凸显主题思想的题，也是理解文章思想内涵的线索题。理解好这个问题，也就完成了本课的主要教学任务。

一、命题立意

儿时的一次普普通通的看戏吃豆经历，却给“我”留下了深刻的印象，以至于成年后仍念念不忘，寄托着“我”的深层情感。聪明能干的伙伴、诗情画意的美景、热情好客的村民都使“我”怀念。看戏吃豆透漏着作品中人物深层情感。

二、本题的设计意图

本题提纲挈领，牵引出文章的主要情节以及人物的思想感情。这是对平桥村风土人情的怀念，对美好生活的依恋。本题旨在引导学生仔细揣摩，理解人物内心情感。

三、如何指导学生讲解本题

1. 讲如何审题

对学生审题只关注表面现象，而不深入理解文本思想的状况进行引导。豆是很普通的豆，戏也是让“我”昏昏欲睡的戏，但是文章最后却说是“好豆”“好戏”，这种看似矛盾的提法，恰恰是作品人物内心情感的体现。要求学生深入研究文本，抓住主要情节，感受人物情感变化。

2. 如何讲清本题

首先，先进行材料补充。

“我”成年后在北京看的两段戏的观看体验都不好。第一次是初到北京时去戏园看戏，结果因为迟迟找不到合适的座位而毛骨悚然地走出。第二次是看因募捐湖北水灾而演的戏，结果既没看到戏前宣传的名角，又因“我”询问正唱的名角是谁而被看戏的“绅士”看不起。通过“我”在北京看京剧和在农村看社戏两种情景、两种感受的对比，表达了“我”对热情友好、平等和谐的人际关系的向往。

“我”之所以常常想起儿时在平桥村看戏吃豆的情景，是那淳朴善良的民风，是那正直能干的伙伴，那种无拘无束的生活。这在“我”的现实中已经少之又少，甚至不复存在。正因为如此，才更令人回味和留恋。这样来使学生理解，吃豆看戏代表的是一种生活，一种美好。

其次，带领同学们回顾文中关于看戏吃豆的有趣难忘的情节。

小伙伴快乐地出行，船儿飞速行驶，仙境般的戏台，白篷船的独处，鞭打红衫儿的小丑，偷豆剥豆吃豆等，这些情节无不充满着天真快活，自由浪漫。而这些镜头，也正是“我”最难忘记的，多年后想起来仍充满着幸福与畅往。

再次，引领学生揭开问题的要点。

作者最后说“好豆”“好戏”，并不是在于豆本身、戏本身好，而是在于“我”和平桥村的小伙伴一起参与看戏、吃豆的过程给“我”留下的美好回忆。平桥村热情好客的村民、诗情画意的美景、和谐亲密的人际关系使“我”怀念。这种对平桥村的怀念、喜爱使得本身并不完美的记忆也变得美好、珍贵，因此作者才说是“好豆”“好戏”。

最后，请同学们自己谈一谈经历过的印象深刻的事，各抒己见，自由发挥。

儿时的乐事，美好的回忆。江南水乡的灵秀、淳朴好客的民风，自由烂漫的生活，都是“我”所一直向往和追求的。这一道题，涵盖了文本的内容和主题，这是作品中人物深层情感的表达。

四、拓展习题

好多作品中都有画龙点睛的句子，它是文章的灵魂，理解了它，也就理解了作品。教师首先要培养学生透过问题表面现象看本质的能力，抓住文本，结合背景，把握情感，理解到位。要做到举一反三，进行拓展训练。

在学科训练中培养学生能力，应该根据不同的教学内容选择不同题型，培养不同的能力，尤其注意培养学生提高语文的应用能力，要举一反三，同类型的题要拓展再训练。

①阅读陈忠实的《灞上过年的声音》，思考：结合选文，谈谈作者表达了对家乡的怎样的情感。

②阅读苏童的《夏天的一条街道》，思考：物资匮乏的年代，有人端着饭碗，就这样跑着，炎热的夏季便在夜晚找到了它的生机，表达了作者对家乡的怎样的情感。

《角平分线综合应用》说题案例

李广余

原题：如图 1 所示，在$\triangle ABC$中，$AB=AC$，点 D 在 BC 上，若 $DF\perp AB$，垂足为 F，$DG\perp AC$，垂足为 G，且 $DF=DG$，求证：$AD\perp BC$。

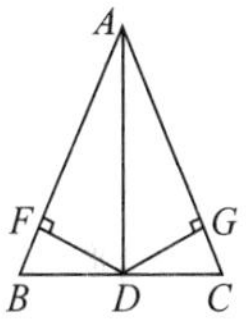

图 1

一、说来源与立意

本题出自冀教版初中二年级上册 16 章《轴对称和中心对称》中“16.3 角的平分线”一节的课后习题，此题属于中等难度的几何证明。设置此题的目的是巩固角平分线的性质和三角形全等的判定。本题是在学习了三角形的全等和角平分线的性质基础上给出的。多数同学都能想到利用三角形的全等证明，然而本题的证明方法很多，学生可以充分分析已知和求证的关系，综合运用已学的知识解决问题。此题从学生熟悉的问题出发，逐步深入研究，不仅有利于让学生积极地投入数学学习中，而且有利于学生全面系统的复习已掌握的数学知识和思想方法，提高学生综合运用数学知识解决问题的能力。

二、说题意与考点

本题已知条件为 $AB=AC$，$DF\perp AB$，$DG\perp AC$，且 $DF=DG$。隐含条件为 $AD=AD$，平角$\angle BDC$。题目的难点在于利用角分线的性质定理逆定理得出$\angle DAB=\angle DAC$。学生容易出现直接利用“等边对等角”得出$\angle B=\angle C$后，证$\triangle BFD\cong\triangle CGD$和$\triangle ABD\cong\triangle ACD$两次全等得出结论。易错点在于学生通过 $AB=AC$ 得出$\angle B=\angle C$后，直接“SSA”证$\triangle ABD\cong\triangle ACD$得出结论，很显然这种证法是错误的。

解决此题涉及的知识有垂直的定义，角平分线的定义，角分线的性质定理逆定理，三角形的全等判定和性质，等腰三角形的性质等。题目重在考查学生的基础知识、基本技能，提升学生的观察能力和分析能力。

三、说题目的解析

一题多解，有利于培养学生的发散思维和创造性，有利于沟通各知识之间的联系。本题从不同的角度探究，可有不同的证法。

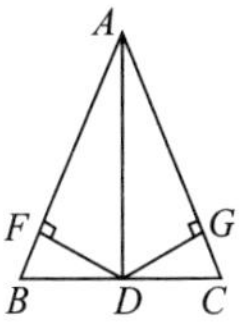

图 2

思路和解法一（图 2）：从 $DF=DG$ 和 $DG\perp AC$，$DF\perp AB$ 出发，利用角分线的性质定理的逆定理，得出$\angle DAB=\angle DAC$，再通过证明

$\triangle ABD$与$\triangle ACD$全等得出结论。

解：$\because DG\perp AC$，$DF\perp AB$，$DF=DG$，

$\therefore AD$是$\angle BAC$的平分线。$\therefore \angle DAB=\angle DAC$。

在$\triangle ABD$和$\triangle ACD$中，$AB=AC$，$\angle DAB=\angle DAC$，$AD=AD$，

$\therefore \triangle ABD\cong\triangle ACD$（$SAS$）。$\therefore \angle ADB=\angle ADC$。

又$\because \angle BDA+\angle CDA=180°$，$\therefore \angle BDA=90°$。$\therefore AD\perp BC$。

分析：这种证法充分利用角平分线的性质定理的逆定理，通过全等性质和垂直定义分析问题，相对要复杂些。

思路和解法二（图3）：从$AB=AC$入手，得出$\angle B=\angle C$；再利用垂直定义得$\angle DFB=\angle DGC$，结合$DF=DG$证明$\triangle BFD\cong\triangle CGD$（$AAS$）；从而得出$BD=DC$，再利用三线合一得出$AD\perp BC$。

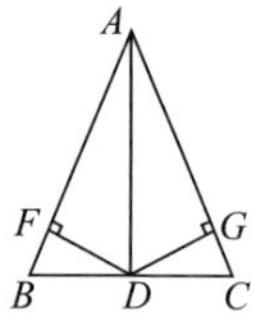

图3

解：$\because DG\perp AC$，$DF\perp AB$，$\therefore \angle DFB=\angle DGC$。$\because AB=AC$，$\therefore \angle B=\angle C$。

$\because DF=DG$，$\therefore \triangle BFD\cong\triangle CGD$（$AAS$）。$\therefore BD=DC$。

又$\because AB=AC$，$\therefore AD\perp BC$。（三线合一。）

分析：这种证法应用知识点较多，要反复利用等腰三角形的性质并结合三角形全等的判定和性质。其能很好地训练学生对知识的综合应用能力和灵活分析能力。

思路和解法三（图4）：利用角分线的性质定理的逆定理，得出$\angle DAB=\angle DAC$，结合$AC=AB$，通过等腰三角形的“三线合一”的性质得出$AD\perp BC$。

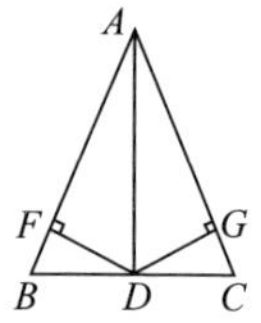

图4

解：$\because DG\perp AC$，$DF\perp AB$，$DF=DG$，$\therefore AD$是$\angle BAC$的平分线。

$\therefore \angle DAB=\angle DAC$。$\because AC=AB$，$\therefore AD\perp BC$。（三线合一。）

分析：这种证法应用知识点较少，充分利用等腰三角形的性质，相对更简洁、灵活。

通过几种方法对比，不难看出后两种解法更能引发学生的思考深入，达到对知识的灵活应用。因此在教学时，教师要引导学生关注条件的细节，由垂线段相等的证明展开联想，发现证明两条线段相等的不同方法。通过不同方法对比，引导学生反思，提炼思维，让学生的解题方法优化，解题能力提升。

四、说变式与拓展

变式与拓展让学生在原题的基础上，改变题目的条件和结论，经历分析验证的过程，培养学生的逆向思维能力和转化思想，建立知识之间的联系，引导学生多角度思考。

变式：已知，如图5所示，AD垂直平分BC，D为垂足，若$DF\perp AB$，$DG\perp AC$，垂足分别为F、G，求证：$DF=DG$。

针对本题，学生往往还是思维定式，按照证明线段相等的常规方法，通过证明三角形的全等得出结论，从而忽视证明的是垂线段相等这个条件。例如，先证明$\triangle ABD\cong\triangle ACD$，得出$\angle B=\angle C$，再证明$\triangle BDF\cong\triangle CDG$得出结论。

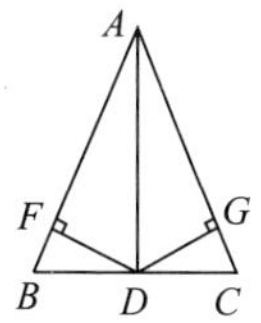

图 5

本题如果深入分析，挖掘条件，可以先证明$\triangle ABD\cong\triangle ACD$，得出$\angle BAD=\angle CAD$，再结合$DF\perp AB$，$DG\perp AC$利用角分线的性质得出$DF=DG$；也可以先由垂直平分线的性质得出$AB=AC$，再由$\triangle ABD\cong\triangle ACD$，根据全等三角形面积相等，得出结论，即得到$AB\times DF=AC\times DG$后，可直接说明$DF=DG$。

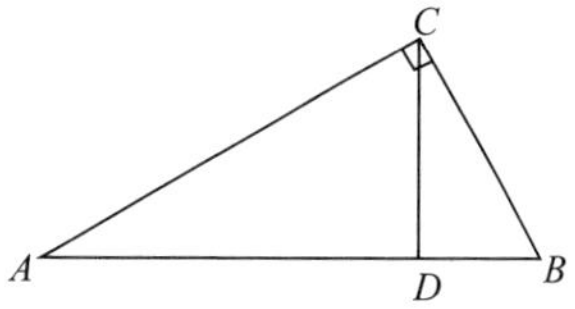

图 6

拓展一：如图 6 所示，已知 Rt$\triangle ABC$ 中，$AC=12$，$BC=5$，$CD\perp AB$，D 为垂足，则 $CD=$______。

（设计意图：在原题的基础上，引导学生用等面积法求线段的长度。）

拓展二：已知：如图 7 所示，等腰三角形 ABC 中，$AB=AC$，D 是 BC 边上的一点，$DE\perp AB$，$DF\perp AC$，E、F 分别为垂足，三角形 ABC 的面积为 $3\sqrt{2}+2\sqrt{6}$，$DE+DF=2\sqrt{2}$，求 AB 的长。

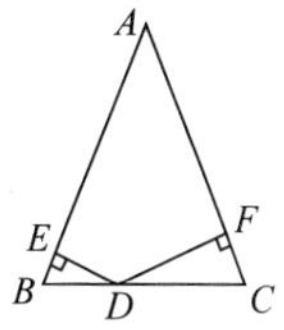

图 7

分析：本题在原题的基础上拓展用等面积法分析问题，点 D 还是在 BC 边上，点 D 位置不固定，两条垂线段的和已知，利用等面积法解决可以很巧妙地解决。通过此法解决数学问题，思路清晰，过程简单，能更好地体现知识之间的联系，有利于培养学生的思维能力，提升学生解决问题的能力。

《数轴问题》说题案例

张晓珍

原题：（2018 湖北十堰模拟）已知点 A、B 在数轴上对应的数分别用 a、b 来表示，且 $(a-20)^2+|b+10|=0$，P 是数轴上的一个动点。

（1）在数轴上标出 A、B 的位置，并求出 A、B 之间的距离。

（2）已知线段 AB 上有点 C 且 $|BC|=6$，当数轴上有点 P 满足 $PB=2PC$ 时，求 P 点对应的数。

（3）动点 P 从原点开始第一次向左移动 1 个单位长度，第二次向右移动 3 个单位长度，第三次向左移动 5 个单位长度，第四次向右移动 7 个单位长度，……点 P 能移动到与 A 或 B 重合的位置吗？若不能，请直接回答；若能，请直接指出，第几次移动，与哪一点重合？

一、命题立意

数轴问题是初中数学中《数与代数》中的典型试题。在近几年的河北省中考题中多次出现有关数轴的试题。非负数的性质、数轴、数轴上两点之间的距离在中考中是重点考点。选择题、填空题、解答题中都会出现它们的踪影，侧重考察学生对数轴上两点间的距离公式的理解以及对非负数性质的理解，考察学生对知识的灵活应用能力。

二、考查的主要知识点

从考查的内容上看，本题涉及面广，主要以数轴为知识背景，考查了在数轴上表示有理数、数轴上两点之间的距离、非负数的性质及由点动来找有理数的规律问题。

从考查解题方法上看，本题方法是实数与数轴上的点的一一对应关系这一知识点。首先以在数轴上表示有理数为铺垫，再以表示出的两个定点为基础，考查数轴上两点之间的距离，其次再以线段的长度之间的关系为纽带来求动点对应的数，最后再由动点所对应的数找出规律，从而解决问题。

从考查思想方法上看，本题主要考查了数形结合思想、分类讨论思想、方程思想及归纳总结的思想方法。

三、如何指导学生讲解本题

问题（1）：首先根据非负数的性质求出 a、b 的值，然后结合数轴根据数轴上两点间的距离公式求出 AB 的值。（学生独立完成。）

解：∵ $(a-20)^2 \geqslant 0$，$|b+10| \geqslant 0$ 且 $(a-20)^2+|b+10|=0$。

∴ $a=20$，$b=-10$。

∴ $AB=20-(-10)=30$。

归纳总结：数轴上点 A、B 表示的数分别为 a、b，则点 A 与点 B 间的距离 $AB=|a-b|$。

当 a，b 的大小已知时，“大减小（右减左）”；不知大小时，“两数差的绝对值”。

问题（2）：结合数轴，用分类讨论的思想求 P 点对应的数。（这一问，学生往往会考虑不全而丢解。针对这一问题，教师让学生先自学，然后进行小组交流研讨，最后教师适时点拨，引导学生画出数轴，结合数轴得出三种情况：点 P 在点 B 的左边、在线段 AB 上、在点 B 的右边。从而学生攻破了难点，顺利地得出了正确答案。本题注重数形结合思想、分类讨论思想的渗透。）

解：∵ $|BC|=6$，且点 C 在线段 AB 上。

∴ $x_c-(-10)=6$，

∴ $x_c=-4$。

∵ $PB=2PC$。

当点 P 在点 B 左侧时 $PB<PC$，此种情况不成立；

当点 P 在线段 BC 上时，$x_p-x_B=2(x_c-x_p)$，

解得：$x_p=-6$；

当点 P 在点 C 右侧时，$x_p-x_B=2(x_p-x_c)$，

解得：$x_p=2$。

所以 P 点对应的数为-6 或 2。

问题（3）：结合数轴根据点的移动规律“左减右加”得到第 n 次点 P 表示的数为 $(-1)^n \times n$，从而得出答案。

四、拓展习题价值

已知数轴上点 A 和点 B 所表示的数分别为-12 和 8，动点 M 从点 A 出发，以每秒 3 个单位长度的速度沿数轴向右匀速运动；同时动点 N 从点 B 出发，以每秒 2 个单位长度的速度沿数轴向左匀速运动，设运动时间为 t 秒。

（1）点 A 和点 B 两点间的距离 $AB=$________。

（2）求动点 M、N 相遇的时间 t。

（3）在运动过程中，当 M、N 两点相距 5 个单位长度时，求点 M 所对应的有理数。

解：（1）$AB=8-(-12)=20$。

（2）运动 t 秒时，点 M、N 表示的数分别为 $-12+3t$，$8-2t$。

∴ 当点 M、N 相遇时 $-12+3t=8-2t$。

解得：$t=4$。

（3）根据题意得：$|(8-2t)-(-12+3t)|=5$。

解得：$t=3$ 或 $t=5$。

∴ 当 $t=3$ 时，点 M 所对应的有理数为-3，当 $t=5$ 时，点 M 所对应的有理数为 3。

变式 1：已知数轴上点 B 对应的数为 8，点 A 是数轴上位于 B 点左侧一点，且 $AB=14$，动点 P 从 B 点出发，以每秒 5 个单位长度的速度沿数轴向左匀速运动，设运动时间为 t 秒。

①写出数轴上点 A 表示的数________，点 P 表示的数________。（用含 t 的式子表示。）

②动点 Q 从点 A 出发以每秒 3 个单位长度的速度向左匀速运动，若点 P、Q 同时出发，则点 P 运动多少秒时 $AQ=AP$。

变式 2：已知 A，B 分别为数轴上的两点，点 A 点对应的数为-20，点 B 点对应的数为 100。

①求 AB 的中点对应的数。

②现有一只电子蚂蚁 P 从点 B 出发，以每秒 6 个单位长度的速度向左运动；同时另一只电子蚂蚁 Q 恰好从 A 点出发，以每秒 4 个单位长度的速度向右运动。设两只电子蚂蚁在数轴上的 C 点相遇，求 C 点对应的数。

③若当电子蚂蚁 P 从点 B 出发，以每秒 6 个单位长度的速度向左运动；同时另一只电子蚂蚁 Q 恰好从 A 点出发，以每秒 4 个单位长度的速度也向左运动。设两只电子蚂蚁在数轴上的 D 点相遇，求 D 点对应的数。

变式 3：已知数轴上点 A 对应的数为-1，点 B 对应的数为 4，点 P 为数轴上一动点，其对应的数为 x。

①若点 P 到 A、B 的距离相等，则点 P 对应的数为____________。

②数轴上是否存在点 P，使 P 到 A、B 的距离之和为 9？若存在请求出点 P。

③当点 P 以每分钟 1 个单位长度的速度从 O 点向右运动时，点 A 以每分钟 2 个单位长度的速度向左运动，点 B 以每分钟 3 个单位长度的速度向右运动。问它们同时出发，几分钟时点 P 到点 A、点 B 的距离相等。

归纳总结：注重数形结合，分析数轴上点的运动要结合图形进行分析，点在数轴上运动形成的路径可看作数轴上线段的和差关系。

拓展题是改变了原题中的数据，并且加入了动点问题，提升了难度。变式题加入了多个动点，并且运动方向也在改变，大幅地加深了难度，拓展了习题的宽度和广度。通过拓展和变式，开阔了学生的视野，拓展了学生的思路，提高了学生的逻辑思维能力，达到举一反三、触类旁通的目的。

《分类讨论题》说题案例

滕仕锋

原题：2020 年中考数学模拟卷第 26 题（12 分）。

如图 1 所示，已知抛物线经过 A（-2，0），B（-3，3）及原点 O，顶点为 C。

（1）求抛物线的函数解析式。

（2）设点 D 在抛物线上，点 E 在抛物线的对称轴上，且以 AO 为边的四边形 $AODE$ 是平行四边形，求点 D 的坐标。

（3）P 是抛物线上第一象限内的动点，过点 P 作 $PM\perp r$ 轴，垂足为 M，是否存在点 P，使得以 P，M，A 为顶点的三角形与 $\triangle BOC$ 相似，若存在，求出点 P 的坐标；若不存在，请说明理由。

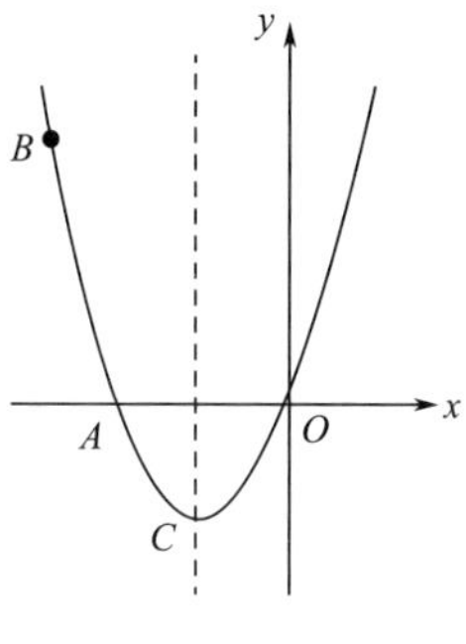

图 1

一、命题立意及能力水平

本题是一道函数与几何综合题，渗透了数形结合思想、转化思想、类比思想、方程思想、分类讨论等数学思想方法。其启发了学生构造基本图形，培养图形识别和观察能力，而且有效地考查了学生对知识的迁移、重组能力，能充分展现学生的学习能力和应用能力。

分类讨论已成为中考压轴题的压点所在。分类是按照数学对象的相同点和差异点，将数学对象区分为不同种类的思想方法。掌握分类的方法，领会其实质，对于加深基础知识的理解、提高分析问题、解决问题的能力是十分重要的。在教学中教师应向学生强调：必须确定分类标准，要正确进行分类，做到不重、不漏。

二、考察的主要知识点

本题主要考察了二次函数的图像与性质，曲线上点的坐标与方程的关系，平行四边形的判定和性质，相似三角形的判定和性质等知识的综合应用以及读图、类比、构造基本图形、分类、转化、分析解决问题的能力。

此题分为三个小题，由易到难，步步为营，环环紧扣，对学生思维的敏捷性、分析能力、计算能力的要求较高。总之，此题注重基础，强调能力，立足课标，关注学生能力的发展。

三、如何讲解本题

第一问：求抛物线的函数解析式。

【分析】由于抛物线经过 A（-2，0），B（-3，3）及原点 O，用待定系数法即可求出抛物线的解析式为：$y=r^2+2r$。

本小题重点考察用待定系数法求抛物线的解析式，难度较小，大多数学生不会失分。

第二问：设点 D 在抛物线上，点 E 在抛物线的对称轴上，且以 AO 为边的四边形 $AODE$ 是平行四边形，求点 D 的坐标。

【分析】根据平行四边形的性质，对边平行且相等，当 OA 为平行四边形的边时，$DE/\!/AO$，$DE=AO$，由 A（-2，0）知：$DE=AO=2$，且如图可知对称轴为直线可以 $r=-1$，即可求出点 D 的坐标（-3，3）或（1，3）。但有些学生没有注意分类讨论：点 D 在对称轴的左侧还是右侧。

第三问：如图 2，P 是抛物线上第一象限内的动点，过点 P 作 $PM\perp r$ 轴，垂足为 M，是否存在点 P，使得以 P，M，A 为顶点的三角形与 $\triangle BOC$ 相似若存在，求出点 P 的坐标；若不存在，请说明理由。

【分析】学生经过审题将会发现 $PM\perp r$ 轴，而 AM 在 r 轴上，则 $\triangle AMP$ 必为直角三角形，而 $\triangle BOC$ 要与其相似，首先必须满足是直角三角形。由点的坐标：$\because B$（-3，3），C（-1，-1），根据勾股定理得：$BO^2=18$，$CO^2=2$，$BC^2=20$，$\because BO^2+CO^2=BC^2$，$\therefore$ $\triangle BOC$ 是直角三角形，假设存在点 P，使以 P，M，A 为顶点的三角形与 $\triangle BOC$ 相似，设 P（r，y），由题意知 $r>0$，$y>0$，且 $y=r^2+2r$，接下来分两种情况讨论：①$\triangle AMP\backsim\triangle BOC$，②$PMA\backsim\triangle BOC$，根据相似三角形对应边的比相等可以求出点 P 的坐标。

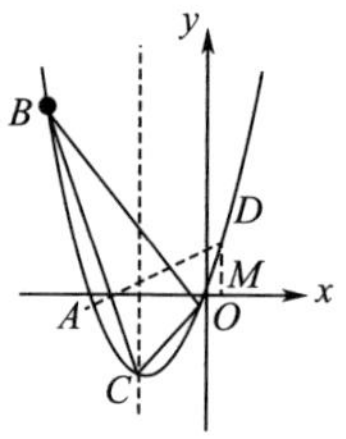

图 2

解决第三问的关键是明确分类对象，画出相应图形。

①若 $\triangle AMP\backsim\triangle BOC$，则 $\frac{AM}{BO}=\frac{PM}{CO}$ 即 $r+2=3$（r^2+2r），得：$r_1=1/3$，$r_2=-2$（舍去）。

当 $r=1/3$ 时，$y=7/9$，即 P（1/3，7/9）。

②若 $\triangle PMA\backsim\triangle BOC$，则 $\frac{AM}{CO}=\frac{PM}{BO}$ 即：$r^2+2r=3$（$r+2$），得：$r_1=3$，$r_2=-2$（舍去）。

当 $r=3$ 时，$y=15$，即 P（3，15）。

故符合条件的点 P 有两个，分别是 P（1/3，7/9）或（3，15）。

四、如何拓展习题价值

1. 题型变式

变式 1：将以 AO 为边的四边形 $AODE$ 是平行四边形，改为以 A、O、D、E 为顶点的四边形是平行四边形，这时候要分两种情况讨论：OA 是作为平行四边形的边还是对角线进行求解。

变式 2：将 P 是抛物线第一象限的一动点改为 P 是抛物线上的一动点，弱化了条件，则结论又必须分一、二、三共三个象限进行讨论求解。这增加了解题的难度，但是思路却没变，还是利用三角形相似进行求解。

变式 3：将以 P，M，A 为顶点的三角形与 $\triangle BOC$ 相似改为全等。这考查学生三角形的另一个知识——三角形全等。

2. 拓展延伸

类型之一：直线型中的分类讨论。

直线型中的分类讨论问题主要是对线段、三角形等问题的讨论，特别是等腰三角形问题和三角形高的问题尤为重要。

典例：某等腰三角形的两条边长分别为 3 cm 和 6 cm，则它的周长为（　　）。

A. 9 cm　　B. 12 cm　　C. 15 cm　　D. 12 cm 或 15 cm

【分析】在没有明确腰长和底边长的情况下，要分两种情况进行讨论：当腰长是 3 cm，底边长是 6 cm 时，由于 3+3 不能大于 6 所以组不成三角形；当腰长是 6 cm，地边长是 3 cm 时，能组成三角形。

【答案】D

类型之二：圆中的分类讨论。

圆既是轴对称图形，又是中心对称图形。在解决圆的有关问题时，特别是无图的情况下，有时会以偏盖全、造成漏解。其主要原因是对问题思考不周、思维定式、忽视了分类讨论等。

典例：在 $\mathrm{Rt}\triangle ABC$ 中，$\angle C=90^\circ$，$AC=3$，$BC=4$。若以 C 点为圆心，r 为半径所作的圆与斜边 AB 只有一个公共点，则 r 的取值范围是________。

【分析】圆与斜边 AB 只有一个公共点有两种情况：①圆与 AB 相切，此时 $r=2.4$；②圆与线段相交，点 A 在圆的内部，点 B 在圆的外部或在圆上，此时 $3<r\leqslant 4$。

【答案】$3<r\leqslant 4$ 或 $r=2.4$。

类型之三：组合图形（一次函数、二次函数与平面图形等组合）中动点问题的分类。

典例：已知一次函数 $y=-\dfrac{\sqrt{3}}{3}X+3\sqrt{3}$ 与 r 轴、y 轴的交点分别为 A、B，试在 r 轴上找一点 P，使 $\triangle PAB$ 为等腰三角形。

【分析】本题中 $\triangle PAB$ 由于 P 点位置不确定而没有确定，而且等腰三角形中哪两条是腰也没有确定。$\triangle PAB$ 是等腰三角形有几种可能？我们可以按腰的可能情况加以分类：①$PA=PB$；②$PA=AB$；③$PB=AB$。先可以求出 B 点坐标（0，$3\sqrt{3}$），A

点坐标（9，0）。设 P 点坐标为（r，0），利用两点间距离公式可对三种分类情况分别列出方程，求出 P 点坐标有四解：分别为（−9，0）、（3，0）、（$9+6\sqrt{3}$，0）、（$9-6\sqrt{3}$，0）。（不适合条件的解已舍去。）

总结：解答本题极易漏解。解答此类问题要分析清楚符合条件的图形的各种可能位置，紧扣条件，分类画出各种符合条件的图形。另外，由点的运动变化也会引起分类讨论。由于运动引起的符合条件的点有不同位置，从而须对不同位置分别求其结果，避免漏解。

《动态几何问题》说题案例

王文亮

原题:(2017 年河北省中考试卷第 16 题) 已知正方形 $MNOK$ 和正六边形 $ABCDEF$ 边长均为 1, 把正方形放在正六边形中, 使 OK 边与 AB 边重合, 如图 1 所示, 按下列步骤操作:

将正方形在正六边形中绕点 B 顺时针旋转, 使 KM 边与 BC 边重合, 完成第一次旋转; 再绕点 C 顺时针旋转, 使 MN 边与 CD 边重合, 完成第二次旋转; ……在这样连续 6 次旋转的过程中, 点 B , M 间的距离可能是 (　　)

A. 1.4　　　　B. 1.1

C. 0.8　　　　D. 0.5

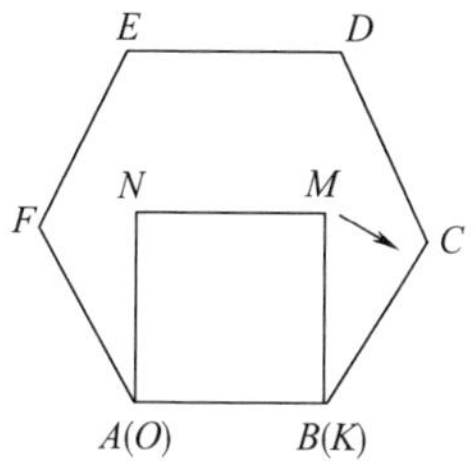

图 1

一、命题立意及能力水平

动态几何问题是初中数学中《图形与几何》中的典型试题。在近几年的河北省中考题中多次出现有关动态几何的试题。图形中的点、线的运动, 构成了数学中的一个新问题——动态几何。它通常分为三种类型: 动点问题、动线问题、动形问题。这类试题以运动的点、线段、变化的角、图形的面积为基本的条件, 进行相关的几何计算、证明或判断。在解这类题时, 要充分发挥空间想象的能力, 往往不要被“动”所迷惑, 在运动中寻求一般与特殊位置关系; 在“动”中求“静”, 化“动”为“静”, 抓住它运动中的某一瞬间, 再充分利用直观图形, 并建立模型, 结合分类讨论等数学思想进行解答。

二、考察的主要知识点

从考查的内容上看, 本题考查正六边形、正方形的性质及旋转等知识。

从考查解题方法上看, 解题的关键在作出点 M 的运动轨迹, 利用旋转的性质及相关几何知识解决问题, 题目有一定的难度。这需要学生有一定的观察、计算等综合能力。

从考查思想方法上看, 其主要考查了数形结合、转化等思想方法。

三、如何指导学生讲解本题

【分析】如图 2 所示, 在这样连续 6 次旋转的过程中, 点 M 的运动轨迹是图中的红线, 设 B、M 间的距离为 d。详细旋转过程如下: 第一次旋转以 B (K) 为旋转中心顺时针旋转 30°, $d=1$; 第二次旋转以 C (M) 为旋转中心顺时针旋转 30°, $d=$

1；第三次旋转以 D（N）为旋转中心顺时针旋转 30°，$\sqrt{3}-1 \leqslant d \leqslant 1$；第四次旋转以 E（O）为旋转中心顺时针旋转 30°，$2-\sqrt{2} \leqslant d \leqslant \sqrt{3}-1$；第五次旋转以 F（K）为旋转中心顺时针旋转 30°，$\sqrt{3}-1 \leqslant d \leqslant 1$；第六次旋转以 A（M）为旋转中心顺时针旋转 30°，$d=1$。综上可知，在连续六次旋转过程中，点 B、M 之间的距离 d 的取值范围为 $2-\sqrt{2} \leqslant d \leqslant 1$，故 d 可能是 0.8，不可能是 1.4，1.1 或 0.5。

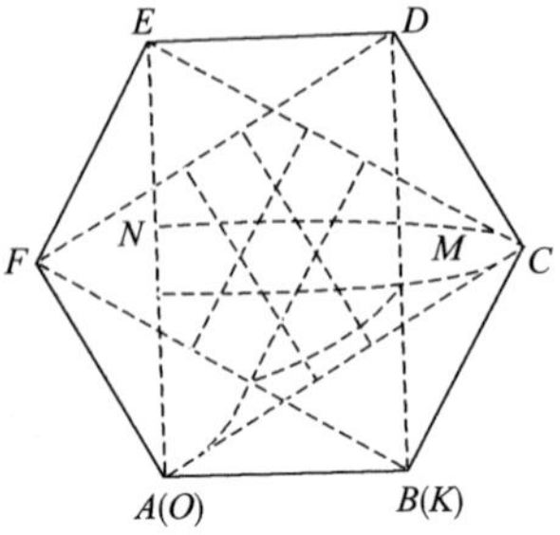

图 2

四、拓展习题价值

已知正方形 $MNOK$ 和正六边形 $ABCDEF$ 边长均为 1，把正方形放在正六边形外，使 OK 边与 AB 边重合，如图 3 所示，按下列步骤操作：

将正方形在正六边形外绕点 B 逆时针旋转，使 ON 边与 BC 边重合，完成第一次旋转；再绕点 C 逆时针旋转，使 MN 边与 CD 边重合，完成第二次旋转。此时点 O 经过的路径长为______。若按此方式旋转，共完成 6 次旋转，在这个过程中，点 B、O 间的距离的最大值是________。

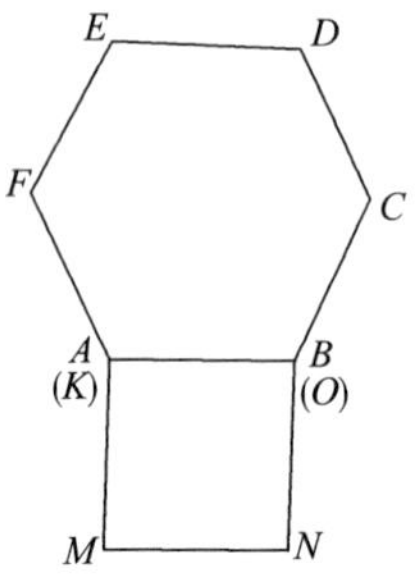

图 3

【分析】如图 4 所示，完成第二次旋转后点 O 经过的路径是弧 BO_1 的长，圆心角为 $\angle BCO_1=360°-120°-90°=150°$，且 $BC=1$，∴ 弧 BO_1 的长为 $\frac{150}{180} \times \pi \times 1=\frac{5}{6}\pi$。已知当点 O 旋转到点 O_2 的位置时，点 B，O 之间的距离最大，连接 BE、N_2O_2、DO_3，此时 $BO_2=BD+DO_2=BD+DO_3=\sqrt{BE^2-DE^2}+\sqrt{DE^2+EO_3{}^2}=\sqrt{2^2-1^2}+\sqrt{1^2+1^2}=\sqrt{3}+\sqrt{2}$。

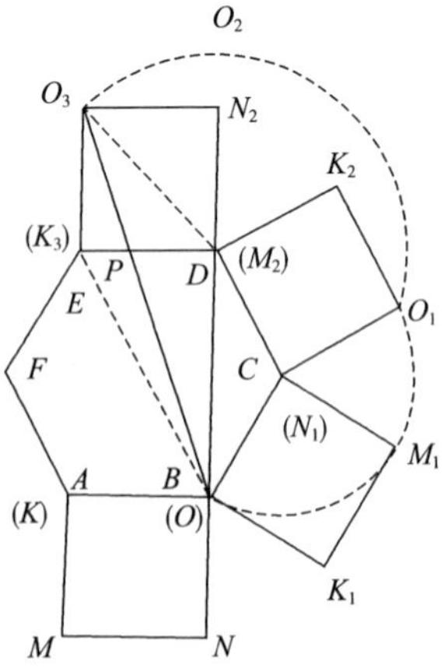

图 4

1. 题型变式

变式一：如图 5 所示，在平面直角坐标系 xOy 中，点 A（1，0），点 B（2，0），正六边形 $ABCDEF$ 沿 x 轴正方向无滑动滚动，当点 D 第一次落在 x 轴上时，点 D 的坐标为________；在运动过程中，点 A 的纵坐标的最大值是______。

变式二：如图 6 所示，矩形 $ABCD$ 中，$AB=4$，$BC=3$，边 CD 在直线 l 上，将矩形 $ABCD$ 沿直线 l 做无滑动翻滚，当点 A 第一次翻滚到

点 A_1 位置时，点 A 经过的路线长为________。

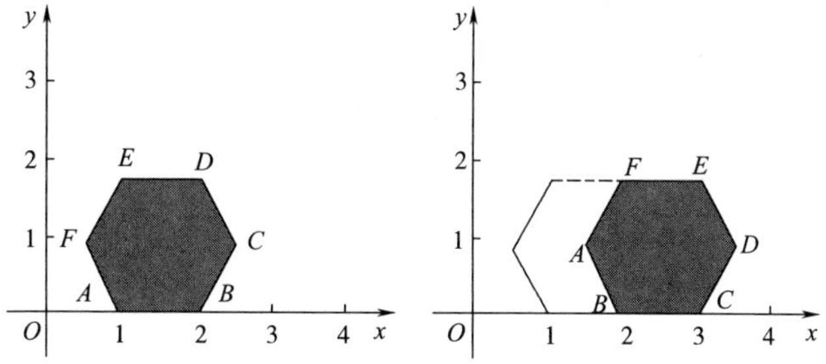

图 5

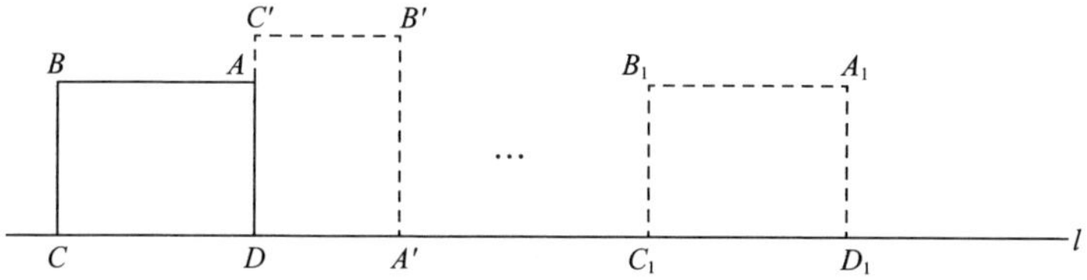

图 6

变式三：如图 7 所示，在△ABC 中，$AB=AC=2$，$\angle BAC=90°$，在△DOE 中，$OE=2\sqrt{3}$，$OD=2$，$DE=4$。将△DOE 的顶点 O 放置于 BC 边的中点处，△DOE 可以在平面内绕点 O 任意旋转，记 DE 的中点为 F，则点 A，F 之间的距离可能是(　　)。

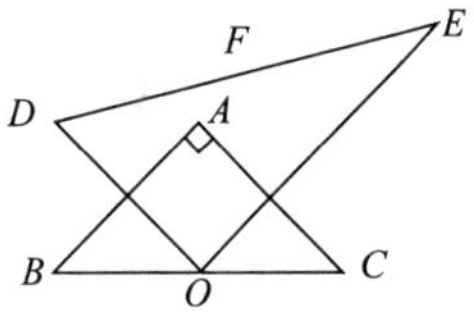

图 7

A. 0.3　　B. 3.3

C. 3.5　　D. 4

变式四：如图 8 所示，扇形 AOB 中，半径 OA 在直线 l 上，$\angle AOB=120°$，$OA=1$，矩形 $EFGH$ 的边 EF 也在直线 l 上，且 $EH=2$，$OE=\frac{10}{3}\pi+\frac{20+\sqrt{2}}{2}$，将扇形 AOB 在直线 l 上向右滚动。

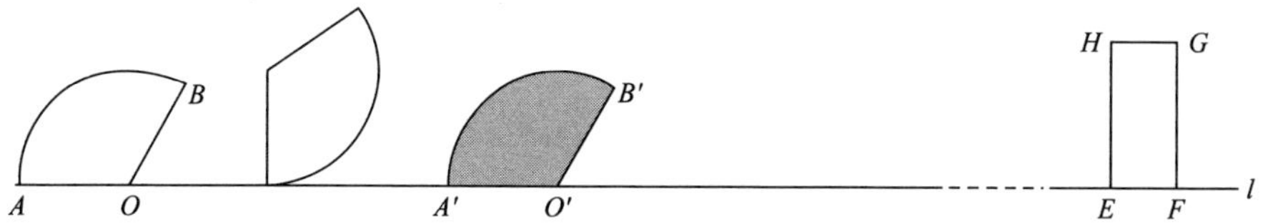

图 8

(1) 滚动一周后得到扇形 $A'O'B'$，这时 OO' = ____________。

(2) 当扇形与矩形 $EFGH$ 有公共点时停止滚动，设公共点为 D，则 DE = ______。

归纳总结：图形的滚动问题是中学数学中比较引人注目的一个问题，突出表现在它的解决比较难，在短时间内难以找到解题思路。此类问题需要注重数形结合思想，探索思路是从特殊入手（翻转 1 次、2 次、3 次、4 次……），转化成熟悉的，曾经解决过的问题与原题解题基本方法和数学思想一致。

拓展题是改变了原题中的运动范围，由在正六边形内部旋转到外部旋转题，提升了难度。变式题加入了三角形、矩形、正六边形、扇形的转动问题，并且运动方向也在改变，大大地加深了难度，拓展了习题的宽度和广度。通过拓展和变式，开阔了学生的视野，拓展了学生的思路，提高了学生的逻辑思维能力，达到举一反三、触类旁通的目的。

河北中考英语连词成句题说题案例

常　杰

原题：基础写作

A）连词成句。

81. my, it, birthday, was, yesterday

____.

82. classmates, I, with, had a party, my

____.

83. sang, to, they, me, a birthday song

____.

84. games, there were, fun, lots of

____.

85. a great time, we, what, had

____!

本题选自河北省2021年中考真题。连词成句题是河北省中考英语试题必考试题，分值为5分，共五道题，每题词数基本上在4~10个词。题目要求把所给的单词和短语按照所给的标点连成句子，要求符合语法，语句通顺，大小写正确。现在我就本题的命题意图、考察的主要知识点、如何讲解本题、怎样指导学生解答以及如何扩展习题价值等方面，结合近三年河北省中考连词成句试题进行讲解。

一、命题意图

连词成句题是基础写作题的A部分，主要考察学生怎样把词和词组连成句子，体现了语言由词到句，由句到段，由段到篇循序渐进的过程；考察学生对基础句式的掌握情况。其目的在于培养学生连词组句的能力。

二、命题内容

从命题内容来看，本题考察的知识点主要有：

①英语句式的基本构成类型：主谓，主谓宾，主系表，主谓双宾，主谓宾宾补，宾语从句，状语从句。

②句子基本类型：陈述句，一般疑问句，特殊疑问句，there be句式，祈使句和感叹句。

③时态的考察以一般现在时、一般过去时和一般将来时为主。

从句式构成角度来看，近三年河北省考题中主系表结构考察 3 次，主谓宾结构考察 5 次，主谓双宾结构考察 3 次，宾语从句考察 1 次。从句子基本类型角度来看，陈述句考察了 8 次，一般疑问句考察了 1 次，特殊疑问句考察了 2 次，there be 句式考察 2 次，祈使句考察了 2 次，感叹句考察了 2 次。从时态的角度来看，现在时考察 8 次，过去时考察 6 次，将来时考察了 1 次。

三、习题讲解

连词成句题虽然题小，但是考察的知识面广，在讲解这道题的时候，我们要从句子类型、句式结构等角度去逐一分析。

①陈述句。主谓宾结构的陈述句要先找句子的主语，河北中考这道题中句子的主语一般是人称代词的主格，或者人名称。找好主语再考虑谓语，一定是由动词来充当，其次考虑固定搭配短语，地点状语和时间状语一般都要放在最后。

例 1. 81. my, it, birthday, was, yesterday（2021）

____.

解析：it 是人称代词主格做主语，was 是系动词，my birthday 是表语，yesterday 是时间状语，答案是 It was my birthday yesterday.

例 2. 82. classmates, I, with, had a party, my（2021）

____.

解析：人称代词 I 做主语，had a party 是谓宾结构，with my classmatse 是伴随状语，这道题的答案有两个：I had a party with my classmates. / I with my classmates had a party.

例 3. 83. sang, to, they, me, a birthday song（2021）

____.

解析：they 是人称代词主格做主语，sang 是谓语动词，a birthday somg 是双宾语中的物宾语，me 是人宾语，按照固定结构 sing a song to somebody，本题的答案是 They sang a birthday song to me.

②疑问句。疑问句分为一般疑问句和特殊疑问句。一般疑问句是由“be 动词/助动词/情态动词”开头，再加上主谓宾结构，主系表结构等。特殊疑问句是由“特殊疑问词+一般疑问句”构成。遇到问号的句子，先找句中是否有特殊疑问词，再找“be 动词/ 助动词/情态动词”，然后按照陈述句的排列顺序解题。

例 4. 81. you, tea, like, some, would（2020）

____?

解析：本句中没有特殊疑问词，所以助动词 would 放在首位，you 做主语，like 是谓语，some tea 是宾语，答案是 Would you like some tea?

例 5. 82. temperature, is, what, your (2020)

____?

解析：what 是特殊疑问词，放在首位，然后是 be 动词 is，your temperature 是表语放在最后，答案是 What is your temperature?

③祈使句。祈使句的特征是没有主语，肯定祈使句是动词原形开头，有 please 的可以放在句首或者放在句尾，但是 please 放在句尾前边要加上逗号。否定祈使句由 don't 开头，再加上动词原形和其他成分。

例 6. 83. that, pass, ruler, me, yellow

____.

解析：这道题没有主语，是一个双宾语结构的句子，利用了固定搭配 pass somebody something，所以答案是 Pass me that yellow ruler.

④There be 句式。There be 句式主要表达“有某物在某地”，句式主要结构为“There be + 某物/人+ 在某地”。

例 7. 84. games, there were, fun, lots of

____.

解析：这道题首先要找 there were，再找 lots of + fun games，答案是 There were lots of fun games.

⑤感叹句。连词成句先看题后标点符号，叹号意味着这个句子一定要连感叹句。感叹句分两种情况，一种是用 what 开头，后边接名词或者名词词组，再加上主谓结构；另一种是用 how 开头，后边接形容词或者副词，再加上主谓结构。

例 8. 85. a great time, we, what, had (2021)

____!

解析：这个句子结尾是叹号，句中有 what，首先找名词或名词词组，本句中是 a great time，其次找主语 we，谓语是 had，所以本题的答案是 What a great time we had!

⑥从句。在连词成句中，考察的从句一般是宾语从句居多，偶有状语从句。从句的典型特点就是会出现两个主语，两个谓语，有时还有一个引导词。遇见这样的题，一定要考虑从句，把握好句子逻辑关系，再连成句子即可。近三年中考只有 2019 年考察了宾语从句。

例 9. 85. win, I, the game, believe, they'll (2019)

____.

解析：这道题句中有 I 和 they 两个人称代词，believe 和 win 两个谓语动词，这意味着我们要连一个从句题。根据逻辑关系，这道题的答案是 I believe they'll win the game.

四、答题指导

要做好连词成句题，有以下几个关键步骤要做到：

①在做题之前必须要看标点符号，这点十分重要，这决定了要连一个什么样的句式。

②明确句式之后要看是不是有固定搭配和短语。近几年河北中考的连词成句越来越简单，很多单词都是以短语的形式出现，如果不是短语，要组成短语降低难度。

③句子的基本类型要记牢，一定要符合语法，句式通顺。

④必须关注句子字母的大小写问题：首字母一定要大写；人名、地名、专有名词等需要大写首字母的地方不能含糊。

⑤连词成句之后要数一数是否有丢词多词的现象，是否有拼写错误的地方，是否有漏写名词复数，动词单三、过去式等问题。

⑥没有把握的句子，最后一定要落实到翻译上，如果译出来不通顺，不符合逻辑和语法，就要重新调整。

连词成句题其实很考究学生的语感和细心程度，要多读多记句式和短文，做题时一定要细心周到。很多学生在做这道题的时候不是连不上句子，而是错在细枝末节的问题上，比如大小写、拼写错误等，使简单题得不到分。这些细节一定要引起我们的注意。

五、习题扩展

连词成句题的扩展训练应该以近五年的中考题为主要类型，多做题巩固训练，还可以让学生根据中考题型自己编写连词成句题，使学生明确出题意图，通过句式输入练习语法。利用连词成句进行写作小练笔也是一个好方法，2021 年河北省的中考连词成句题，五句话连起来就是一篇最基础的小作文：It was my birthday yesterday. I had a party with my classmates. They sang a birthday song to me. There were lots of fun games. What a great time we had！短小精练的小练笔油然而生，我们是不是也可以这样去编写我们的试题呢？例如：

1. was，cat，where，my

____?

2. it，looked for，I，in my room

____.

3. wasn't，it，under，bed，my

____.

4. catch，it，mice，did，the，on the farm

____?

5. a, what, naughty, is, cat, it

____!

让学生自己写成小短文的形式并朗读。Where was my cat? I looked for it in my room. He wasn't under my bed. Did he catch the mice on the farm? What a naughty cat he is! 这样可以把书面表达题结合起来，收效会很大。

河北省2020中考完形填空说题案例

董丽华

原题：河北省2020中考完形填空。

Whenever the exam season comes, stress (焦虑) may come along. Here are some __41__ that have helped me and my friends through this season.

When the stress of exams is really hitting me, I stop and take a walk. I usually borrow my neighbor's dog and __42__ for about fifteen minutes. Many boys would simply choose to run for a while, or play ball games. Having some __43__ drives away your stress easily most of the time.

And __44__ you find music helpful, give it a go. Listening to your favorite songs will surely make you __45__. The best thing about this is that you don't have to go __46__.

But if you are a book lover just like me, __47__ a book you like for half an hour. Reading can take you to places you've __48__ been. Putting yourself into a new world helps you forget your stress in this world for a little bit.

For sure, there's nothing better than laughing. Laughing is the best medicine. It can really keep __49__ off your mind! Very often I call my best friend and we __50__ our good times or something funny, and I'm feeling better before 1 know it.

Remember many others also face the problem of stress just like you, and it is not something that cannot be dealt with.

( ) 41. A. ways B. reasons C. habits D. results

( ) 42. A. walk B. jump C. stand D. sit

( ) 43. A. jokes B. sports C. tasks D. lessons

( ) 44. A. before B. until C. since D. if

( ) 45. A. lovely B. friendly C. happy D. sleepy

( ) 46. A. somewhere B. everywhere C. anywhere D. nowhere

( ) 47. A. copy B. write C. print D. read

( ) 48. A. ever B. never C. seldom D. always

( ) 49. A. worry B. pity C. surprise D. pain

( ) 50. A. think about B. talk about C. care about D. hear about

一、本题设计意图

本文是一篇说明文，作者就如何应对考试季来临时出现的焦虑给出了几条建议，也是针对孩子们一生中要面临无数次大大小小的考试，如何应对的几种方法，以便更好地服务于今后的学习和生活。

二、本题考查知识点

本题考察了 4 个动词，2 个名词，2 个副词，1 个连词，1 个形容词。从答案的设计能看出动词是考察的重点，42、47、49、50 题都是动词。但是 2020 年的动词都使用的是原形，给学生降低了难度，只要通读全文，动词是可以做出正确选择的。其他所有的词形也都没有变化，也是降低了本题的难度。

三、讲解本题

①完形填空题主要测试学生综合运用语言的能力，它不仅考察学生的语法基础知识，还要从习惯用法、上下文内容和生活常识等多个角度综合起来考虑才能选出正确的答案。如 41 和 43 两道名词题，只要理解本文在说“方法”，答案就能迎刃而解了；43 题从动词“走”推断为“运动”，就不会出错了。

②要具备较强的快速阅读和语篇的整体理解能力，能够根据上下文线索通篇考虑，结合个人所具备的各方面常识，包括话题、功能等方面的背景知识以及逻辑推理等语言运用相关的经验做出正确的判断和最佳选择。45 题形容词题通过听自己喜欢的音乐判断是“快乐的”——happy，就不会有其他考虑的选项干扰。

③完形填空题一般选择内容完整、主题鲜明，具有一定教育意义，接近生活的文章。49 题文章在谈赶走焦虑，到了文章的提升部分，我们都要开心快乐，驱走“worry”，点明中心。

④短文难度与中学英语教材大致相当，短文的第一句往往是完整的，目的主要给学生提供一个背景，或告诉你故事发生的时间、地点、背景，或告诉你全篇短文的中心内容。文章第一句“Whenever the exam season comes, stress（焦虑）may come along.”是一句完整的句子，没有挖空，就是为了让学生有个整体感知。

四、指导学生解答

①泛读几遍文章，跳读全文，通篇考虑，弄清作者思路，掌握大意。答题前跳过空格通读一遍全文，力求对文章的整体内容有个基本了解。

②阅读时遵循两个重要的原则，整体性原则和连贯性原则。也就是说，在阅读时要把握整体，注意语境和局部的流畅。要放松思想，克服心理紧张，不要因为有个别生词就着急，往往这些生词能够根据上下文推断出其词义。

③要善于抓住最能表现文章中心内容的启示性的关键句子、词语，理解作者要表达的观点、态度。若选项是动词，首先搞清是谓语动词还是非谓语动词，如果是谓语动词，应根据上下文或句子本身来确定它的时态、语态以及它在主语和人称方

面的一致性。

④做完形填空题一般应从四个方面考虑：从惯用法搭配角度考虑；从逻辑推理常识角度考虑；从词汇的意义及用法去考虑；从上下文的角度去考虑。驾驭此题关键在于巩固基础知识，提高阅读能力并不懈地在实践中提高综运用英语的能力。

五、本题拓展

本题可以拓展为 Task Reading，让学生从多角度掌握本题。

①______can take you to places you've never been.

②Having some sports ______ your stress easily most of the time.

③Is Laughing the best medicine?（回答问题）

______________________________________.

④________________________________.（找出全文的主题句）

⑤Putting yourself into a new world helps you forget your stress in this world for a little bit.（翻译）

六、总结

所谓完形填空，就是在表达意义连贯的文章中，有目的的挖掘一些词语，形成文章的空格，要求学生在给出的对应备选答案中，从整个语段的内容、组织结构和语言特点出发，全面考虑问题，综合运用所学词汇、语法知识、文化风俗背景知识和一般常识性问题，选出一个正确或最佳答案，填充空格。

①切忌题目一到手，就逐字逐句地往下填，而不首先去了解全文的主要意思。

②在做完形填空的词汇或语法项目时要注意它不同于单项选择题，即不能孤立的就词论词，就句论句的去推断、判断，而必须根据上下文，从整体的观点入手。

③当所给的选项是同义词时，更要善于从字里行间、前后搭配，固定用法，词性等寻找线索。

完形填空后的文章不仅要求语法正确，用词恰当，而且意思结构完整合理，前后一致。完形填空是英语中高考题型中难度较大，失分较多，考察综合能力较强的一种题型，需要同学们熟练掌握此题的一些应对方法。

《2020年河北省中考第37题》说题案例

陈天侠

原题：（2020河北中考）37. 如图1所示小明家在不远处施工，临时用导线将电水壶和电水龙头（打开几秒钟就能流出热水）与家中的电能表［3000 r/（kW·h）］相连，如图1所示，电水壶的规格为“220 V 1210 W”，电水龙头的规格为“220 V 2420 W”。当电路中单独使用电水壶烧水时，铝盘转动110 r，用时120 s。在电路中单独使用电水龙头洗漱时，用了180 s。导线、电水壶和电水龙头的电阻不随温度变化。求：

（1）电水壶和电水龙头的电阻。

（2）导线的电阻。

（3）单独使用电水龙头时，导线上产生的热量。

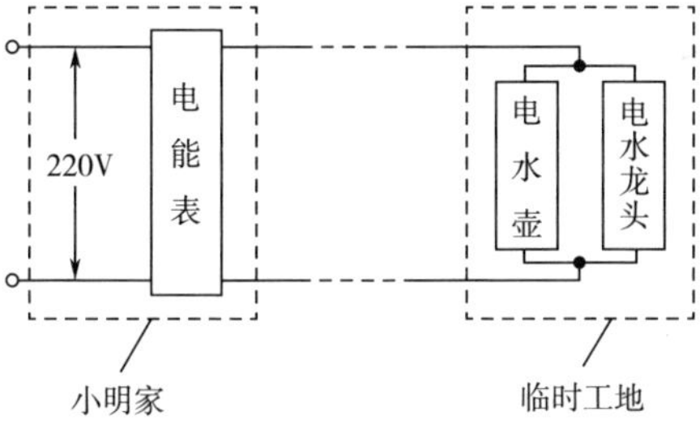

图1

一、命题立意

题目来源于2020年河北省中考理科综合第37题，和去年的分类讨论题型不同的是不再考查电路变化、分类讨论、极值问题。而是以家庭电路为背景，结合电能表的内容，在考查方向不变的情况下降低了考试的难度，适应了今天特殊的学情。同时设计实际输电线的应用类计算题既体现了从生活走向物理，用物理服务生活的重要思想，也在深挖教材（教材九年级上课后题中有类似的习题）方面给我们指明了方向。可以说与近几年相比，其不仅有传承，更注入了新的血液，围绕课标，进行了创新和改革，适应了新时期的中考方向，也为一线教师的教学提供了很好的教学思路，拓宽了教学视野。

二、考察的主要知识点

本题主要考察电能表、额定电压、额定功率、欧姆定律等知识，是课标中“理解”层面的，家庭电路是“了解”层面的，把这些知识结合在一起考察是大胆创新，充分体现了新课程标准的理念。学生对电能表、额定电压、额定功率、欧姆定律等知识是熟悉的，而对实际输电线的电阻，能量损失等问题是陌生的、断档的，是需要教师引导、提高的。

三、如何指导学生解本题

讲解这道题时，首先教给学生如何审题，通过读题能直接获取的已知条件有：

①电水壶的规格为“220 V　1210 W”，电水龙头的规格为“220 V　2420 W”。

进一步深挖：根据 $I=\frac{U}{R}$ 和 $P=UI$，可得 $R=U^2/P$ 。

电水壶的电阻为：$R_{壶}=\frac{U^2_{电水壶}}{P_{电水壶}}=\frac{(220\ \text{V})^2}{1210\ \text{W}}=40\ \Omega$。

电水龙头的电阻 $R_{水龙头}=\frac{U^2_{水龙头}}{P_{水龙头}}=\frac{(220\ \text{V})^2}{2420\ \text{W}}=20\ \Omega$。

第一问也就解决了；这一问非常简单，要求 90%的学生能得。

②从题中还知道电能表的参数 3000 r/（kW · h），单独使用电水壶烧水时，铝盘转动 110 r 用时 120 s。

再进一步深挖：电路消耗的电能 $W=\frac{110}{3000}\ \text{kW}\cdot\text{h}=\frac{11}{300}\ \text{kW}\cdot\text{h}$。

电路的总功率 $P_{实}=\frac{W}{t}=\frac{\frac{11}{300}\ \text{kW}\cdot\text{h}}{\frac{120}{3600}\ \text{h}}=1100\ \text{W}$。

电路的总电阻 $R=\frac{U^2}{P}=\frac{(220\ \text{V})^2}{1100\ \text{W}}=44\ \Omega$。

单独使用电水壶烧水时，导线与电水壶串联，导线的电阻 $R_{线}=R-R_{水壶}=44\ \Omega-40\ \Omega=4\ \Omega$。

在解答这问时，学生多数会忽略导线电阻的分压作用，而陷入困境解不出来。老师讲解时要从理想状态（初中阶段导线的电阻为零）引到现实状态（长导线的、电源的电阻不能忽略），拓展开来！实际上本题是通过这一问实现选拔功能的。

③若想计算在洗漱时，导线上产生的热量，根据 $Q=I'^2R_{线}\,t$ 就得计算出 I 和 R，

分析题意：单独使用电水龙头时：

电水龙头和导线的总电阻为：$R'=R_{线}+R_{水龙头}=20\ \Omega+4\ \Omega=24\ \Omega$。

此时导线和水龙头的功率为：$P' = \frac{U^2}{R'} = \frac{6050}{3}$ W。

根据公式 $P=I^2R$ 可知，$I^2 = \frac{P'}{R'}$。

则导线上产生的热量为：$Q=I^2R't = \frac{\frac{6050\ \text{W}}{3}}{24\ \Omega} \times 4\ \Omega \times 180\ \text{s} = 60500\ \text{J}$。

有上一问做铺垫，很容易就计算出来了。

注意：首先通过审题，弄清哪些用电器连入电路，是什么连接方式；再通过读题，弄清题中给了哪些已知条件，利用这些已知条件还能挖掘出哪些有用的隐含条件，并结合这些条件，选择合适的公式进行计算；计算时注意书写格式、必要的文字叙述，根据分值、分点、分层作答，采用化整为零的得分原则。

四、拓展习题价值及拓展习题

①求：单独使用电热水壶时，电热水壶的实际电压、实际功率。

例如：题中已求出导线的电阻 $R_{线} = 4\ \Omega$，$R_{壶} = 40\ \Omega$ 又接在生活电路中 $U=220$ V。

解：在串联电路中 $R_{线}:R_{壶}=U_{线}:U_{壶}$，解得 $U_{壶}=200$ V。

$P=U^2/R=\frac{(200\ \text{V})^2}{40\ \Omega}=1000\ \text{W}$。

②求：电热水壶的热效率。

例如：若已知电热水壶将 0.5 kg 初温为 40℃的水加热到 100℃时，电能表铝盘转动 110 r，用时 120 s。求：电热水壶的热效率。

解：电路消耗的电能 $W_{总}=W=\frac{110}{3000}\ \text{kW}\cdot\text{h}=\frac{11}{300}\ \text{kW}\cdot\text{h}=1.32\times10^5\ \text{J}$。

$W_{有}=Q_{吸}=cm(t-t_0)=0.5\ \text{kg}\times4.2\times10^3\ \text{J/(kg}\cdot℃)\times60℃=1.26\times10^5\ \text{J}$。

$\eta=\frac{W_{有}}{W_{总}}=95.5\%$。

加上这两问后，难度明显增加，综合性会更强。

《眼睛问题及拓展》说题案例

王显平

原题：如图 1 所示，在“模拟探究近视眼的缺陷”时将凸透镜看作眼睛的晶状体，将光屏看作视网膜，给“眼睛”戴上近视眼镜，使烛焰在“视网膜”上成清晰倒立、________的实像。移去近视眼镜，光屏上的像变得模糊了，向________（选填“前”或“后”）移动光屏，光屏上会再次呈现清晰的像。

一、试题命题立意

试题来源河北省中考题，此题将透镜的光学性质、眼睛以及凸透镜成像规律结合在一起，考察学生应用基础知识解决综合问题的能力，试题难度较大。

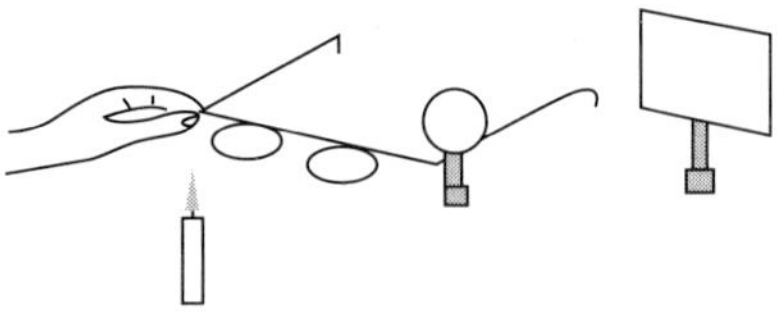

图 1

二、考察的知识点

在初中物理课标中对眼睛问题提出的要求是：“了解人眼成像的原理，了解近视眼和远视眼的成因与矫正方法。”这是学生应知应会的内容，是学生在学习凸透镜成像规律基础上的综合知识应用，主要考察学生解决实际问题的能力，是历年来河北省中考题必考的知识点。

本题所用到的基本知识有以下两点。

近视眼成因及矫正：晶状体变厚，聚光能力变强，像成在视网膜前方。佩戴凹透镜。

远视眼成因及矫正：晶状体变薄，聚光能力变弱，像成在视网膜后方。佩戴凸透镜。

三、指导学生讲解题思路

指导学生：眼睛就是一个活的照相机，成像特点是：倒立、缩小的实像。所以例题中的第一个空填“缩小”。近视眼戴的是凹透镜对光有发散作用，戴上近视眼镜聚光能力变弱，像成在视网膜上。移去眼镜后聚光能力变强，使像成在视网膜的前面，所以向前移动光屏（也可以说光屏靠近凸透镜），第二个空填“前”。

四、拓展习题价值：中考会考的题型

拓展一：不戴眼镜时光屏上成清晰的像，戴上近视眼镜如何移动光屏？

例题：每年的 6 月 6 日是全国“爱眼日”，2018 年爱眼日的主题是“科学防控近视，关注孩子眼健康。”如图 2 所示，近视眼成因示意图是________，近视眼的纠正示意图是________。把近视眼镜放在已清晰成像的蜡烛和凸透镜之间，则光屏应该往________（选填“靠近透镜”或“远离透镜”）的方向调整，才可再次获得清晰的像。

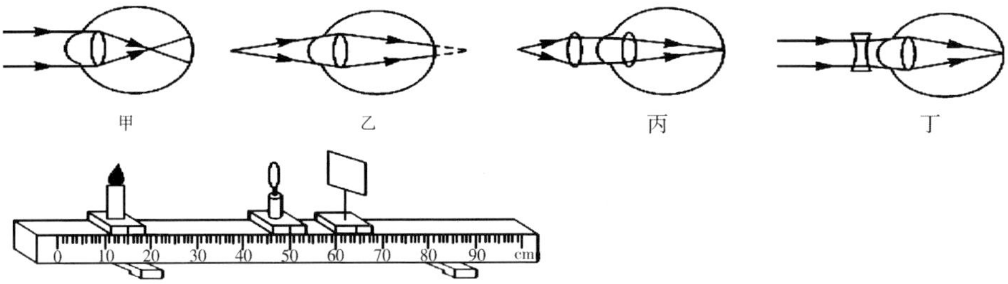

图 2

解题：近视眼像就成在视网膜的前方，第一个空填“甲”。近视眼佩戴凹透镜，第二个空填“丁”。戴上近视眼镜聚光能力变弱，像变远，光屏远离透镜。

拓展二：不戴眼镜时光屏上成清晰的像，戴上远视眼镜如何移动光屏？

例题：如图 3 所示，把远视眼镜放在已清晰成像的蜡烛和凸透镜之间，则光屏应该往________（选填“靠近透镜”或“远离透镜”）的方向调整，才可再次获得清晰的像。

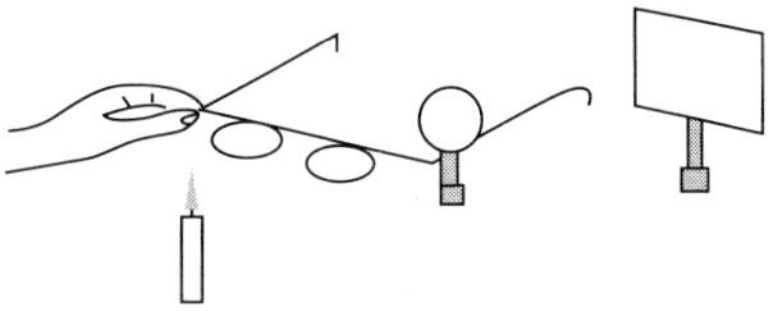

图 3

解题：远视眼佩戴凸透镜，戴上远视眼镜聚光能力变强，像变近，光屏靠近透镜。

拓展三：变换焦距怎样移动光屏？像如何变化？

如图 4 所示是小明探究甲凸透镜（$f_{甲}=20$ cm）的成像情况。此时，他又用乙凸透镜（$f_{乙}=10$ cm）替换甲凸透镜，不改变蜡烛和凸透镜的位置，继续实验。下列关于乙凸透镜成像情况，说法正确的是（　　）。

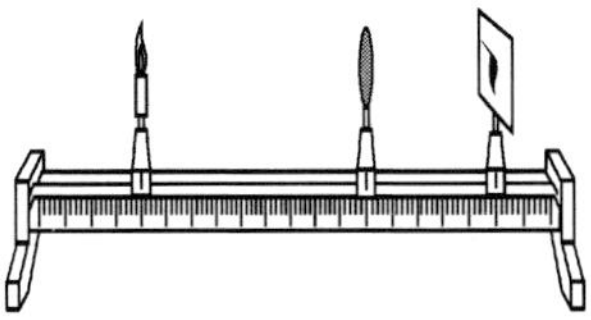

图 4

A. 要在光屏上成清晰的像，光屏应向右移动

B. 要在光屏上成清晰的像，光屏应向左移动

C. 移动光屏，在光屏上可以得到一个清晰放大的像

D. 移动光屏，在光屏上可以得到一个清晰缩小的像

解题：更换焦距小的凸透镜时，等效于给原来透镜戴上了远视眼镜（凸透镜：聚光能力变强）所以光屏向左移动。像距变小了像就变小。本题选 B 和 D。

五、总结做这类题的基本思路

第一步：判断变化以后会聚能力变强还是变弱。

第二步：判断像变远还是变近。(强——近，弱——远。)

第三步：判断怎样移动光屏或物体。(强-近：中间靠，弱——远——两边移。)

第四步：像变大还是变小由像距决定。(像距变大像就变大。)

更换焦距大的凸透镜时，等效于给原来透镜戴上了近视镜。(凹透镜：聚光能力变弱。)

更换焦距小的凸透镜时，等效于给原来透镜戴上了远视镜。(凸透镜：聚光能力变强。)

《串联电路故障分析》说题案例

张淑清

原题：如图 1 所示，当开关闭合后，两只小灯泡均发光，电压表示数为 4 V。过了一会儿，电流表示数变大，电压表示数为 0。经检查除小灯泡外其余器材的连接良好，请分析造成这种情况的原因。

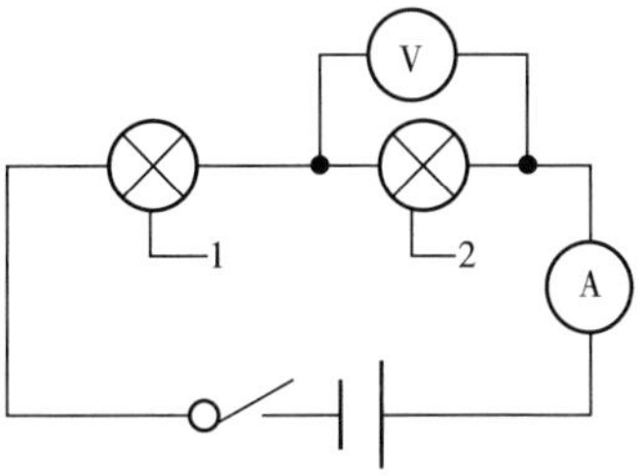

图 1

一、命题立意

电路故障分析是中考的重要考点，考察学生对知识的理解能力（B），综合分析能力（C）。题中的电路分析属于低级思维，而根据现象分析故障原因属于高级思维，是知识的升华，考察了学生思维的严密性、整体性、逻辑性。这些思维品质是学生学习、生活、工作必不可少的，是教学过程中必须重视、大力培养的能力。

二、知识点、考点

电路故障的原因分析属于知识的综合应用，在理解电路基本特点的前提条件下进行综合、灵活应用。

本题考察的知识主要有：串联电路特点，电流表和电压表的特点及使用方法，属于知识的综合应用。

三、解题思路

1. 审题指导

（1）对于电路分析试题，先分析电路的串、并联，确定电表测量哪部分电路两端的电压及电流。

（2）明确串、并联电路的电流，电压、电阻特点并会熟练应用。

（3）认真阅读试题，找到关键点和变化点及相关的条件，根据现象及条件进行分析研究。

2. 解题指导

（1）展示电路图和实物图，分析正常情况下灯泡的发光情况及电压表测量的是哪部分电路两端的电压，电流表测那个用电器的电流（课件）。

（2）当电流表示数变大时，首先说明电路是通路，所以电路故障是短路而不是断路。

（3）电路哪部分短路呢？这要看电压表示数变化及出现问题的电路原件：本题中电压表示数为零，且问题只出在两只灯泡上，所以 L_2 灯短路。当 L_2 灯短路时，电压表相当于接在导线两端，而导线不分电压，所以电压表示数为零；同时，电路电阻变小，电源电压不变，根据欧姆定律 $I=\frac{U}{R}$，电流变大，符合题意。

3. 总结此类习题的基本解题思路和方法

（1）分析出电路的连接方式。

（2）弄清电表测量的是哪一段电路或导体的电流或电压。

（3）根据条件和现象分析故障可能的原因。

四、拓展习题及价值

1. 拓展

如图 2 所示，其他条件均不变，只有电压表和电流表示数变化不同，电路故障也不同，引导学生利用所学知识综合进行分析，从而突破电路故障这个重要的考点、难点，达到举一反三、触类旁通之目的。

拓展 1：电流表、电压表示数均为 0。

拓展 2：电流表示数为 0，电压表示数变大。

拓展 3：电流表、电压表示数均变大。

拓展 4：电压表示数变为 0。

拓展 5：电流表示数变大。

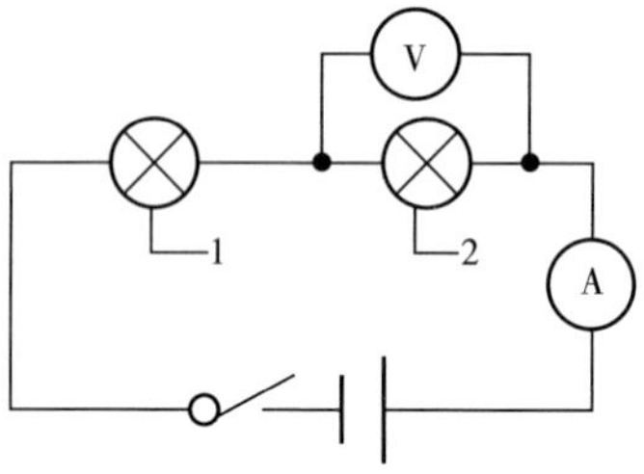

图 2

2. 拓展处理（配课件）

（1）引导学生提出问题并做出解答。

（2）让学生体会并了解到：限定条件越多，故障可能原因越少，如拓展 1-3；反之限定条件越少，故障可能原因越多，如拓展 4-5。

（3）引导学生归纳总结。

①只要电流表有示数，电路一定是通路——故障为短路。

②只要电压表有示数，则电压表的正、负接线柱与电源的正极，负极一定直接或间接连通。

《2020 年中考文综试题第 25 题》说题案例

郭　玮

原题：2020 年中考文综试题第 25 题。

25. 阅读材料，完成下列要求。(10 分)

马庄村记事

记事一　20 世纪 80 年代，大力发展乡镇企业，先后兴建三座村办煤矿。90 年代，陆续建立水泥厂、面粉厂、机械厂等 10 多个集体企业。进入 21 世纪，以发展民营经济为突破口，培育形成了 10 多家年总产值过亿元的科技小巨人企业。这些企业成为村民持续增加收入的主要来源，现在村民人均年收入超过 2 万元。

(1) 据记事一，揭示马庄村的发展与改革开放的联系。(2 分)

记事二　自 1988 年组建农民乐团以来，陆续建立了马庄村文化中心、农民文化中心广场、图书馆；多年开展“马庄十佳”评选活动，评出“身边好人”“新时代好青年”“最美家庭”；开办乡村道德讲堂，组织开展好家风、好家训宣讲活动。

(2) 结合记事二，指出马庄村这样做的目的。(3 分)

记事三　2001 年，关闭三座煤矿。2002 年开始，先后投入 300 万元修复采煤塌陷地 1300 亩，栽植生态林 800 余亩，绿化 3 万余亩。大力推行秸秆化沼气，杜绝秸秆焚烧污染，建立了全国首座秸秆太阳能沼气循环利用示范站。依托潘安湖景区，发展起乡村旅游，整修房屋、河道，打造环村水系，游客人数和旅游收入大幅增长。

(3) 对记事三所述马庄村的做法进行简要评价。(3 分)

(4) 综合考虑马庄村发展成就，给马庄村设计一个荣誉称号。(2 分)

一、命题立意

本题以思想品德课程标准为命题依据，对应的是“我与国家和社会”中的“认清国情，爱我中华”相应内容。以“乡村振兴战略”“习近平考察徐州市马庄村”时政为背景，材料贴近生活实际，注重弘扬社会主义核心价值观，育人导向明确，让学生的眼光不仅要关注课堂，还要关注国家和社会发展。本题所考察的知识属于理解与掌握层面，重在思维考查，突出能力立意，考查学生的审题能力、分析材料的能力、运用所学知识解决问题的能力及概括能力。本题在整个试卷中难易程度适中，区分的是基础知识差、概括能力弱、做题熟练度不高的学生。

二、考查主要知识点

集中在九年级上册国情国策板块，主要考查四点内容。一是改革开放的作用：改革促发展；二是文化建设的积极影响；三是走绿色发展道路，建设生态文明的途径；四是国家五位一体总布局中经济建设、文化建设、生态文明建设等宏观概念的理解与把握。

三、讲解指导

我将从审题方法、分析概括材料方法、答题技巧、组织答案等方面对学生进行讲解指导。目的是帮助学生分析错因，提高做题熟练度和准确性，提高审题能力和材料分析能力及运用知识解决问题的能力，最后反馈课本、夯实基础。

具体解题

（1）据记事一，揭示马庄村的发展与改革开放的联系。（2 分）

①明确设问中的主题词——发展、改革开放。

②读材料找到与改革和发展有关的内容，80 年代改革开放政策、企业、经济发展、村民、收入提高联系所学知识。

③两者之间的关系。（因果关系，递进关系，相互关系）答题格式一般为：

A 对 B……　B 对 A……　A 与 B……一般用连接词促进、推动。

答案：改革开放促进了马庄村的发展。（或马庄村的发展得益于改革开放。）

（2）结合记事二，指出马庄村这样做的目的。（3 分）

① 这样做在材料中指什么？目的？为什么从必要性和重要性两个角度去作答。

②联系知识点有文化建设、弘扬传统文化、传统美德等。“必要性”可采用如下句式作答：是……需要、为了……提高……促进……有利于……“重要性”采用“有利于……”句式。

③ 注意引导学生运用发散思维从不同角度回答：由微观到宏观，由具体到一般满足村民美好生活需要（或丰富村民文化生活）、形成良好村风民风、加强道德建设（或加强精神文明建设）、提高村民思想道德素质、培育社会主义核心价值观。（3 分）

（3）对记事三所述马庄村的做法进行简要评价。（3 分）

① 找到马庄村的做法——关停矿山、生态林绿化，联系知识点，体现处理好经济发展与生态环境保护的关系；乡村旅游，游客人数增长，体现人与自然的关系。此设问涉及九年级《共筑生命家园》中处理好两对关系，走绿色发展道路建设生态文明的内容。

②评析题解题思路：A. 行为定性——这是一种什么行为；B. 理由。

示例一：马庄村坚持绿色发展，走生产发展，生活富裕、生态良好的文明发展道路。

示例二：马庄村追求人与自然和谐共生，坚持节约资源和保护环境的基本国策，追求绿色生产生活方式，

示例三：马庄村正确处理了经济发展与生态环境保护的关系，践行了绿水青山就是金山银山的理念。(3 分)

(4) 综合考虑马庄村发展成就，给马庄村设计一个荣誉称号。(2 分)

需要学生总结三则材料，马庄村既注重经济发展，又注重文化发展，还注重保护环境，走文明发展道路。从物质文明、精神文明、生态文明三个角度概括出“文明发展示范村”才能完美应对。荣誉称号：“文明村”（或“小康村”，或“幸福村”）。(2 分)

四、拓展习题价值

(1) 据记事一，揭示马庄村的发展与改革开放的联系。(2 分)

改革开放促进了马庄村的发展（或马庄村的发展得益于改革开放）。

拓展：由马庄村的发展概括出一个关于改革开放的结论。(2 分)

改革开放促进了马庄村的发展（或马庄村的发展得益于改革开放）。

(2) 结合记事二，指出马庄村这样做的目的。(3 分)

①满足村民美好生活需要（或丰富村民文化生活）。②形成良好村风民风（或培育文明新风）。③加强道德建设（或加强精神文明建设）。

拓展：马庄村这样做会产生哪些积极的社会影响。(3 分)（限定角度，审题能力）

围绕①使马庄村形成良好社会风气；②营造马庄村和谐的社会氛围；③促进马庄村形成文明的社会风尚；④推进马庄村的社会道德建设等因素作答。

拓展：马庄村以实际行动践行了社会主义核心价值观的哪些要求？(3 分)

(落实培育社会主义核心价值观的教育目的，价值观角度理解文化建设目的）文明、和谐、友善。

(3) 对记事三所述马庄村的做法进行简要评价。(3 分)

马庄村追求人与自然和谐共生，坚持节约资源和保护环境的基本国策，追求绿色生产生活方式。

拓展①：马庄村的做法践行了哪些理念？(3 分)

绿色发展、可持续发展、绿水青山就是金山银山的理念、人与自然和谐共生等。

拓展②：马庄村的做法正确处理了哪些关系？(3 分)（考查建设生态文明的要求）

人与自然的关系；经济发展与生态环境保护的关系。

拓展③：马庄村的变迁给我县发展带来哪些值得借鉴的成功经验？(3 分)

拓展④：结合马庄村的发展历程概括马庄村建设取得成就的途径。(3 分)

①转变发展方式，依靠科技促进经济发展。②加强文化建设。

总结反思：本题考查的考点具有小角度、具体化的特点，降低答题难度，为做好思维含量较高的中考题做好铺垫，让学生更能明析考点，回归教材，夯实基础。

初中一年级期中考试材料解析题说题案例

张秀香

原题：初中一年级期中考试材料解析题 23 题（16 分）阅读材料，回答问题。

材料一：孔子言论：自己不喜欢的，就不要加在别人身上；凡人不分智愚、贫富、只要肯虚心向学，都可以接受教育而从善，应该平等接受教育。

材料二：孔子早年丧父，家境贫寒，他“十有五而至于学”，一生努力不懈。他曾到宋国考察殷礼，到鲁国太庙考察周、鲁的礼仪、典章制度，还到齐国乐关学习音乐。他去世前一天，还要求弟子将典籍拿到自己面前。

材料三：截至 2018 年 12 月，中国已在 154 个国家和地区建立 548 所孔子学院和 1193 个中小学孔子课堂。汉语、孔子、中国连成一体，把中国语言、文化，把中国的过去、现在和未来，把中国的“友好”，传达向全世界各个角落。不分种族、不分国籍。

问题：

（1）指出材料一中的孔子言论分别反映了孔子的什么观点？孔子是哪一学派创始人？

（2）材料二反映了孔子怎样的治学态度？记录孔子言论的经典著作是什么？

（3）据此，结合所学知识谈谈世界出现“孔子热”的主要原因？

一、命题立意

本题以春秋战国时期百家争鸣的学术特点以及历史影响为主题立意，考查考试说明要求的四种能力，即获取知识的能力、解读信息的能力、归纳和运用知识的能力、描述和阐释事物的能力。试题题难易程度适中、有梯度，既有低阶基础知识和思维能力的考查，也有高阶思维能力的考查，体现了选拔性考试的特点。

二、考查的主要知识点

本题主要考查两个知识点和综合能力提升点：第一个知识点考查诸子百家的思想主张、学派及记录孔子言论的著作《论语》；第二个知识点考查依据材料归纳总结孔子的治学态度。本题注重提升能力的考查，综合能力提升点是结合所学谈谈“孔子热”的原因。

三、如何讲解本题

1. 讲如何审题

（1）针对学生忽视审题，不认真审题就匆忙作答，往往出现答非所问，针对性差、失分较多的情况，强调审题恰恰是答题最关键的一步，强调只有审清设问才能找到答题方向。

（2）让学生动笔分析设问做标记，圈划中心词、限定语、引导词、提示语，其中一名学生到黑板上做，之后大家核对。确保学生学会审题、重视审题。

第一题属于概括型问题，属低阶思维能力考查。其关键是读材料，如何运用所学历史知识解答。此题不仅需要运用孔子的思想主张，还要运用语文知识中的词语解答孔子主要思想主张，从而得出：

①己所不欲，勿施于人的主张。

②有教无类的教育理念。如果语文知识掌握了，第一点是很容易概括的；如果历史知识孔子的主要思想主张掌握了，本题也就迎刃而解了。

第二题属于依据材料归纳总结，属于高阶思维能力考查，考查学生运用分析、判断、归纳的方法分析问题、解决问题的能力。其关键是根据材料并结合所学。解题思路：逐句分析概括去总结答案。第一句，得出胸怀大志，一生努力；第二句得出勤学好问；第三句得出终生学习，重在培养学生语言归纳概括能力。

第三题是对学生调动和运用知识能力的考查，结合所学知识谈世界出现“孔子热”的原因？学生在结合所学时要结合准确，才能保证答案的正确性。这样把学所内容与材料内容相互补充，相辅相成，才能实现答案内容的完整性。这道能力提升题，如果课堂教师没有渗透，初一学生是答不完整的，这就需要老师这方面的渗透。加强指导答题。指导学生一定要规范答题，规范答题要做到：

①按问作答，做到提示化、序号化、段落化、要点化。

②充分运用历史学科术语、将教材中的话运用到答案中、尽量避免直接引用。

③字迹工整，卷面美观（紧扣设问，做到问什么答什么，量分答题。尽量将得分关键词写在前面）。要设计采分点，即看分数确定采用几点，能达到所给分值，以避免遗漏而失分。答案是材料与所学的综合归纳。

四、拓展习题

能力立意是新课程中考命题不可逆转的方向。

首先，教师要在学科训练中培养学生能力，解决这种题型时，就应该根据不同的教学内容选择不同题型，培养不同的能力；注意培养学生运用历史学科基本方法解决历史问题的能力；要举一反三，同类型的题要拓展再训练。例如：选取材料“温故而知新”“三人行，必有我师焉”“学而时习之，不亦说乎？”等。

多媒体课件展示风靡全球各地的孔子学院的图片。

（1）应该如何正确评价孔子及其儒家思想？

（2）春秋战国时期造就了中国思想界第一次大繁荣。那么这些思想家的主张有哪些？

（3）为什么会出现思想大繁荣？

其次，要充分发挥学生的主体作用，让学生独立认真审题，动笔做标记，厘清思路后，结合材料和所学知识归纳概括，最后规范答题。学生也要学会习题拓展，学会自己设计问题、探究问题、解决问题，做到会积累知识，拓展知识。

《实验操作题》说题案例

于梦红

原题：如图 1 所示，分别为显微镜镜头、显微镜结构、细胞结构示意图，请据图回答：

（1）要使观察到的细胞图物像最大，应选用的镜头组合是________。

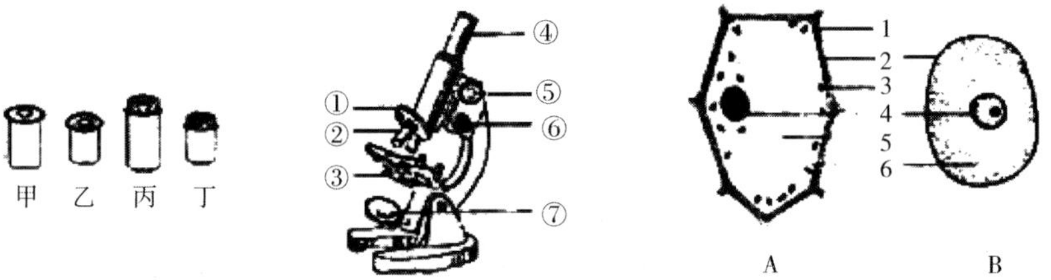

图 1

（2）用显微镜观察临时装片时，在视野中已经找到观察物，如果要使物像更清晰些，应调节显微镜的［　］________。如果要观察的物像不在视野中央，而是在视野的右上方，应该把临时装片向______方移动，使物像位于视野中央。

（3）在“观察植物细胞”和“观察人的口腔上皮细胞”实验中，开始时用滴管向载玻片中央滴加的液体分别是______和______，二者所起的作用主要是______，二者所用的染色剂为______。

（4）细胞结构中［　］________含有遗传物质，能够传递遗传信息。

（5）能够控制物质进出细胞的结构是［　］________。

一、命题立意

此题来源于七年级期末考试题，它与细胞的结构密切联系。显微镜的结构与作用属于掌握层面，临时装片的制作属于技能层面。所考查的知识能力为高阶思维，偏难，适合中等偏上的学生。

二、考察的主要知识点

显微镜的基本构造和使用方法；制作临时装片观察植物细胞；制作临时装片观察人的口腔上皮细胞；细胞核在生物遗传中的重要功能；细胞膜控制物质的进出。

三、如何指导学生讲解本题

本题考查的是显微镜的基本构造以及动植物细胞的结构，首先明确图中各结构的名称：①转换器；②物镜；③遮光器；④目镜；⑤粗准焦螺旋；⑥细准焦螺旋；⑦反光镜。1 细胞壁；2 细胞膜；3 叶绿体；4 细胞核；5 液泡；6 细胞质。

（1）要使观察到的细胞物像最大，应选用的镜头组合是______。

显微镜的放大倍数越大，看到的细胞数目越少，细胞越大。物镜倍数越高，镜头越长；目镜倍数越高，镜头越短。甲、乙一端无螺纹为目镜，丙、丁有螺纹为物镜，要使观察到的细胞物象最大，应选用的镜头组合是短目镜乙和长物镜丙。

（2）用显微镜观察临时装片时，在视野中已经找到观察物，如果要使物像更清晰些，应调节显微镜的［　］_______。如果要观察的物像不在视野中央，而是在视野的右上方，应该把临时装片向______方移动，使物像位于视野中央。

细准焦螺旋能使物像更加清晰。显微镜成的是倒像，应该向相反方向移动装片，应该把装片向右上方移动。

（3）在“观察植物细胞”和“观察人的口腔上皮细胞”实验中，开始时用滴管向载玻片中央滴加的液体分别是______和______，二者所起的作用主要是______，二者所用的染色剂为______。

在制作洋葱鳞片叶表皮细胞时，在载玻片上滴一滴清水，是为了保持洋葱鳞片叶表皮细胞的正常形态，便于观察。在制作口腔上皮细胞实验中，在载玻片上滴一滴生理盐水，是为了保持口腔上皮细胞的正常形态。该实验不能用清水代替生理盐水，因为口腔上皮细胞最适的液体环境的浓度是 0.9%的生理盐水。否则，口腔上皮细胞就会发生变形，不利于观察。染色剂都可以用碘液。

（4）细胞结构中［　］_______含有遗传物质，能够传递遗传信息。

在细胞的结构中细胞核内含有遗传物质，能传递遗传信息，是控制中心。

（5）能够控制物质进出细胞的结构是［　］________。

本题考查细胞膜在细胞生命活动中的作用。由于细胞膜上有一些特殊的结构，它能有选择地控制出入细胞的物质，让细胞生活需要的物质进入细胞，把有些物质挡在细胞的外面，并将细胞生命活动产生的一些不需要的或有害的物质排出。

四、拓展习题价值

（1）在细胞结构中，相当于“边防检查站”的是__________。

（2）生活在海水中的海带，其细胞中积累的碘的浓度要比海水中高许多倍，而海带仍能从海水中吸收碘。这一事实可说明海带细胞的（　　）。

A. 细胞壁有吸收碘的功能　　B. 细胞质中能产生碘

C. 细胞膜能控制物质的进出　　D. 细胞壁有保护和支持作用

《家乡旅游路线》说题案例

承德县第二中学　初学新

原题：设计简要的旅游方案。

（1）在中国轮廓图标注家乡的大致位置。

（2）确定从家乡出发在以下景点选 3 个或 3 个以上城市旅游的路线，（避免道路重复）并绘出旅行路线图。

（3）确定你所选择的交通方式，并阐述理由。

旅游城市：北京天安门，故宫；河南嵩山少林寺；陕西西安华山；重庆；长江三峡；上海中共一大会址。

一、说来源立意

题目来源于初中二年级上册地理第四章主要产业的第三节交通运输业——课本第 109 页，课后活动题第 5 题。本题以实际生活为背景，结合各种交通运输方式的特点，达到考查学生运用本节所学知识的能力，提高适应实际生活能力的目的。同时，本题设计的旅游路线实际、合理，既体现了从生活走向地理，用地理知识服务生活的重要理念，也在为深挖教材方面给我们指明了方向。围绕课标，本题进行了创新和改革，适应了新时期的方向，也为一线教师的教学提供了很好的教学思路，拓宽了教学视野。

二、说知识考点

本题主要考察：第一章行政区划；第四章第三节，五种交通方式的特点；怎样选择交通方式的方法；平时生活知识的积累。另外，本题考查学生对中国各种地图辨认应用的能力等，把这些知识结合在一起考察大胆创新，充分体现了新课程标准的理念。学生对 34 个省级行政单位，各种交通方式特点等知识是熟悉的，但对实际生活中怎样选择旅游路线等问题陌生且无从下手，需要教师精准引导。

三、说分析讲解

讲解这道题时，首先教会学生如何审题。通过读题能直接获取的信息有：中国轮廓图，六个旅游城市。

（1）在中国轮廓图标注家乡的大致位置。

方法一：利用多媒体屏幕展示中国轮廓图，运用红色笔先找到河北省，再找到承德市。

方法二：直接在黑板上画出中国轮廓图，运用红色粉笔标出河北省、承德市。

（这一问非常简单，要求98%的学生能找到。）

（2）确定从家乡出发在以下景点选3个或3个以上城市旅游的路线，并绘出旅行路线图。

选择：北京故宫，河南嵩山少林寺，陕西西安。

旅行路线：由家乡承德市出发→北京故宫→河南嵩山少林寺→陕西西安。

在指导学生确定旅游路线时，学生对家乡承德市及北京、河南嵩山、陕西西安的地理位置在中国版图找不准。教师利用多媒体出示中国行政区划地图，中国铁路交通地图，并用红色标出其位置，因此设立此旅行路线。

（3）确定你所选择的交通方式，并阐述理由。

老师讲解选择交通方式时，本着从生活实际出发，选择符合现实的出行方式。

由家乡承德市至北京故宫（选择公路运输，因为公路的特点是直达性，灵活，门对门，又因为两点距离较近）→北京至河南嵩山（铁路运输，因为成本低——京广线到达郑州）→河南嵩山至陕西西安（选择铁路运输，因为成本低——陇海线到达西安），这样避免了道路的重复。

四、说拓展变化

教师问：在第3题的基础上，如果把六个旅游景点（北京故宫，河南嵩山少林寺，陕西西安，重庆，长江三峡，上海中共一大会址）全选怎样选择交通方式呢？

教师设问目的：进一步把地理知识的特点体现出来：地理源于生活，用于生活。让学生在生活中学会用最优的办法出行（成本低、距离近、时间短）。

在第2、3题答案的基础上讲解，由家乡承德市至北京故宫（选择公路运输，因为公路的特点是直达性，灵活，门对门，又因为两点距离较近）→北京至河南嵩山（铁路运输，因为成本低——京广线到达郑州）→河南嵩山至陕西西安（选择铁路运输，因为成本低——陇海线到达西安）→陕西西安至重庆（铁路运输，因为距离近，成本低——宝成线-成渝线到重庆）→重庆至长江三峡（水运，成本低，又达到欣赏美景的目的——江轮）→三峡至上海（水运，成本低，又达到欣赏美景的目的——江轮）。

后　记

国家实施的新课程改革迄今已经有 20 年左右。二十年间，课改大潮风起云涌，有谁又能独立潮头？身为教育人，凭借多年来的教学和研究经验，无意于标新立异，唯有对课堂实效的探索和追求。在“以改课推动课改”思路的影响下，在全国各地诸多模式百花齐放、各领风骚的氛围中，我校研究创建实施了承德县二中独特的“测-学-考”三段七步教学模式，迈出了推进课堂教学改革的扎实脚步，也取得了些许成绩。

我始终认为，课堂是教师成长的舞台，课堂教学是学校管理的核心，课堂教学模式是教学行为的支撑和实效的抓手。在“聚焦课堂”思想的引领下，承德县第二中学的领导和教师实现了思想观念的转变。在课堂教学模式推进中，全体教师大胆践行，积极研究和实践，形成了具有我校特色的经验，也积累了丰硕的教学科研成果。

在创建模式和实践的过程中，我们不断学习改进和探索，也比对过成功的教学模式和先进的教育教学理念，感觉模式还存在着注重考试的印记。但在现有的体制下，还不能回避对学习质量效果的评价。应该说，模式在相当一段时期，对教学的实效性考量有现实意义。在这里，我对为模式确立提供支持和帮助的教育同仁致谢，也要感谢学校一线打拼实践的全体教师们。

习近平总书记提出的“培养什么人、怎样培养人、为谁培养人”是每一个教育工作者时刻思考的问题。学校始终积极发挥课堂的德育主渠道作用，坚持德育为首，追求立德树人。在改进课堂教学的同时，学校也凝练出了“合雅”文化主题，明确“合心雅行、至善至美”为校训。在“止于至善，方能臻于至美”的更高目标中，我们以“合”为手段，全体二中人讲团结，讲奉献，心往一块想，劲儿往一块使，为了学校发展的目标众志成城，实现了一所学校从低谷到巅峰的迅速崛起，也为县域教育的发展贡献了承德县第二中学的智慧和力量；我们以“雅”为目标，做行为文雅、志趣高雅的儒雅师生，让文化的力量在学校管理中发挥作用，实现了真正意义上的以文化人。我们确立了科技教育特色，把创新精神的培养根植于课堂中，把学生质疑作为课堂中的重要环节，给模式注入了时代的生命力。所有这些，都在学校发展道路上留下了扎实的足迹，我们将持之以恒走下去。我始终相信，成功一定属于信念坚定、肯于坚持的合雅二中人！

陈英春

2022 年 3 月